Z+2285.
Ca.4.

30362

OEUVRES
DE GEORGE SAND

TOME IV

PARIS, IMPRIMÉ PAR BÉTHUNE ET PLON

OEUVRES

DE

GEORGE SAND

NOUVELLE ÉDITION

REVUE PAR L'AUTEUR

ET ACCOMPAGNÉE DE MORCEAUX INÉDITS

LÉONE LEONI
LE SECRÉTAIRE INTIME

PARIS

PERROTIN, ÉDITEUR

1, RUE DES FILLES-SAINT-THOMAS

M DCCC XLII

LEONE LEONI.

I.

Nous étions à Venise. Le froid et la pluie avaient chassé les promeneurs et les masques de la place et des quais. La nuit était sombre et silencieuse. On n'entendait au loin que la voix monotone de l'Adriatique se brisant sur les îlots, et de temps en temps les cris des hommes de quart de la frégate qui garde l'entrée du canal Saint-Georges s'entre-croisant avec les réponses de la goëlette de surveillance. C'était un beau soir de carnaval dans l'intérieur des palais et des théâtres ; mais au dehors tout était morne, et les réverbères se reflétaient sur les dalles humides, où retentissait de loin en loin le pas précipité d'un masque attardé, enveloppé dans son manteau.

Nous étions tous deux seuls dans une des salles de l'ancien palais Nasi, situé sur le quai des Esclavons, et converti aujourd'hui en auberge, la meilleure de Venise. Quelques bougies éparses sur les tables et la lueur du foyer éclairaient faiblement cette pièce immense, et l'oscillation de la flamme semblait faire mouvoir les divinités allégoriques peintes à fresque sur le plafond. Juliette était souffrante, elle avait refusé de sortir. Étendue sur un sofa et roulée à demi dans son manteau d'hermine, elle semblait plongée dans un léger sommeil, et je marchais sans bruit sur le tapis en fumant des cigarettes de *Serraglio*.

Nous connaissons, dans mon pays, un certain état de l'âme qui est, je crois, particulier aux Espagnols. C'est une sorte de quiétude grave qui n'exclut pas, comme chez les peuples tudesques et dans les cafés de l'Orient, le travail de la pensée. Notre intelligence ne s'engourdit pas durant ces extases où l'on nous voit plongés. Lorsque nous marchons méthodiquement, en fumant nos cigares, pendant des heures entières, sur le même carré de mosaïque, sans nous en écarter d'une ligne, c'est alors que s'opère le plus facilement chez nous ce qu'on pourrait appeler la digestion de l'esprit ; les grandes résolutions se forment en de semblables moments, et les passions soulevées s'apaisent pour enfanter des actions énergiques. Jamais un Espagnol n'est plus calme que lorsqu'il couve quelque projet ou sinistre ou sublime. Quant à moi, je digérais alors mon projet ; mais il n'avait rien d'héroïque ni d'effrayant. Quand j'eus fait environ soixante fois le tour de la chambre et fumé une douzaine de cigarettes, mon parti fut pris. Je m'arrêtai auprès du sofa, et, sans m'inquiéter du sommeil de ma jeune compagne : —Juliette, lui dis-je, voulez-vous être ma femme ?

Elle ouvrit les yeux et me regarda sans répondre. Je crus qu'elle ne m'avait pas entendu, et je réitérai ma demande.

— J'ai fort bien entendu, répondit-elle d'un ton d'indifférence, et elle se tut de nouveau.

Je crus que ma demande lui avait déplu, et j'en conçus une colère et une douleur épouvantables ; mais, par respect pour la gravité espagnole, je n'en témoignai rien, et je me remis à marcher autour de la chambre.

Au septième tour, Juliette m'arrêta en me disant :
— A quoi bon ?

Je fis encore trois tours de chambre, puis je jetai mon cigare ; et, tirant une chaise, je m'assis auprès d'elle.

— Votre position dans le monde, lui dis-je, doit vous faire souffrir ?

— Je sais, répondit-elle en soulevant sa tête ravissante et en fixant sur moi ses yeux bleus où l'apathie semblait toujours combattre la tristesse, oui, je sais, mon cher Aleo, que je suis flétrie dans le monde d'une désignation ineffaçable : fille entretenue.

— Nous l'effacerons, Juliette ; mon nom purifiera le vôtre.

— Orgueil des grands ! reprit-elle avec un soupir. Puis se tournant tout à coup vers moi, et saisissant ma main, qu'elle porta malgré moi à ses lèvres : — En vérité ! ajouta-t-elle, vous m'épouseriez, Bustamente ? O mon Dieu ! mon Dieu ! quelle comparaison vous me faites faire !

— Que voulez-vous dire, ma chère enfant ? lui demandai-je. Elle ne me répondit pas et fondit en larmes.

Ces larmes, dont je ne comprenais que trop bien la cause, me firent beaucoup de mal. Mais je renfermai l'espèce de fureur qu'elles m'inspiraient, et je revins m'asseoir auprès d'elle.

— Pauvre Juliette, lui dis-je, cette blessure saignera donc toujours !

— Vous m'avez permis de pleurer, répondit-elle ; c'est la première de nos conventions.

— Pleure, ma pauvre affligée, lui dis-je, ensuite écoute et réponds-moi.

Elle essuya ses larmes et mit sa main dans la mienne.

— Juliette, lui dis-je, lorsque vous vous traitez de fille entretenue, vous êtes une folle. Qu'importent l'opinion et les paroles grossières de quelques sots ? Vous êtes mon amie, ma compagne, ma maîtresse...

— Hélas! oui, dit-elle, je suis ta maîtresse, Aleo, et c'est là ce qui me déshonore ; je devrais être morte plutôt que de léguer à un noble cœur comme le tien la possession d'un cœur à demi éteint.

— Nous en ranimerons peu à peu les cendres, ma Juliette ; laisse-moi espérer qu'elles cachent encore une étincelle que je puis trouver.

— Oui, oui, je l'espère, je le veux! dit-elle vivement. Je serai donc ta femme ? Mais pourquoi? t'en aimerai-je mieux? te croiras-tu plus sûr de moi ?

— Je te saurai plus heureuse, et j'en serai plus heureux.

— Plus heureuse! Vous vous trompez, je suis avec vous aussi heureuse que possible ; comment le titre de dona Bustamente pourrait-il me rendre plus heureuse?

— Il vous mettrait à couvert des insolents dédains du monde.

— Le monde! dit Juliette ; vous voulez dire vos amis. Qu'est-ce que le monde? je ne l'ai jamais su. J'ai traversé la vie et fait le tour de la terre sans réussir à apercevoir ce que vous appelez le monde.

— Je sais que tu as vécu jusqu'ici comme la fille enchantée dans son globe de cristal, et pourtant je t'ai vue jadis verser des larmes amères sur la déplorable situation que tu avais alors. Je me suis promis de t'offrir mon rang et mon nom aussitôt que ton affection me serait assurée.

— Vous ne m'avez pas comprise, don Aleo, si vous

avez cru que la honte me faisait pleurer. Il n'y avait pas de place dans mon âme pour la honte; il y avait assez d'autres douleurs pour la remplir et pour la rendre insensible à tout ce qui venait du dehors. S'il m'eût aimée toujours, j'aurais été heureuse, eussé-je été couverte d'infamie aux yeux de ce que vous appelez le monde.

Il me fut impossible de réprimer un frémissement de colère; je me levai pour marcher dans la chambre, Juliette me retint. — Pardonne-moi, me dit-elle d'une voix émue, pardonne-moi le mal que je te fais. Il est au-dessus de mes forces de ne jamais parler de cela.

— Eh bien! Juliette, lui répondis-je en étouffant un soupir douloureux, parles-en donc si cela doit te soulager! Mais est-il possible que tu ne puisses parvenir à l'oublier, quand tout ce qui t'environne tend à te faire concevoir une autre vie, un autre bonheur, un autre amour!

— Tout ce qui m'environne! dit Juliette avec agitation. Ne sommes-nous pas à Venise?

Elle se leva et s'approcha de la fenêtre; sa jupe de taffetas blanc formait mille plis autour de sa ceinture délicate. Ses cheveux bruns s'échappaient des grandes épingles d'or ciselé qui ne les retenaient plus qu'à demi, et baignaient son dos d'un flot de soie parfumée. Elle était si belle avec ses joues à peine colorées et son sourire moitié tendre, moitié amer, que j'oubliai ce qu'elle disait, et je m'approchai pour la serrer dans mes bras. Mais elle venait d'entr'ouvrir les rideaux de la fenêtre, et regardant à travers la vitre, où commençait à briller le rayon humide de la lune : — O Venise! que tu es changée! s'écria-t-elle; que je t'ai vue belle autrefois, et que tu me sembles aujourd'hui déserte et désolée!

— Que dites-vous, Juliette? m'écriai-je à mon tour;

vous étiez déjà venue à Venise? Pourquoi ne me l'avez-vous pas dit?

— Je voyais que vous aviez le désir de voir cette belle ville, et je savais qu'un mot vous aurait empêché d'y venir. Pourquoi vous aurais-je fait changer de résolution?

— Oui! j'en aurais changé, répondis-je en frappant du pied. Eussions-nous été à l'entrée de cette ville maudite, j'aurais fait virer la barque vers une rive que ce souvenir n'eût pas souillée; je vous y aurais conduite, je vous y aurais portée à la nage, s'il eût fallu choisir entre un pareil trajet et la maison que voici, où peut-être vous retrouvez à chaque pas une trace brûlante de *son* passage! Mais, dites-moi donc, Juliette, où je pourrai me réfugier avec vous contre le passé? Nommez-moi donc une ville, enseignez-moi donc un coin de l'Italie où cet aventurier ne vous ait pas traînée?

J'étais pâle et tremblant de colère; Juliette se retourna lentement, me regarda avec froideur, et reportant les yeux vers la fenêtre : — Venise, dit-elle, nous t'avons aimée autrefois, et aujourd'hui je ne te revois pas sans émotion; car il te chérissait, il t'invoquait partout dans ses voyages, il t'appelait sa chère patrie; car c'est toi qui fus le berceau de sa noble maison, et un de tes palais porte encore le même nom que lui.

— Par la mort et par l'éternité! dis-je à Juliette en baissant la voix, nous quitterons demain cette chère patrie!

— *Vous* pourrez quitter demain et Venise et Juliette, me répondit-elle avec un sang-froid glacial; mais pour moi je ne reçois d'ordre de personne, et je quitterai Venise quand il me plaira.

— Je crois vous comprendre, mademoiselle, dis-je avec indignation : Leoni est à Venise.

Juliette fut frappée d'une commotion électrique. — Qu'est-ce que tu dis? Leoni est à Venise? s'écria-t-elle dans une sorte de délire, en se jetant dans mes bras; répète ce que tu as dit, répète son nom, que j'entende au moins encore une fois son nom! Elle fondit en larmes, et, suffoquée par ses sanglots, elle perdit presque connaissance. Je la portai sur le sofa, et, sans songer à lui donner d'autre secours, je me remis à marcher sur la bordure du tapis. Alors ma fureur s'apaisa comme la mer quand le sirocco replie ses ailes. Une douleur amère succéda à mon emportement, et je me pris à pleurer comme une femme.

II.

AU milieu de ce déchirement, je m'arrêtai à quelques pas de Juliette et je la regardai. Elle avait le visage tourné vers la muraille; mais une glace de quinze pieds de haut, qui remplissait le panneau, me permettait de voir son visage. Elle était pâle comme la mort, et ses yeux étaient fermés comme dans le sommeil; il y avait plus de fatigue encore que de douleur dans l'expression de sa figure, et c'était là précisément la situation de son âme : l'épuisement et la nonchalance l'emportaient sur le dernier bouillonnement des passions. J'espérai.

Je l'appelai doucement, et elle me regarda d'un air étonné, comme si sa mémoire perdait la faculté de conserver les faits en même temps que son âme perdait la force de ressentir le dépit.

— Que veux-tu, me dit-elle, et pourquoi me réveilles-tu?

— Juliette, lui dis-je, je t'ai offensée, pardonne-le-moi; j'ai blessé ton cœur...

— Non, dit-elle en portant une main à son front et en me tendant l'autre, tu as blessé mon orgueil seulement. Je t'en prie, Aleo, souviens-toi que je n'ai rien, que je vis de tes dons, et que l'idée de ma dépendance m'humilie. Tu as été bon et généreux envers moi, je le sais; tu me combles de soins, tu me couvres de pierreries, tu m'accables de ton luxe et de ta magnificence; sans toi je serais morte dans quelque hôpital d'indigents, ou je serais enfermée dans une maison de fous. Je sais tout cela. Mais souviens-toi, Bustamente, que tu as fait tout cela malgré moi, que tu m'as prise à demi morte et que tu m'as secourue sans que j'eusse le moindre désir de l'être; souviens-toi que je voulais mourir et que tu as passé bien des nuits à mon chevet, tenant mes mains dans les tiennes pour m'empêcher de me tuer; souviens-toi que j'ai refusé long-temps ta protection et tes bienfaits, et que si je les accepte aujourd'hui, c'est moitié par faiblesse et par découragement de la vie, moitié par affection et par reconnaissance pour toi, qui me demandes à genoux de ne pas les repousser. Le plus beau rôle t'appartient, ô mon ami, je le sens; mais suis-je coupable de ce que tu es bon? doit-on me reprocher sérieusement de m'avilir, lorsque, seule et désespérée, je me confie au plus noble cœur qui soit sur la terre?

— Ma bien-aimée, lui dis-je en la pressant sur mon cœur, tu réponds admirablement aux viles injures des misérables qui t'ont méconnue. Mais pourquoi me dis-tu cela? Crois-tu avoir besoin de te justifier auprès de Bustamente du bonheur que tu lui as donné, le seul bonheur qu'il ait jamais goûté dans sa vie ? C'est à moi de me justifier si je puis, car c'est moi qui ai tort. Je sais combien ta fierté et ton désespoir m'ont résisté : je ne devrais jamais l'oublier. Quand je prends un ton d'autorité avec toi, je suis un fou qu'il faut excuser ; car la passion que j'ai pour toi trouble ma raison et dompte toutes mes forces. Pardonne-moi, Juliette, et oublie un instant de colère. Hélas ! je suis malhabile à me faire aimer ; j'ai dans le caractère une rudesse qui te déplaît ; je te blesse quand je commençais à te guérir, et souvent je détruis dans une heure l'ouvrage de bien des jours.

— Non, non, oublions cette querelle, interrompit Juliette en m'embrassant. Pour un peu de mal que vous me faites, je vous en fais cent fois plus. Votre caractère est quelquefois impérieux, ma douleur est toujours cruelle ; et cependant ne croyez pas qu'elle soit incurable. Votre bonté et votre amour finiront par la vaincre. J'aurais un cœur ingrat si je n'acceptais l'espérance que vous me montrez. Nous parlerons de mariage une autre fois ; peut-être m'y ferez-vous consentir. Pourtant j'avoue que je crains cette sorte de dépendance consacrée par toutes les lois et par tous les préjugés : cela est honorable, mais cela est indissoluble.

— Encore un mot cruel, Juliette ! Craignez-vous donc d'être à jamais à moi ?

— Non, non, sans doute. Ne t'afflige pas, je ferai ce que tu voudras ; mais laissons cela pour aujourd'hui.

— Eh bien ! accorde-moi une autre faveur à la place de celle-là : consens à quitter Venise demain.

— De tout mon cœur. Que m'importe Venise et tout le reste ? Va, ne me crois pas quand j'exprime quelque regret du passé ; c'est le dépit ou la folie qui me fait parler ainsi. Le passé! juste ciel! Ne sais-tu pas combien j'ai de raisons pour le haïr? Vois comme il m'a brisée! Comment aurais-je la force de le ressaisir s'il m'était rendu?

Je baisai la main de Juliette pour la remercier de l'effort qu'elle faisait en parlant ainsi ; mais je n'étais pas convaincu : elle ne m'avait fait aucune réponse satisfaisante. Je repris ma promenade mélancolique autour de la chambre.

Le sirocco s'était levé et avait séché le pavé en un instant. La ville était redevenue sonore, comme elle est ordinairement, et mille bruits de fête se faisaient entendre: tantôt la chanson rauque des gondoliers avinés, tantôt les huées des masques sortant des cafés et agaçant les passants, tantôt le bruit de la rame sur le canal. Le canon de la frégate souhaita le bonsoir aux échos des lagunes, qui lui répondirent comme une décharge d'artillerie. Le tambour autrichien y mêla son roulement brutal, et la cloche de Saint-Marc fit entendre un son lugubre.

Une tristesse horrible s'empara de moi. Les bougies, en se consumant, mettaient le feu à leurs collerettes de papier vert et jetaient une lueur livide sur les objets. Tout prenait pour mes sens des formes et des sons imaginaires. Juliette, étendue sur le sofa et roulée dans l'hermine et dans la soie, me semblait une morte enveloppée dans son linceul. Les chants et les rires du dehors me faisaient l'effet de cris de détresse, et chaque gondole qui glissait sous le pont de marbre situé au bas de ma fenêtre me donnait l'idée d'un noyé se débattant contre les flots et l'agonie. Enfin je n'avais que des pensées de désespoir et de mort dans la tête, et je ne pouvais soulever le poids dont ma poitrine était oppressée.

Cependant je me calmai et je fis de moins folles réflexions. Je m'avouai que la guérison de Juliette faisait des progrès bien lents, et que, malgré tous les sacrifices que la reconnaissance lui avait arrachés en ma faveur, son cœur était presque aussi malade que dans les premiers jours. Ces regrets si longs et si amers d'un amour si misérablement placé me semblaient inexplicables, et j'en cherchai la cause dans l'impuissance de mon affection. Il faut, pensai-je, que mon caractère lui inspire quelque répugnance insurmontable qu'elle n'ose m'avouer. Peut-être la vie que je mène lui est-elle antipathique, et pourtant j'ai conformé mes habitudes aux siennes. Leoni la promenait sans cesse de ville en ville ; je la fais voyager depuis deux ans sans m'attacher à aucun lieu et sans tarder un instant à quitter l'endroit où je vois la moindre trace d'ennui sur son visage. Cependant elle est triste, cela est certain; rien ne l'amuse, et c'est par dévouement qu'elle daigne quelquefois sourire. Rien de ce qui plaît aux femmes n'a d'empire sur cette douleur : c'est un rocher que rien n'ébranle, un diamant que rien ne ternit. Pauvre Juliette ! quelle vigueur dans ta faiblesse ! quelle résistance désespérante dans ton inertie !

Insensiblement je m'étais laissé aller à exprimer tout haut mes anxiétés. Juliette s'était soulevée sur un bras ; et, penchée en avant sur les coussins, elle m'écoutait tristement.

— Écoute, lui dis-je en m'approchant d'elle, j'imagine une nouvelle cause à ton mal. Je l'ai trop comprimé, tu l'as trop refoulé dans ton cœur ; j'ai craint lâchement de voir cette plaie, dont l'aspect me déchirait; et toi, par générosité, tu me l'as cachée. Ainsi négligée et abandonnée, ta blessure s'est envenimée tous les jours, quand tous les jours j'aurais dû la soigner et l'adoucir. J'ai eu tort, Juliette. Il faut montrer ta douleur, il faut la répandre dans mon sein; il faut me parler de tes maux passés, me raconter ta vie à chaque instant, me nommer mon ennemi; oui, il le faut. Tout à l'heure tu as dit un mot que je n'oublierai pas; tu m'as conjuré de te faire au moins entendre son nom. Eh bien! prononçons-le ensemble ce nom maudit qui te brûle la langue et le cœur. Parlons de Leoni. Les yeux de Juliette brillèrent d'un éclat involontaire. Je me sentis oppressé; mais je vainquis ma souffrance, et je lui demandai si elle approuvait mon projet.

— Oui, me dit-elle d'un air sérieux, je crois que tu as raison. Vois-tu, j'ai souvent la poitrine pleine de sanglots; la crainte de t'affliger m'empêche de les répandre, et j'amasse dans mon sein des trésors de douleur. Si j'osais m'épancher devant toi, je crois que je souffrirais moins. Mon mal est comme un parfum qui se garde éternellement dans un vase fermé; qu'on ouvre le vase, et le parfum s'échappe bien vite. Si je pouvais parler sans cesse de Leoni, te raconter les moindres circonstances de notre amour, je me remettrais à la fois sous les yeux le bien et le mal qu'il m'a faits; tandis que ton aversion me semble souvent injuste, et que, dans le secret de mon cœur, j'excuse des torts dont le récit dans la bouche d'un autre me révolterait.

— Eh bien! lui dis-je, je veux les apprendre de la tienne. Je n'ai jamais su les détails de cette funeste histoire; je veux que tu me les dises, que tu me racontes ta vie tout entière. En connaissant mieux tes maux, j'apprendrai peut-être à les mieux adoucir. Dis-moi tout, Juliette : dis-moi par quels moyens ce Leoni a su se faire tant aimer; dis-moi quel charme, quel secret il avait; car je suis las de chercher en vain le chemin inabordable de ton cœur. Je t'écoute, parle.

— Ah! oui, je le veux bien, répondit-elle; cela va enfin me soulager. Mais laisse-moi parler, et ne m'interromps par aucun signe de chagrin ou d'emportement; car je dirai les choses comme elles se sont passées; je dirai le bien et le mal, combien j'ai souffert et combien j'ai aimé.

— Tu diras tout et j'entendrai tout, lui répondis-je. Je fis apporter de nouvelles bougies et ranimer le feu. Juliette parla ainsi.

III.

Vous savez que je suis fille d'un riche bijoutier de Bruxelles. Mon père était habile dans sa profession, mais peu cultivé d'ailleurs. De simple ouvrier, il s'était élevé à la possession d'une belle fortune que le succès de son commerce augmentait de jour en jour. Malgré son peu d'éducation, il fréquentait les maisons les plus riches de la province; et ma mère, qui était jolie et spirituelle, était bien accueillie dans la société opulente des négociants.

Mon père était doux et apathique. Cette disposition augmentait chaque jour avec sa richesse et son bien-être. Ma mère, plus active et plus jeune, jouissait d'une indépendance illimitée, et profitait avec ivresse des avantages de la fortune et des plaisirs du monde. Elle était bonne, sincère et pleine de qualités aimables;

mais elle était naturellement légère, et sa beauté, merveilleusement respectée par les années, prolongeait sa jeunesse aux dépens de mon éducation. Elle m'aimait tendrement, à la vérité, mais sans prudence et sans discernement. Fière de ma fraîcheur et des frivoles talents qu'elle m'avait fait acquérir, elle ne songeait qu'à me promener et à me produire ; elle éprouvait un doux mais dangereux orgueil à me couvrir sans cesse de parures nouvelles et à se montrer avec moi dans les fêtes. Je me souviens de ce temps avec douleur et pourtant avec plaisir ; j'ai fait depuis de tristes réflexions sur le futile emploi de mes jeunes années, et cependant je le regrette, ce temps de bonheur et d'imprévoyance qui aurait dû ne jamais finir ou ne jamais commencer. Je crois encore voir ma mère avec sa taille rondelette et gracieuse, ses mains si blanches, ses yeux si noirs, son sourire si coquet et cependant si bon, qu'on voyait au premier coup d'œil qu'elle n'avait jamais connu ni soucis ni contrariétés, et qu'elle était incapable d'imposer aux autres aucune contrainte, même à bonne intention. Oh ! oui, je me souviens d'elle ! je me rappelle nos longues matinées consacrées à méditer et à préparer nos toilettes de bal, nos après-midi employées à une autre toilette si vétilleuse qu'il nous restait à peine une heure pour aller nous montrer à la promenade. Je me représente ma mère avec ses robes de satin, ses fourrures, ses longues plumes blanches, et tout le léger volume des blondes et des rubans. Après avoir achevé sa toilette, elle s'oubliait un instant pour s'occuper de moi ; j'éprouvais bien quelque ennui à délacer mes brodequins de satin noir pour effacer un léger pli sur le pied, ou bien à essayer vingt paires de gants avant d'en trouver une dont la nuance rosée fût assez fraîche à son gré. Ces gants collaient si exactement que je les déchirais après avoir pris mille peines pour les mettre; il fallait recommencer, et nous en entassions les débris avant d'avoir choisi ceux que je devais porter une heure et léguer à ma femme de chambre. Cependant on m'avait tellement accoutumée dès l'enfance à regarder ces minuties comme les occupations les plus importantes de la vie d'une femme, que je me résignais patiemment. Nous partions enfin, et, au bruit de nos robes de soie, au parfum de nos manchons, on se retournait pour nous voir. J'étais habituée à entendre notre nom sortir de la bouche de tous les hommes et à voir tomber leurs regards sur mon front impassible. Ce mélange de froideur et d'innocente effronterie constitue ce qu'on appelle la bonne tenue d'une jeune personne. Quant à ma mère, elle éprouvait un double orgueil à se montrer et à montrer sa fille; j'étais un reflet, ou pour mieux dire une partie d'elle-même, de sa beauté, de sa richesse; son bon goût brillait dans ma parure; ma figure, qui ressemblait à la sienne, lui rappelait, ainsi qu'aux autres, la fraîcheur à peine altérée de sa première jeunesse; de sorte qu'en me voyant marcher, toute fluette, à côté d'elle, elle croyait se voir deux fois, pâle et délicate comme elle avait été à quinze ans, brillante et belle comme elle l'était encore. Pour rien au monde elle ne se serait promenée sans moi, elle se serait crue incomplète et à demi habillée.

Après le dîner recommençaient les graves discussions sur la robe de bal, sur les bas de soie, sur les fleurs. Mon père, qui ne s'occupait de sa boutique que le jour, aurait mieux aimé passer tranquillement la soirée en famille; mais il était si débonnaire, qu'il ne s'apercevait pas de l'abandon où nous le laissions. Il s'endormait sur un fauteuil pendant que nos coiffeuses s'évertuaient à comprendre les savantes combinaisons de ma mère. Au moment de partir on réveillait l'excellent homme, et il allait avec complaisance tirer de ses coffrets de magnifiques pierreries qu'il avait fait monter sur ses dessins. Il nous les attachait lui-même sur les bras et sur le cou, et il se plaisait à en admirer l'effet. Ces écrins étaient destinés à être vendus. Souvent nous entendions autour de nous les femmes envieuses se récrier sur leur éclat et prononcer à voix basse de malicieuses plaisanteries; mais ma mère s'en consolait en disant que les plus grandes dames portaient nos restes, et cela était vrai. On venait le lendemain commander à mon père des parures semblables à celles que nous avions portées. Au bout de quelques jours, il envoyait celles-là précisément; et nous ne les regrettions pas, car nous ne les perdions que pour en retrouver de plus belles.

Au milieu d'une semblable vie, je grandissais sans m'inquiéter du présent ni de l'avenir, sans faire aucun effort sur moi-même pour former ou affermir mon caractère. J'étais née douce et confiante comme ma mère; je me laissais aller comme elle au courant de la destinée. Cependant j'étais moins gaie; je sentais moins vivement l'attrait des plaisirs et de la vanité; je semblais manquer du peu de force qu'elle avait, le désir et la faculté de s'amuser. J'acceptais un sort si facile sans en savoir le prix et sans le comparer à aucun autre. Je n'avais pas l'idée des passions. On m'avait élevée comme si je ne devais jamais les connaître; ma mère avait été élevée de même et s'en trouvait bien; car elle était incapable de les ressentir et n'avait jamais eu besoin de les combattre. On avait appliqué mon intelligence à des études où le cœur n'avait aucun travail à faire sur lui-même. Je touchais le piano d'une manière brillante, je dansais à merveille, je peignais l'aquarelle avec une netteté et une fraîcheur admirables; mais il n'y avait en moi aucune étincelle de ce feu sacré qui donne la vie et qui la fait comprendre. Je chérissais mes parents, mais je ne savais pas ce que c'était qu'aimer plus ou moins. Je rédigeais à merveille une lettre à quelqu'une de mes jeunes amies, mais je ne savais pas plus la valeur des expressions que celle des sentiments. Je les aimais par habitude, j'étais bonne envers elles par obligeance et par douceur, mais je ne m'inquiétais pas de leur caractère; je n'examinais rien. Je ne faisais aucune distinction raisonnée entre elles; celle que j'aimais le plus était celle qui venait me voir le plus souvent.

IV.

J'ÉTAIS ainsi et j'avais seize ans lorsque Leoni vint à Bruxelles. La première fois que je le vis, ce fut au théâtre. J'étais avec ma mère dans une loge, assez près du balcon, où il était avec les jeunes gens les plus élégants et les plus riches. Ce fut ma mère qui me le fit remarquer. Elle était sans cesse à l'affût d'un mari pour moi, et le cherchait parmi les hommes qui avaient la toilette la plus brillante et la taille la mieux prise; c'était tout pour elle. La naissance et la fortune ne la séduisaient que comme les accessoires de choses plus importantes à ses yeux, la tenue et les manières. Un homme supérieur sous un habit simple ne lui eût inspiré que du dédain. Il fallait que son futur gendre eût de certaines manchettes, une cravate irréprochable, une tournure exquise, une jolie figure, des habits faits à Paris, et cette espèce de bavardage insignifiant qui rend un homme adorable dans le monde.

Quant à moi, je ne faisais aucune comparaison entre les uns ou les autres. Je m'en remettais aveuglément au choix de mes parents, et je ne désirais ni ne fuyais le mariage.

Ma mère trouva Leoni charmant. Il est vrai que sa figure est admirablement belle et qu'il a le secret d'être aisé, gracieux et animé sous ses habits et avec ses manières de dandy. Mais je n'éprouvai aucune de ces émotions romanesques qui font pressentir la destinée aux âmes brûlantes. Je le regardai un instant pour obéir à ma mère, et je ne l'aurais pas regardé une seconde fois, si elle ne m'y eût forcée par ses exclamations continuelles et par la curiosité qu'elle témoigna de savoir son nom. Un jeune homme de notre connaissance, qu'elle appela pour le questionner, lui répondit que c'était un noble Vénitien, ami d'un des premiers négociants de la ville; qu'il paraissait avoir une immense fortune, et qu'il s'appelait Leone Leoni.

Ma mère fut charmée de cette réponse. Le négociant, ami de Leoni, donnait précisément le lendemain une fête où nous étions invités. Légère et crédule qu'elle était, il lui suffit d'avoir appris superficiellement que Leoni était riche et noble pour jeter aussitôt les yeux sur lui. Elle m'en parla dès le soir même et me recommanda d'être jolie le lendemain. Je souris et m'endormis exactement à la même heure que les autres soirs, sans que la pensée de Leoni accélérât d'une seconde les battements de mon cœur. On m'avait habituée à entendre sans émotion former de semblables projets. Ma mère prétendait que j'étais si raisonnable qu'on ne devait pas me traiter comme un enfant. Ma pauvre mère ne s'apercevait pas qu'elle était elle-même bien plus enfant que moi.

Elle m'habilla avec tant de soin et de recherche que je fus proclamée la reine du bal ; mais d'abord ce fut en pure perte. Leoni ne paraissait pas, et ma mère crut qu'il était déjà parti de Bruxelles. Incapable de modérer son impatience, elle demanda au maître de la maison ce qu'était devenu son ami le Vénitien.

— Ah ! dit M. Delpech, vous avez déjà remarqué mon Vénitien ? Il jeta en souriant un coup d'œil sur ma toilette, et comprit. — C'est un joli garçon, ajouta-t-il, de haute naissance, et très à la mode à Paris et à Londres ; mais je dois vous confesser qu'il est horriblement joueur, et que si vous ne le voyez pas ici, c'est qu'il préfère les cartes aux femmes les plus belles.

— Joueur ! dit ma mère, cela est fort vilain.

— Oh ! reprit M. Delpech, c'est selon. Quand on en a le moyen !

— Au fait !... dit ma mère ; et cette observation lui suffit. Elle ne s'inquiéta plus jamais de la passion de Leoni pour le jeu.

Peu d'instants après ce court entretien, Leoni parut dans le salon où nous dansions. Je vis M. Delpech lui parler à l'oreille en me regardant, et les yeux de Leoni flotter incertains autour de moi, jusqu'à ce que, guidé par les indications de son ami, il me découvrit dans la foule et s'approcha pour me mieux voir. Je compris en ce moment que mon rôle de fille à marier était un peu ridicule ; car il y avait quelque chose d'ironique dans l'admiration de son regard, et pour la première fois de ma vie peut-être je rougis et sentis de la honte.

Cette honte devint une sorte de souffrance lorsque je vis que Leoni était retourné à la salle de jeu au bout de quelques instants. Il me sembla que j'étais raillée et dédaignée, et j'en eus du dépit contre ma mère. Cela ne m'était jamais arrivé, et elle s'étonna de l'humeur que je lui montrai. — Allons, me dit-elle avec un peu de dépit à son tour, je ne sais ce que tu as, mais tu deviens laide. Partons.

Elle se levait déjà lorsque Leoni traversa vivement la salle et vint l'inviter à valser. Cet incident inespéré lui rendit la gaieté; elle me jeta en riant son éventail et disparut avec lui dans le tourbillon.

Comme elle aimait passionnément la danse, nous étions toujours accompagnées au bal par une vieille tante, sœur aînée de mon père, qui me servait de chaperon lorsque je n'étais pas invitée à danser en même temps que ma mère. Mademoiselle Agathe, c'est ainsi qu'on appelait ma tante, était une vieille fille d'un caractère égal et froid. Elle avait plus de bon sens que le reste de la famille; mais elle n'était pas exempte du penchant à la vanité, qui est l'écueil de tous les parvenus. Quoiqu'elle fît au bal une fort triste figure, elle ne se plaignait jamais de l'obligation de nous y accompagner; c'était pour elle l'occasion de montrer dans ses vieux jours de fort belles robes qu'elle n'avait pas eu le moyen de se procurer dans sa jeunesse. Elle faisait donc un grand cas de l'argent; mais elle n'était pas également accessible à toutes les séductions du monde. Elle avait une vieille haine contre les nobles, et ne perdait pas une occasion de les dénigrer et de les tourner en ridicule, ce dont elle s'acquittait avec assez d'esprit.

Fine et pénétrante, habituée à ne pas agir et à observer les actions d'autrui, elle avait compris la cause du petit mouvement d'humeur que j'avais éprouvé. Le babillage expansif de ma mère l'avait instruite de ses intentions sur Leoni, et le visage à la fois aimable, fier et moqueur du Vénitien lui révélait beaucoup de choses que ma mère ne comprenait pas. — Vois-tu, Juliette, me dit-elle en se penchant vers moi, voici un grand seigneur qui se moque de nous.

J'eus un tressaillement douloureux. Ce que disait ma tante répondait à mes pressentiments. C'était la première fois que j'apercevais clairement sur la figure d'un homme le dédain de notre bourgeoisie. On m'avait accoutumée à me divertir de celui que les femmes ne nous épargnaient guère, et à le regarder comme une marque d'envie ; mais notre beauté nous avait jusque-là préservées du dédain des hommes, et je pensai que Leoni était le plus insolent qui eût jamais existé. Il me fit horreur, et quand après avoir ramené ma mère à sa place il m'invita pour la contredanse suivante, je le refusai fièrement. Sa figure exprima un tel étonnement, que je compris à quel point il comptait sur un bon accueil. Mon orgueil triompha, et je m'assis auprès de ma mère en déclarant que j'étais fatiguée. Leoni nous quitta en s'inclinant profondément à la manière des Italiens, et en jetant sur moi un regard de curiosité où perçait toujours la moquerie de son caractère.

Ma mère, étonnée de ma conduite, commença à craindre que je fusse capable d'une volonté quelconque. Elle me parla doucement, espérant qu'au bout de quelque temps je consentirais à danser et que Leoni m'inviterait de nouveau ; mais je m'obstinai à rester à ma place. Au bout d'une heure, nous entendîmes à diverses reprises, dans le bourdonnement vague du bal, le nom de Leoni ; quelqu'un dit en passant près de nous que Leoni perdait six cents louis. —Très-bien! dit ma tante d'un ton sec; il fera bien de chercher une belle fille à marier avec une belle dot!

— Oh! il n'a pas besoin de cela, reprit une autre personne, il est si riche.

— Tenez, ajouta une troisième, le voilà qui danse; voyez s'il a l'air soucieux.

Leoni dansait en effet, et son visage n'exprimait pas la moindre inquiétude. Il se rapprocha ensuite de nous, adressa des fadeurs à ma mère avec la facilité d'un homme du grand monde, et puis essaya de me faire dire quelque chose en m'adressant des questions indirectes. Je gardai un silence obstiné, et il s'éloigna d'un air indifférent. Ma mère, désespérée, m'emmena.

Pour la première fois elle me gronda, et je la boudai. Ma tante me donna raison et déclara que Leoni était un impertinent et un mauvais sujet. Ma mère, qui n'avait jamais été contrariée à ce point, se mit à pleurer, et j'en fis autant.

Ce fut par ces petites agitations que l'approche de Leoni et de la funeste destinée qu'il m'apportait commença à troubler la paix profonde où j'avais toujours vécu. Je ne vous dirai pas avec les mêmes détails ce qui se passa les jours suivants. Je ne m'en souviens pas aussi bien, et le commencement de la passion inapaisable que je conçus pour lui m'apparaît toujours comme un rêve bizarre où ma raison ne peut mettre aucun ordre. Ce qu'il y a de certain, c'est que Leoni se montra piqué, surpris et atterré par ma froideur, et qu'il me traita sur-le-champ avec un respect qui satisfit mon orgueil blessé. Je le voyais tous les jours, dans les fêtes ou à la promenade, et mon éloignement pour lui s'évanouissait vite devant les soins extraordinaires et les humbles prévenances dont il m'accablait. En vain ma tante essayait de me mettre en garde contre la morgue dont elle l'accusait ; je ne pouvais plus me sentir offensée par ses manières ou ses paroles ; sa figure même avait perdu cette arrière-pensée de sarcasme qui m'avait choquée d'abord. Son regard prenait de jour en jour une douceur et une tendresse inconcevables. Il ne semblait occupé que de moi seule ; et, sacrifiant son goût pour les cartes, il passait les nuits entières à faire danser ma mère et moi, ou à causer avec nous. Bientôt il fut invité à venir chez nous. Je redoutais un peu cette visite ; ma tante me prédisait qu'il trouverait dans notre intérieur mille sujets de raillerie dont il ferait semblant de ne pas s'apercevoir, mais qui lui fourniraient à rire avec ses amis. Il vint, et, pour surcroît de malheur, mon père, qui se trouvait sur le seuil de sa boutique, le fit entrer par là dans la maison. Cette maison, qui nous appartenait, était fort belle, et ma mère l'avait fait décorer avec un goût exquis ; mais mon père, qui ne se plaisait que dans les occupations de son commerce, n'avait point voulu transporter sous un autre toit l'étalage de ses perles et de ses diamants. C'était un coup d'œil magnifique que ce rideau de pierreries étincelantes derrière les grands panneaux de glace qui le protégeaient, et mon père disait avec raison qu'il n'était pas de décoration plus splendide pour un rez-de-chaussée. Ma mère, qui n'avait eu jusque-là que des éclairs d'ambition pour se rapprocher de la noblesse, n'avait jamais été choquée de voir son nom gravé en larges lettres de strass au-dessous du balcon de sa chambre à coucher. Mais lorsque, de ce balcon, elle vit Leoni franchir le seuil de la fatale boutique, elle nous crut perdues et me regarda avec anxiété.

V.

Dans le peu de jours qui avaient précédé celui-là, j'avais eu la révélation d'une fierté inconnue. Je la sentis se réveiller, et, poussée par un mouvement irrésistible, je voulus voir de quel air Leoni faisait la conversation au comptoir de mon père. Il tardait à monter, et je supposais avec raison que mon père l'avait retenu pour lui montrer, selon sa naïve habitude, les merveilles de son travail. Je descendis résolument à la boutique, et j'y entrai en feignant quelque surprise d'y trouver Leoni. Cette boutique m'était interdite en tout temps par ma mère, dont la plus grande crainte était de me voir passer pour une marchande. Mais je m'échappais quelquefois pour aller embrasser mon pauvre père, qui n'avait pas de plus grande joie que de m'y recevoir. Lorsqu'il me vit entrer, il fit une exclamation de plaisir et dit à Leoni : — Tenez, tenez, monsieur le baron, je vous montrais peu de chose ; voici mon plus beau diamant. La figure de Leoni trahit une émotion délicieuse ; il sourit à mon père avec attendrissement et à moi avec passion. Jamais un tel regard n'était tombé sur le mien. Je devins rouge comme le feu. Un sentiment de joie et de tendresse inconnue amena une larme au bord de ma paupière, pendant que mon père m'embrassait au front.

Nous restâmes quelques instants sans parler, et Leoni, relevant la conversation, trouva le moyen de dire à mon père tout ce qui pouvait flatter son amour-propre d'artiste et de commerçant. Il parut prendre un extrême plaisir à lui faire expliquer par quel travail on tirait les pierres précieuses d'un caillou brut, pour leur donner l'éclat et la transparence. Il dit lui-même à ce sujet des choses intéressantes ; et, s'adressant à moi, il me donna quelques détails minéralogiques à ma portée. Je fus confondue de l'esprit et de la grâce avec lesquels il savait relever et ennoblir notre condition à nos propres yeux. Il nous parla de travaux d'orfévrerie qu'il avait eu l'occasion de voir dans ses voyages, et nous vanta surtout les œuvres de son compatriote Cellini, qu'il plaça près de Michel-Ange. Enfin il attribua tant de mérite à la profession de mon père et donna tant d'éloges à son talent, que je me demandais presque si j'étais la fille d'un ouvrier laborieux ou d'un homme de génie.

Mon père accepta cette dernière hypothèse, et, charmé des manières du Vénitien, il le conduisit chez ma mère. Durant cette visite, Leoni eut tant d'esprit et parla sur toutes choses d'une manière si supérieure, que je restai fascinée en l'écoutant. Jamais je n'avais conçu l'idée d'un homme semblable. Ceux qu'on m'avait désignés comme les plus aimables étaient si insignifiants et si nuls auprès de celui-là, que je croyais faire un rêve. J'étais trop ignorante pour apprécier tout ce que Leoni possédait de savoir et d'éloquence, mais je le comprenais instinctivement. J'étais dominée par son regard, enchaînée à ses récits, surprise et charmée à chaque nouvelle ressource qu'il déployait.

Il est certain que Leoni est un homme doué de facultés extraordinaires. En peu de jours il réussit à exciter dans la ville un engouement général. Vous savez qu'il a tous les talents, toutes les séductions. S'il assistait à un concert, après s'être fait un peu prier, il chantait ou jouait tous les instruments avec une supériorité marquée sur les musiciens. S'il consentait à passer une soirée d'intimité, il faisait des dessins charmants sur les albums des femmes. Il crayonnait en un instant des portraits pleins de grâce ou des caricatures pleines de verve; il improvisait ou déclamait dans toutes les langues; il savait toutes les danses de caractère de l'Europe, et il les dansait toutes avec une grâce enchanteresse; il avait tout vu, tout retenu, tout jugé, tout compris; il savait tout; il lisait dans l'univers comme dans un livre de poche. Il jouait admirablement la tragédie et la comédie; il organisait des troupes d'amateurs; il était lui-même le chef d'orchestre, le premier sujet, le décorateur, le peintre et le machiniste. Il était à la tête de toutes les parties et de toutes les fêtes. On pouvait vraiment dire que le plaisir marchait sur ses traces, et que tout, à son approche, changeait d'aspect et prenait une face nouvelle. On l'écoutait avec enthousiasme, on lui obéissait aveuglément; on croyait en lui comme en un prophète; et s'il eût promis de ramener le printemps au milieu de l'hiver, on l'en aurait cru capable. Au bout d'un mois de son séjour à Bruxelles, le caractère des habitants avait réellement changé. Le plaisir réunissait toutes les classes, aplanissait toutes les susceptibilités hautaines, nivelait tous les rangs. Ce n'étaient tous les jours que cavalcades, feux d'artifice, spectacles, concerts, mascarades. Leoni était grand et généreux; les ouvriers auraient fait pour lui une émeute. Il semait les bienfaits à pleines mains, et trouvait de l'or et du temps pour tout. Ses fantaisies devenaient aussitôt celles de tout le monde. Toutes les femmes l'aimaient, et les hommes étaient tellement subjugués par lui qu'ils ne songeaient point à en être jaloux.

Comment, au milieu d'un tel entraînement, aurais-je pu rester insensible à la gloire d'être recherchée par l'homme qui fanatisait toute une province? Leoni nous accablait de soins et nous entourait d'hommages. Nous étions devenues, ma mère et moi, les femmes le plus à la mode de la ville. Nous marchions à ses côtés, à la tête de tous les divertissements ; il nous aidait à déployer un luxe effréné ; il dessinait nos toilettes et composait nos costumes de caractère : car il s'entendait à tout, et aurait fait lui-même au besoin nos robes et nos turbans. Ce fut par de tels moyens qu'il accapara l'affection de la famille. Ma tante fut la plus difficile à conquérir. Long-temps elle résista, et nous affligea de ses tristes observations. —Leoni, disait-elle, était un homme sans conduite, un joueur effréné, il gagnait et il perdait chaque soir la fortune de vingt familles ; il dévorerait la nôtre en une nuit. Mais Leoni entreprit de l'adoucir, et il y réussit en s'emparant de sa vanité, ce levier qu'il manœuvrait si puissamment en ayant l'air de l'effleurer. Bientôt il n'y eut plus d'obstacles. Ma main lui fut promise avec une dot d'un demi-million : ma tante fit observer encore qu'il fallait avoir des renseignements plus certains sur la fortune et la condition de cet étranger. Leoni sourit et promit de fournir ses titres de noblesse et de propriété en moins de vingt jours. Il traita fort légèrement la rédaction du contrat, qui fut dressé de la manière la plus libérale et la plus confiante envers lui. Il paraissait à peine savoir ce que je lui apportais. M. Delpech et, sur la parole de celui-ci, tous les nouveaux amis de Leoni assuraient qu'il avait quatre fois plus de fortune que nous, et qu'en m'épousant il faisait un mariage d'amour. Je me laissai facilement persuader. Je n'avais jamais été trompée, et je ne me représentais les faussaires et les filous que sous les haillons de la misère et les dehors de l'ignominie...

Un sentiment pénible oppressa la poitrine de Juliette. Elle s'arrêta, et me regarda d'un air égaré. — Pauvre enfant! lui dis-je, Dieu aurait dû te protéger.

— Oh! me dit-elle en fronçant légèrement son sourcil d'ébène, j'ai prononcé des mots affreux; que Dieu me les pardonne! Je n'ai pas de haine dans le cœur, et je n'accuse point Leoni d'être un scélérat; non, non, car je ne veux pas rougir de l'avoir aimé. C'est un malheureux qu'il faut plaindre. Si vous saviez.... Mais je vous dirai tout.

— Continue ton histoire, lui dis-je; Leoni est assez coupable; ton intention n'est pas de l'accuser plus qu'il ne le mérite.

Juliette reprit son récit.

Le fait est qu'il m'aimait, il m'aimait pour moi-même; la suite l'a bien prouvé. Ne secouez pas la tête, Bustamente. Leoni est un corps robuste, animé d'une âme immense; toutes les vertus et tous les vices, toutes les passions coupables et saintes y trouvent place en même temps. Personne n'a jamais voulu le juger impartialement; il avait bien raison de le dire, moi seule l'ai connu et lui ai rendu justice.

Le langage qu'il me parlait était si nouveau à mon oreille, que j'en étais enivrée. Peut-être l'ignorance absolue où j'avais vécu de tout ce qui touchait au sentiment me faisait-elle paraître ce langage plus délicieux et plus extraordinaire qu'il n'eût semblé à une fille plus expérimentée. Mais je crois (et d'autres femmes le croient aussi) que nul homme sur la terre n'a ressenti et exprimé l'amour comme Leoni. Supérieur aux autres hommes dans le mal et dans le bien, il parlait une autre langue, il avait d'autres regards, il avait aussi un autre cœur. J'ai entendu dire à une dame italienne qu'un bouquet dans la main de Leoni avait plus de parfum que dans celle d'un autre, et il en était ainsi de tout. Il donnait du lustre aux choses les plus simples, et rajeunissait les moins neuves. Il y avait un prestige autour de lui ; je ne pouvais ni ne désirais m'y soustraire. Je me mis à l'aimer de toutes mes forces.

Dans ce moment, je me sentis grandir à mes propres yeux. Que ce fût l'ouvrage de Dieu, celui de Leoni ou celui de l'amour, une âme forte se développa et s'épanouit dans mon faible corps. Chaque jour je sentis un monde de pensées nouvelles se révéler à moi. Un mot de Leoni faisait éclore en moi plus de sentiments que les frivoles discours entendus dans toute ma vie. Il voyait ce progrès, il en était heureux et fier. Il voulut le hâter et m'apporta des livres. Ma mère en regarda la couverture dorée, le vélin et les gravures. Elle vit à peine le titre des ouvrages qui allaient bouleverser ma tête et mon cœur. C'étaient de beaux et chastes livres, presque tous écrits par des femmes sur des histoires de femmes : *Valérie*, *Eugène de Rothelin*, *Mademoiselle de Clermont*, *Delphine*. Ces récits touchants et passionnés, ces aperçus d'un monde idéal pour moi élevèrent mon âme, mais ils la dévorèrent. Je devins romanesque, caractère le plus infortuné qu'une femme puisse avoir.

VI.

Trois mois avaient suffi pour cette métamorphose. J'étais à la veille d'épouser Leoni. De tous les papiers qu'il avait promis de fournir, son acte de naissance et ses lettres de noblesse étaient seuls arrivés. Quant aux preuves de sa fortune, il les avait demandées à un autre homme de loi, et elles n'arrivaient pas. Il témoignait une douleur et une colère extrêmes de ce retard, qui faisait toujours ajourner notre union. Un matin, il entra chez nous d'un air désespéré. Il nous montra une lettre non timbrée qu'il venait de recevoir, disait-il, par une occasion particulière. Cette lettre lui annonçait que son chargé d'affaires était mort, que son successeur ayant trouvé ses papiers en désordre était forcé de faire un grand travail pour les reconnaître, et qu'il demandait encore une ou deux semaines avant de pouvoir fournir à *sa seigneurie* les pièces qu'elle réclamait. Leoni était furieux de ce contre-temps ; il mourrait d'impatience et de chagrin, disait-il, avant la fin de cette horrible quinzaine. Il se laissa tomber sur un fauteuil en fondant en larmes.

Non, ce n'étaient pas des larmes feintes ; ne souriez pas, don Aleo. Je lui tendis la main pour le consoler ; je la sentis baignée de ses pleurs, et, frappée aussitôt d'une commotion sympathique, je me mis à sangloter.

Ma pauvre mère n'y put tenir. Elle courut en pleurant chercher mon père à sa boutique. — C'est une tyrannie odieuse, lui dit-elle en l'entraînant près de nous. Voyez ces deux malheureux enfants ! comment pouvez-vous refuser de faire leur bonheur, quand vous êtes témoin de ce qu'ils souffrent ! Voulez-vous tuer votre fille par respect pour une vaine formalité ? Ces papiers n'arriveront-ils pas aussi bien et ne seront-ils pas aussi satisfaisants après huit jours de mariage ? Que craignez-vous ? Prenez-vous notre cher Leoni pour un imposteur ? Ne comprenez-vous pas que votre insistance pour avoir les preuves de sa fortune est injurieuse pour lui et cruelle pour Juliette?

Mon père, tout étourdi de ces reproches, et surtout de mes pleurs, jura qu'il n'avait jamais songé à tant d'exigence et qu'il ferait tout ce que je voudrais. Il m'embrassa mille fois et me tint le langage qu'on tient à un enfant de six ans lorsqu'on cède à ses fantaisies pour se débarrasser de ses cris. Ma tante arriva et parla moins tendrement. Elle me fit même des reproches qui me blessèrent. — Une jeune personne chaste et bien élevée, disait-elle, ne devait pas montrer tant d'impatience d'appartenir à un homme. — On voit bien, lui dit ma mère, tout à fait piquée, que vous n'avez jamais pu appartenir à aucun. Mon père ne pouvait souffrir qu'on manquât d'égards envers sa sœur. Il pencha de son côté, et fit observer que notre désespoir était un enfantillage, que huit jours seraient bientôt passés. J'étais mortellement offensée de l'impatience qu'on me supposait, et j'essayais de retenir mes larmes; mais celles de Leoni exerçaient sur moi une puissance magnétique, et je ne pouvais m'arrêter. Alors il se leva, les yeux tout humides, les joues animées, et, avec un sourire d'espérance et de tendresse, il courut vers ma tante; il prit ses mains dans une des siennes, celles de mon père dans l'autre, et se jeta à genoux en les suppliant de ne plus s'opposer à son bonheur. Ses manières, son accent, son visage, avaient un pouvoir irrésistible; c'était d'ailleurs la première fois que ma pauvre tante voyait un homme à ses pieds. Toutes les résistances furent vaincues. Les bans étaient publiés, toutes les formalités préparatoires étaient remplies; notre mariage fut fixé à la semaine suivante, sans aucun égard à l'arrivée des papiers.

Le mardi gras tombait le lendemain. M. Delpech donnait une fête magnifique ; Leoni nous avait priées de nous habiller en femmes turques ; il nous avait fait une aquarelle charmante, que nos couturières avaient copiée avec beaucoup d'exactitude. Le velours, le satin brodé, le cachemire ne furent pas épargnés. Mais ce fut la quantité et la beauté des pierreries qui nous assurèrent un triomphe incontestable sur toutes les toilettes du bal. Presque tout le fonds de boutique de mon père y passa : les rubis, les émeraudes, les opales ruisselaient sur nous ; nous avions des réseaux et des aigrettes de brillants, des bouquets admirablement montés en pierres de toutes couleurs. Mon corsage et jusqu'à mes souliers étaient brodés en perles fines ; une torsade de ces perles d'une beauté extraordinaire me servait de ceinture et tombait jusqu'à mes genoux. Nous avions de grandes pipes et des poignards couverts de saphirs et de brillants ; mon costume entier valait au moins un million.

Leoni parut entre nous deux avec un costume turc magnifique. Il était si beau et si majestueux sous cet habit que l'on montait sur les banquettes pour nous voir passer. Mon cœur battait avec violence, j'éprouvais un orgueil qui tenait du délire. Ma parure, comme vous pensez, était la moindre chose dont je fusse occupée. La beauté de Leoni, son éclat, sa supériorité sur tous, l'espèce de culte qu'on lui rendait, et tout cela à moi, tout cela à mes pieds ! c'était de quoi enivrer une tête moins jeune que la mienne. Ce fut le dernier jour de ma splendeur ! Par combien de misère et d'abjection n'ai-je pas payé ces vains triomphes !

Ma tante était habillée en juive et nous suivait, portant des éventails et des boîtes de parfums. Leoni, qui voulait conquérir son amitié, avait composé son costume

avec tant d'art qu'il avait presque poétisé le caractère
de sa figure grave et flétrie. Elle était enivrée aussi, la
pauvre Agathe! Hélas! qu'est-ce que la raison des femmes! Nous étions là depuis deux ou trois heures; ma
mère dansait et ma tante bavardait avec les femmes surannées qui composent ce qu'on appelle en France la
tapisserie d'un bal. Leoni était assis près de moi et me
parlait à demi-voix avec une passion dont chaque mot
allumait une étincelle dans mon sang. Tout à coup la
parole expira sur ses lèvres; il devint pâle comme la
mort et sembla frappé de l'apparition d'un spectre. Je
suivis la direction de son regard effaré, et je vis à quelques pas de nous une personne dont l'aspect me fut
désagréable à moi-même; c'était un jeune homme,
nommé Henryet, qui m'avait demandée en mariage
l'année précédente. Quoiqu'il fût riche et d'une famille
honnête, ma mère ne l'avait pas trouvé digne de moi et
l'avait éloigné en alléguant mon extrême jeunesse. Mais
au commencement de l'année suivante il avait renouvelé sa demande avec instance, et le bruit avait couru
dans la ville qu'il était éperdument amoureux de moi;
je n'avais pas daigné m'en apercevoir, et ma mère, qui
le trouvait trop simple et trop bourgeois, s'était débarrassée de ses poursuites un peu brusquement. Il en avait
témoigné plus de chagrin que de dépit, et il était parti
immédiatement pour Paris. Depuis ce temps ma tante
et mes jeunes amies m'avaient fait quelques reproches
de mon indifférence envers lui. C'était, disaient-elles,
un excellent jeune homme, d'une instruction solide et
d'un caractère noble; ces reproches m'avaient causé de
l'ennui. Son apparition inattendue au milieu du bonheur que je goûtais auprès de Leoni me fut déplaisante
et me fit l'effet d'un reproche nouveau; je détournai la

tête et feignis de ne l'avoir pas vu; mais le singulier regard qu'il lança à Leoni ne put m'échapper. Leoni saisit vivement mon bras et m'engagea à venir prendre une glace dans la salle voisine; il ajouta que la chaleur l'incommodait et lui donnait mal aux nerfs. Je le crus, et je pensai que le regard d'Henryet n'était que l'expression de la jalousie. Nous passâmes dans la galerie; il y avait peu de monde, j'y fus quelque temps appuyée sur le bras de Leoni. Il était agité et préoccupé; j'en montrai de l'inquiétude, et il me répondit que cela n'en valait pas la peine, qu'il était seulement un peu souffrant.

Il commençait à se remettre, lorsque je m'aperçus qu'Henryet nous suivait; je ne pus m'empêcher d'en témoigner mon impatience.

— En vérité, cet homme nous suit comme un remords, dis-je tout bas à Leoni; est-ce bien un homme? Je le prendrais presque pour une âme en peine qui revient de l'autre monde.

— Quel homme? répondit Leoni en tressaillant; comment l'appelez-vous? où est-il? que nous veut-il? est-ce que vous le connaissez? »

Je lui appris en peu de mots ce qui était arrivé, et le priai de n'avoir pas l'air de remarquer le ridicule manége d'Henryet. Mais Leoni ne me répondit pas; seulement je sentis sa main qui tenait la mienne devenir froide comme la mort; un tremblement convulsif passa dans tout son corps, et je crus qu'il allait s'évanouir; mais tout cela fut l'affaire d'un instant.

— J'ai les nerfs horriblement malades, dit-il; je crois que je vais être forcé d'aller me coucher; la tête me brûle, ce turban pèse cent livres.

— O mon Dieu! lui dis-je, si vous partez déjà, cette

nuit va me sembler éternelle et cette fête insupportable. Essayez de passer dans une pièce plus retirée et de quitter votre turban pour quelques instants; nous demanderons quelques gouttes d'éther pour calmer vos nerfs.

— Oui, vous avez raison, ma bonne, ma chère Juliette, mon ange. Il y a au bout de la galerie un boudoir où probablement nous serons seuls; un instant de repos me guérira.

En parlant ainsi, il m'entraîna vers le boudoir avec empressement; il semblait fuir plutôt que marcher. J'entendis des pas qui venaient sur les nôtres; je me retournai, et je vis Henryet qui se rapprochait de plus en plus et qui avait l'air de nous poursuivre; je crus qu'il était devenu fou. La terreur que Leoni ne pouvait plus dissimuler acheva de brouiller toutes mes idées; une peur superstitieuse s'empara de moi, mon sang se glaça comme dans le cauchemar, et il me fut impossible de faire un pas de plus. En ce moment Henryet nous atteignit et posa une main qui me sembla métallique sur l'épaule de Leoni. Leoni resta comme frappé de la foudre, et lui fit un signe de tête affirmatif, comme s'il eût deviné une question ou une injonction dans ce silence effrayant. Alors Henryet s'éloigna, et je sentis mes pieds se déclouer du parquet. J'eus la force de suivre Leoni dans le boudoir, et je tombai sur l'ottomane, aussi pâle et aussi consternée que lui.

VII.

Il resta quelque temps ainsi; puis tout à coup rassemblant ses forces, il se jeta à mes pieds. — Juliette, me dit-il, je suis perdu si tu ne m'aimes pas jusqu'au délire.

— O ciel! qu'est-ce que cela signifie? m'écriai-je avec égarement en jetant mes bras autour de son cou.

— Et tu ne m'aimes pas ainsi! continua-t-il avec angoisse; je suis perdu, n'est-ce pas?

— Je t'aime de toutes les forces de mon âme, m'écriai-je en pleurant; que faut-il faire pour te sauver?

— Ah! tu n'y consentiras pas! reprit-il avec abattement. Je suis le plus malheureux des hommes; tu es la seule femme que j'aie jamais aimée, Juliette; et au moment de te posséder, mon âme, ma vie, je te perds à jamais!... Il faudra que je meure.

— Mon Dieu! mon Dieu! m'écriai-je, ne pouvez-vous parler? ne pouvez-vous dire ce que vous attendez de moi?

— Non, je ne puis parler, répondit-il; un affreux secret, un mystère épouvantable pèse sur ma vie entière, et je ne pourrai jamais te le révéler. Pour m'aimer, pour me suivre, pour me consoler, il faudrait être plus qu'une femme, plus qu'un ange peut-être!...

— Pour t'aimer! pour te suivre! lui dis-je. Dans quelques jours ne serai-je pas ta femme? Tu n'auras qu'un mot à dire, et quelle que soit ma douleur et celle de mes parents, je te suivrai au bout du monde, si tu le veux.

— Est-ce vrai, ô ma Juliette! s'écria-t-il avec un transport de joie; tu me suivras! tu quitteras tout pour moi!... Eh bien! si tu m'aimes à ce point, je suis sauvé! Partons, partons tout de suite...

— Quoi! y pensez-vous, Leoni? Sommes-nous mariés? lui dis-je.

— Nous ne pouvons pas nous marier, répondit-il d'une voix forte et brève.

Je restai atterrée. — Et si tu ne veux pas m'aimer, si tu ne veux pas fuir avec moi, continua-t-il, je n'ai plus qu'un parti à prendre : c'est de me tuer.

Il prononça ces mots d'un ton si résolu, que je frissonnai de la tête aux pieds. — Mais que nous arrive-t-il donc? lui dis-je; est-ce un rêve? Qui peut nous empêcher de nous marier, quand tout est décidé, quand vous avez la parole de mon père?

— Un mot de l'homme qui est amoureux de vous, et qui veut vous empêcher d'être à moi.

— Je le hais et je le méprise, m'écriai-je. Où est-il? Je veux lui faire sentir la honte d'une si lâche poursuite et d'une si odieuse vengeance... Mais que peut-il contre toi, Leoni? n'es-tu pas tellement au-dessus de ses attaques qu'un mot de toi ne le réduise en poussière? Ta vertu et ta force ne sont-elles pas inébranlables et pures comme l'or? O ciel! je devine : tu es ruiné! les papiers que tu attends n'apporteront que de mauvaises nouvelles. Henryet le sait, il te menace d'avertir mes parents. Sa conduite est infâme; mais ne crains rien, mes parents sont bons, ils m'adorent; je me jetterai à leurs pieds, je les menacerai de me faire religieuse; tu les supplieras encore comme hier et tu les vaincras, sois-en sûr. Ne suis-je pas assez riche pour deux? Mon père ne voudra pas me condamner à mourir de douleur; ma mère intercédera pour moi... A nous trois nous aurons plus de force que ma tante pour le convaincre. Va, ne t'afflige plus, Leoni, cela ne peut pas nous séparer, c'est impossible. Si mes parents étaient sordides à ce point, c'est alors que je fuirais avec toi...

— Fuyons donc tout de suite, me dit Leoni d'un air

sombre; car ils seront inflexibles. Il y a autre chose encore que ma ruine, quelque chose d'infernal que je ne peux pas te dire. Es-tu bonne, es-tu généreuse? Es-tu la femme que j'ai rêvée et que j'ai cru trouver en toi? Es-tu capable d'héroïsme? Comprends-tu les grandes choses, les immenses dévouements? Voyons, voyons! Juliette, es-tu une femme aimable et jolie que je vais quitter avec regret, ou es-tu un ange que Dieu m'a donné pour me sauver du désespoir? Sens-tu ce qu'il y a de beau, de sublime à se sacrifier pour ce qu'on aime? Ton âme n'est-elle pas émue à l'idée de tenir dans tes mains la vie et la destinée d'un homme, et de t'y consacrer tout entière? Ah! que ne pouvons-nous changer de rôle! que ne suis-je à ta place! Avec quel bonheur, avec quel transport je t'immolerais toutes les affections, tous les devoirs!...

— Assez, Leoni, lui répondis-je; vous m'égarez par vos discours. Grâce, grâce pour ma pauvre mère, pour mon pauvre père, pour mon honneur! Vous voulez me perdre...

— Ah! tu penses à tout cela! s'écria-t-il, et pas à moi! Tu pèses la douleur de tes parents, et tu ne daignes pas mettre la mienne dans la balance! Tu ne m'aimes pas...

Je cachai mon visage dans mes mains, j'invoquai Dieu, j'écoutai les sanglots de Leoni; je crus que j'allais devenir folle.

— Eh bien! tu le veux, lui dis-je, et tu le peux; parle, dis-moi tout ce que tu voudras, il faudra bien que je t'obéisse; n'as-tu pas ma volonté et mon âme à ta disposition?

— Nous avons peu d'instants à perdre, répondit Leoni. Il faut que dans une heure nous soyons partis, ou ta fuite deviendra impossible. Il y a un œil de vautour qui plane sur nous. Mais, si tu le veux, nous saurons le tromper. Le veux-tu? le veux-tu?

Il me serra dans ses bras avec délire. Des cris de douleur s'échappaient de sa poitrine. Je répondis oui, sans savoir ce que je disais. — Eh bien! retourne vite au bal, me dit-il, ne montre pas d'agitation. Si on te questionne, dis que tu as été un peu indisposée; mais ne te laisse pas emmener. Danse s'il le faut. Surtout, si Henryet te parle, sois prudente, ne l'irrite pas; songe que pendant une heure encore mon sort est dans ses mains. Dans une heure je reviendrai sous un domino. J'aurai ce bout de ruban au capuchon. Tu le reconnaîtras, n'est-ce pas? Tu me suivras, et surtout tu seras calme, impassible. Il le faut, songe à tout cela, t'en sens-tu la force?

Je me levai et je pressai ma poitrine brisée dans mes deux mains. J'avais la gorge en feu, mes joues étaient brûlées par la fièvre, j'étais comme ivre. — Allons, allons, me dit-il. Il me poussa dans le bal et disparut. Ma mère me cherchait. Je vis de loin son anxiété, et pour éviter ses questions j'acceptai précipitamment une invitation à danser.

Je dansai, et je ne sais comment je ne tombai pas morte à la fin de la contredanse, tant j'avais fait d'efforts sur moi-même. Quand je revins à ma place, ma mère était déjà partie pour la valse. Elle m'avait vue danser, elle était tranquille; elle recommençait à s'amuser pour son compte. Ma tante, au lieu de me questionner sur mon absence, me gronda. J'aimais mieux cela, je n'avais pas besoin de répondre et de mentir. Une de mes amies me demanda d'un air effrayé ce que j'avais et pourquoi ma figure était si bouleversée. Je répondis que je venais d'avoir un violent accès de toux. — Il faut te reposer, me dit-elle, et ne plus danser.

Mais j'étais décidée à éviter le regard de ma mère; je craignais son inquiétude, sa tendresse et mes remords. Je vis son mouchoir qu'elle avait laissé sur la banquette, je le pris, je l'approchai de mon visage, et m'en couvrant la bouche je le dévorai de baisers convulsifs. Ma compagne crut que je toussais encore; je feignis de tousser en effet. Je ne savais comment remplir cette heure fatale dont la moitié était à peine écoulée. Ma tante remarqua que j'étais fort enrhumée, et qu'elle allait engager ma mère à se retirer. Je fus épouvantée de cette menace, et j'acceptai vite une nouvelle invitation. Quand je fus au milieu des danseurs, je m'aperçus que j'avais accepté une valse. Comme presque toutes les jeunes personnes, je ne valsais jamais; mais en reconnaissant, dans celui qui déjà me tenait dans ses bras, la sinistre figure de Henryet, la frayeur m'empêcha de refuser. Il m'entraîna, et ce mouvement rapide acheva de troubler mon cerveau. Je me demandais si tout ce qui se passait autour de moi n'était pas une vision, si je n'étais pas plutôt couchée dans un lit, avec la fièvre, que lancée comme une folle au milieu d'une valse avec un être qui me faisait horreur. Et puis je me rappelai que Leoni allait venir me chercher. Je regardai ma mère qui, légère et joyeuse, semblait voler au travers du cercle des valseurs. Je me dis que cela était impossible, que je ne pouvais pas quitter ma mère ainsi. Je m'aperçus que Henryet me pressait dans ses bras, et que ses yeux dévoraient mon visage incliné vers le sien. Je faillis crier et m'enfuir. Je me souvins des paroles de Leoni : *Mon sort est encore dans ses mains pendant une heure.* Je me résignai. Nous

nous arrêtâmes un instant. Il me parla. Je n'entendis pas et je répondis en souriant avec égarement. Alors je sentis le frôlement d'une étoffe contre mes bras et mes épaules nues. Je n'eus pas besoin de me retourner, je reconnus la respiration à peine saisissable de Leoni. Je demandai à revenir à ma place. Au bout d'un instant, Leoni, en domino noir, vint m'offrir la main. Je le suivis. Nous traversâmes la foule, nous échappâmes par je ne sais quel miracle au regard jaloux de Henryet, et à celui de ma mère qui me cherchait de nouveau. L'audace avec laquelle je passai au milieu de cinq cents témoins, pour m'enfuir avec Leoni, empêcha qu'aucun s'en aperçût. Nous traversâmes la cohue de l'antichambre. Quelques personnes qui prenaient leurs manteaux nous reconnurent et s'étonnèrent de me voir descendre l'escalier sans ma mère ; mais ces personnes s'en allaient aussi et ne devaient point colporter leur remarque dans le bal. Arrivé dans la cour, Leoni se précipita en m'entraînant vers une porte latérale par laquelle ne passaient point les voitures. Nous fîmes en courant quelques pas dans une rue sombre ; puis une chaise de poste s'ouvrit, Leoni m'y porta, m'enveloppa dans un vaste manteau fourré, m'enfonça un bonnet de voyage sur la tête, et en un clin d'œil la maison illuminée de M. Delpech, la rue et la ville disparurent derrière nous.

Nous courûmes vingt-quatre heures sans faire un mouvement pour sortir de la voiture. A chaque relais Leoni soulevait un peu le châssis, passait le bras en dehors, jetait aux postillons le quadruple de leur salaire, retirait précipitamment son bras et refermait la jalousie. Je ne pensais guère à me plaindre de la fatigue ou de la faim ; j'avais les dents serrées, les nerfs contractés ;

je ne pouvais verser une larme ni dire un mot. Leoni semblait plus occupé de la crainte d'être poursuivi que de ma souffrance et de ma douleur. Nous nous arrêtâmes auprès d'un château, à peu de distance de la route. Nous sonnâmes à la porte d'un jardin. Un domestique vint après s'être fait long-temps attendre. Il était deux heures du matin. Il arriva enfin en grondant et approcha sa lanterne du visage de Leoni ; à peine l'eut-il reconnu qu'il se confondit en excuses et nous conduisit à l'habitation ; elle me sembla déserte et mal tenue. Néanmoins on m'ouvrit une chambre assez convenable. En un instant on alluma du feu, on me prépara un lit, et une femme vint pour me déshabiller. Je tombai dans une sorte d'imbécillité. La chaleur du foyer me ranima un peu, et je m'aperçus que j'étais en robe de nuit et les cheveux épars auprès de Leoni ; mais il n'y faisait pas attention ; il était occupé à serrer dans un coffre le riche costume, les perles et les diamants dont nous étions encore couverts un instant auparavant. Ces joyaux dont Leoni était paré appartenaient pour la plupart à mon père. Ma mère, voulant que la richesse de son costume ne fût pas au-dessous du nôtre, les avait tirés de la boutique et les lui avait prêtés sans rien dire. Quand je vis toutes ces richesses entassées dans un coffre, j'eus une honte mortelle de l'espèce de vol que nous avions commis, et je remerciai Leoni de ce qu'il pensait à les renvoyer à mon père. Je ne sais ce qu'il me répondit ; il me dit ensuite que j'avais quatre heures à dormir, qu'il me suppliait d'en profiter sans inquiétude et sans douleur. Il baisa mes pieds nus et se retira. Je n'eus jamais le courage d'aller jusqu'à mon lit ; je m'endormis auprès du feu sur mon fauteuil. A six heures du matin on vint m'éveiller ; on m'apporta du chocolat et des habits d'homme. Je déjeunai et je m'habillai avec résignation. Leoni vint me chercher et nous quittâmes avant le jour cette demeure mystérieuse, dont je n'ai jamais connu ni le nom ni la situation exacte, ni le propriétaire, non plus que beaucoup d'autres gîtes, tantôt riches, tantôt misérables, qui, dans le cours de nos voyages, s'ouvrirent pour nous à toute heure et en tout pays au seul nom de Leoni.

A mesure que nous avancions, Leoni reprenait la sérénité de ses manières et la tendresse de son langage. Soumise et enchaînée à lui par une passion aveugle, j'étais un instrument dont il faisait vibrer toutes les cordes à son gré. S'il était rêveur, je devenais mélancolique; s'il était gai, j'oubliais tous mes chagrins et tous mes remords pour sourire à ses plaisanteries; s'il était passionné, j'oubliais la fatigue de mon cerveau et l'épuisement des larmes, je retrouvais de la force pour l'aimer et pour le lui dire.

VIII.

Nous arrivâmes à Genève, où nous ne restâmes que le temps nécessaire pour nous reposer. Nous nous enfonçâmes bientôt dans l'intérieur de la Suisse, et là nous perdîmes toute inquiétude d'être poursuivis et découverts. Depuis notre départ Leoni n'aspirait qu'à gagner avec moi une retraite agreste et paisible et à vivre d'amour et de poésie dans un éternel tête-à-tête. Ce rêve délicieux se réalisa. Nous trouvâmes dans une des vallées du lac Majeur un chalet des plus pittoresques dans une situation ravissante. Pour très-peu d'argent nous le fîmes arranger commodément à l'intérieur, et nous le prîmes à loyer au commencement d'avril. Nous y passâmes six mois d'un bonheur enivrant, dont je remercierai Dieu toute ma vie, quoiqu'il me les ait fait payer bien cher. Nous étions absolument seuls et loin de toute relation avec le monde. Nous étions servis par deux jeunes mariés gros et réjouis, qui augmentaient notre contentement par le spectacle de celui qu'ils goûtaient. La femme faisait le ménage et la cuisine, le mari menait au pâturage une vache et deux chèvres qui composaient tout notre troupeau. Il tirait le lait et faisait le fromage. Nous nous levions de bonne heure, et, lorsque le temps était beau, nous déjeunions à quelques pas de la maison, dans un joli verger dont les arbres, abandonnés à la direction de la nature, poussaient en tous sens des branches touffues, moins riches en fruits qu'en fleurs et en feuillage. Nous allions ensuite nous promener dans la vallée ou nous gravissions les montagnes. Nous prîmes peu à peu l'habitude de faire de longues courses, et chaque jour nous allions à la découverte de quelque site nouveau. Les pays de montagnes ont cela de délicieux qu'on peut les explorer long-temps avant d'en connaître tous les secrets et toutes les beautés. Quand nous entreprenions nos plus grandes excursions, Joanne, notre gai majordome, nous suivait avec un panier de vivres, et rien n'était plus charmant que nos festins sur l'herbe. Leoni n'était difficile que sur le choix de ce qu'il appelait le réfectoire. Enfin, quand nous avions trouvé à mi-côte d'une gorge un petit plateau paré d'une herbe fraîche, abrité contre le vent ou le soleil, avec un joli point de vue, un ruisseau tout auprès embaumé de plantes aromatiques, il arrangeait lui-même le repas sur un linge blanc étendu à terre. Il envoyait Joanne cueillir des fraises et plonger le vin dans l'eau froide du torrent. Il allumait un réchaud à l'esprit-de-vin et faisait cuire les œufs frais. Par le même procédé, après la viande froide et les fruits, je lui préparais d'excellent café. De cette manière nous avions un peu des jouissances de la civilisation au milieu des beautés romantiques du désert.

Quand le temps était mauvais, ce qui arriva souvent au commencement du printemps, nous allumions un grand feu pour préserver de l'humidité notre habitation de sapin; nous nous entourions de paravents que Leoni avait montés, cloués et peints lui-même. Nous buvions du thé; et, tandis qu'il fumait dans une longue pipe turque, je lui faisais la lecture. Nous appelions cela nos journées flamandes; moins animées que les autres, elles étaient peut-être plus douces encore. Leoni avait un talent admirable pour arranger la vie, pour la rendre agréable et facile. Dès le matin il occupait l'activité de son esprit à faire le plan de la journée et à en ordonner les heures, et, quand ce plan était fait, il venait me le soumettre. Je le trouvais toujours admirable, et nous ne nous en écartions plus. De cette manière l'ennui, qui poursuit toujours les solitaires et jusqu'aux amants dans le tête-à-tête, n'approchait jamais de nous. Leoni savait tout ce qu'il fallait éviter et tout ce qu'il fallait observer pour maintenir la paix de l'âme et le bien-être du corps. Il me le dictait avec sa tendresse adorable; et, soumise à lui comme l'esclave à son maître, je ne contrariais jamais un seul de ses désirs. Ainsi il disait que l'échange des pensées entre deux êtres qui s'aiment est la plus douce des choses, mais qu'elle peut devenir la pire de toutes si on en abuse. Il avait donc réglé les heures et les lieux de nos entretiens. Tout le jour nous étions occupés à travailler : je prenais soin du ménage, je lui préparais des friandises ou je plissais moi-même son linge. Il était extrêmement sensible à ces petites recherches de luxe, et les trouvait doublement précieuses au fond de notre ermitage. De son côté il pourvoyait à tous nos besoins et remédiait à toutes les incommodités de notre isolement. Il savait un peu de tous les métiers : il faisait des meubles en menuiserie, il posait des serrures, il établissait des cloisons en châssis et en papier peint, il empêchait une cheminée de fumer, il greffait un arbre à fruit, il amenait un courant d'eau vive autour de la maison. Il était toujours occupé de quelque chose d'utile, et il l'exécutait toujours bien. Quand ces grands travaux-là lui manquaient, il peignait l'aquarelle, composait de charmants paysages avec les croquis que, dans nos promenades, nous avions pris sur nos albums. Quelquefois il parcourait seul la vallée en composant des vers, et il revenait vite me les dire. Il me trouvait souvent dans l'étable avec mon tablier plein d'herbes aromatiques, dont les chèvres sont friandes. Mes deux belles protégées mangeaient sur mes genoux. L'une était blanche et sans tache : elle s'appelait *Neige ;* elle avait l'air doux et mélancolique. L'autre était jaune comme un chamois, avec la barbe et les jambes noires. Elle était toute jeune, sa physionomie était mutine et sauvage : nous l'appelions *Daine.* La vache s'appelait *Pâquerette.* Elle était rousse et rayée de noir transversalement, comme un tigre. Elle passait sa tête sur mon épaule; et, quand Leoni me trouvait ainsi, il m'appelait sa Vierge à la crèche. Il me jetait mon album et me dictait ses vers, qui m'étaient presque toujours adressés. C'étaient des hymnes d'amour et de bonheur qui me semblaient sublimes, et qui devaient l'être. Je pleurais sans rien dire en les écrivant; et quand j'avais fini : « Eh bien! me disait Leoni, tu les trouves mauvais? » Je relevais vers lui mon visage baigné de larmes : il riait et m'embrassait avec transport.

Et puis il s'asseyait sur le fourrage embaumé et me lisait des poésies étrangères, qu'il me traduisait avec une rapidité et une précision inconcevables. Pendant ce temps je filais du lin dans le demi-jour de l'étable. Il faut savoir quelle est la propreté exquise des étables suisses pour comprendre que nous eussions choisi la nôtre pour salon. Elle était traversée par un rapide ruisseau d'eau de roche qui la balayait à chaque instant et qui nous réjouissait de son petit bruit. Des pigeons familiers y buvaient à nos pieds, et, sous la petite arcade par laquelle l'eau entrait, des moineaux hardis venaient se baigner et dérober quelques graines. C'était l'endroit le plus frais dans les jours chauds quand toutes les lucarnes étaient ouvertes, et le plus chaud dans les jours froids quand les moindres fentes étaient tamponnées de paille et de bruyère. Souvent Leoni, fatigué de lire, s'y endormait sur l'herbe fraîchement coupée, et je quittais mon ouvrage pour contempler ce beau visage, que la sérénité du sommeil ennoblissait encore.

Durant ces journées si remplies, nous nous parlions peu, quoique presque toujours ensemble; nous échangions quelques douces paroles, quelques douces caresses, et nous nous encouragions mutuellement à notre œuvre. Mais, quand venait le soir, Leoni devenait indolent de corps et actif d'esprit : c'étaient les heures où il était le plus aimable, et il les avait réservées aux épanchements de notre tendresse. Doucement fatigué de sa journée, il se couchait sur la mousse à mes pieds, dans un endroit délicieux qui était auprès de la maison, sur le versant de la montagne. De là nous contemplions le splendide coucher du soleil, le déclin mélancolique du jour, l'arrivée grave et solennelle de la nuit. Nous savions le moment du lever de toutes les étoiles et sur quelle cime chacune d'elles devait commencer à briller à son tour. Leoni connaissait parfaitement l'astronomie, mais Joanne possédait à sa manière cette science des pâtres, et il donnait aux astres d'autres noms souvent plus poétiques et plus expressifs que les nôtres. Quand Leoni s'était amusé de son pédantisme rustique, il l'envoyait jouer sur son pipeau le ranz des vaches au bas de la montagne. Ces sons aigus avaient de loin une douceur inconcevable. Leoni tombait dans une rêverie qui ressemblait à l'extase ; puis, quand la nuit était tout à fait venue, quand le silence de la vallée n'était plus troublé que par le cri plaintif de quelque oiseau des rochers, quand les lucioles s'allumaient dans l'herbe autour de nous, et qu'un vent tiède planait dans les sapins au-dessus de nos têtes, Leoni semblait sortir d'un rêve ou s'éveiller à une autre vie. Son âme s'embrasait, son éloquence passionnée m'inondait le cœur ; il parlait aux cieux, au vent, aux échos, à toute la nature avec enthousiasme ; il me prenait dans ses bras et m'accablait de caresses délirantes ; puis il pleurait d'amour sur mon sein, et, redevenu plus calme, il m'adressait les paroles les plus suaves et les plus enivrantes.

Oh ! comment ne l'aurais-je pas aimé, cet homme sans égal, dans ses bons et dans ses mauvais jours ? Qu'il était aimable alors ! qu'il était beau ! Comme le hâle allait bien à son mâle visage et respectait son large front blanc sur des sourcils de jais! Comme il savait aimer et comme il savait le dire! Comme il savait commander à la vie et la rendre belle! Comment n'aurais-je pas pris en lui une confiance aveugle? comment ne me serais-je pas habituée à une soumission illimitée? Tout ce qu'il faisait, tout ce qu'il disait était bien, beau et bon. Il était généreux, sensible, délicat, héroïque; il prenait plaisir à soulager la misère ou les infirmités des pauvres qui venaient frapper à notre porte. Un jour il se précipita dans un torrent, au risque de sa vie, pour sauver un jeune pâtre; une nuit il erra dans les neiges au milieu des plus affreux dangers pour secourir des voyageurs égarés qui avaient fait entendre des cris de détresse. Oh! comment, comment me serais-je méfiée de Leoni? comment aurais-je fait pour craindre l'avenir? Ne me dites plus que je fus crédule et faible; la plus virile des femmes eût été subjuguée à jamais par ces six mois de son amour. Quant à moi, je le fus entièrement, et le remords cruel d'avoir abandonné mes parents, l'idée de leur douleur s'affaiblit peu à peu et finit presque par s'effacer. Oh! qu'elle était grande la puissance de cet homme!

Juliette s'arrêta et tomba dans une triste rêverie. Une horloge lointaine sonna minuit. Je lui proposai d'aller se reposer. — Non, dit-elle, si vous n'êtes pas las de m'entendre, je veux parler encore. Je sens que j'ai entrepris une tâche bien pénible pour ma pauvre âme, et que quand j'aurai fini je ne sentirai plus rien, je ne me souviendrai plus de rien pendant plusieurs jours. Je veux profiter de la force que j'ai aujourd'hui.

— Oui, Juliette, tu as raison, lui dis-je. Arrache le fer de ton sein, et tu seras mieux après. Mais dis-moi, ma pauvre enfant, comment la singulière conduite d'Henryet au bal et la lâche soumission de Leoni à un regard de cet homme ne t'avaient-elles pas laissé dans l'esprit un doute, une crainte?

— Quelle crainte pouvais-je conserver? répondit Juliette; j'étais si peu instruite des choses de la vie et des turpitudes de la société que je ne comprenais rien à ce mystère. Leoni m'avait dit qu'il avait un secret terrible: j'imaginai mille infortunes romanesques. C'était la mode alors en littérature de faire agir et parler des personnages frappés des malédictions les plus étranges et les plus invraisemblables. Les théâtres et les romans ne produisaient plus que des fils de bourreaux, des espions héroïques, des assassins et des forçats vertueux. Je lus un jour *Frédérick Styndall,* une autre fois *l'Espion* de Cooper me tomba sous la main. Songez que j'étais bien enfant et que dans ma passion mon esprit était bien en arrière de mon cœur. Je m'imaginai que la société, injuste et stupide, avait frappé Leoni de réprobation pour quelque imprudence sublime, pour quelque faute involontaire ou par suite de quelque féroce préjugé. Je vous avouerai même que ma pauvre tête de jeune fille trouva un attrait de plus dans ce mystère impénétrable, et que mon âme de femme s'exalta devant l'occasion de risquer sa destinée entière pour soulager une belle et poétique infortune.

— Leoni dut s'apercevoir de cette disposition romanesque et l'exploiter? dis-je à Juliette

— Oui, me répondit-elle, il le fit; mais, s'il se donna tant de peine pour me tromper, c'est qu'il m'aimait, c'est qu'il voulait mon amour à tout prix.

Nous gardâmes un instant le silence, et Juliette reprit son récit:

IX.

L'HIVER arriva ; nous avions fait le projet d'en supporter les rigueurs plutôt que d'abandonner notre chère retraite. Leoni me disait que jamais il n'avait été si heureux, que j'étais la seule femme qu'il eût jamais aimée, qu'il voulait renoncer au monde pour vivre et mourir dans mes bras. Son goût pour les plaisirs, sa passion pour le jeu, tout cela était évanoui, oublié à jamais. Oh! que j'étais reconnaissante de voir cet homme si brillant, si adulé, renoncer sans regret à tous les enivrements d'une vie d'éclat et de fêtes pour venir s'enfermer avec moi dans une chaumière ! Et soyez sûr, don Aleo, que Leoni ne me trompait point alors. S'il est vrai que de puissants motifs l'engageaient à se cacher, du moins il est certain qu'il se trouva heureux dans sa retraite et que j'y fus aimée. Eût-il pu feindre cette sérénité durant six mois sans qu'elle fût altérée un seul jour? Et pourquoi ne m'eût-il pas aimée? j'étais jeune, belle, j'avais tout quitté pour lui et je l'adorais. Allez, je ne m'abuse plus sur son caractère, je sais tout et je vous dirai tout. Cette âme est bien laide et bien belle, bien vile et bien grande ; quand on n'a pas la force de haïr cet homme, il faut l'aimer et devenir sa proie.

Mais l'hiver débuta si rudement que notre séjour dans la vallée devint extrêmement dangereux. En quelques jours la neige monta sur la colline et arriva jusqu'au niveau de notre chalet ; elle menaçait de l'engloutir et de nous y faire périr de famine. Leoni s'obstinait à rester ; il voulait faire des provisions et braver l'ennemi ; mais Joanne assura que notre perte était certaine si nous ne battions en retraite au plus vite ; que depuis dix ans on n'avait pas vu un pareil hiver, et qu'au dégel le chalet serait balayé comme une plume par les avalanches, à moins d'un miracle de saint Bernard et de Notre-Dame-des-Lavanges. — Si j'étais seul, me dit Leoni, je voudrais attendre le miracle et me moquer des lavanges ; mais je n'ai plus de courage quand tu partages mes dangers. Nous partirons demain.

— Il le faut bien, lui dis-je ; mais où irons-nous ? Je serai reconnue et découverte tout de suite ; on me reconduira de vive force chez mes parents.

— Il y a mille moyens d'échapper aux hommes et aux lois, répondit Leoni en souriant ; nous en trouverons bien un, ne t'inquiète pas ; l'univers est à notre disposition.

— Et par où commencerons-nous ? lui demandai-je en m'efforçant de sourire aussi.

— Je n'en sais rien encore, dit-il, mais qu'importe ? nous serons ensemble ; où pouvons-nous être malheureux ?

— Hélas ! lui dis-je, serons-nous jamais aussi heureux qu'ici ?

— Veux-tu y rester ? demanda-t-il.

— Non, lui répondis-je, nous ne le serions plus ; en présence du danger, nous serions toujours inquiets l'un pour l'autre.

Nous fîmes les apprêts de notre départ ; Joanne passa la journée à déblayer le sentier par lequel nous devions partir. Pendant la nuit il m'arriva une aventure singulière, et à laquelle bien des fois depuis je craignis de réfléchir.

Au milieu de mon sommeil, je fus saisie par le froid et je m'éveillai. Je cherchai Leoni à mes côtés, il n'y était plus ; sa place était froide, et la porte de la chambre, à demi entr'ouverte, laissait pénétrer un vent glacé. J'attendis quelques instants ; mais Leoni ne revenant pas, je m'étonnai, je me levai et je m'habillai à la hâte. J'attendis encore avant de me décider à sortir, craignant de me laisser dominer par une inquiétude puérile. Son absence se prolongea ; une terreur invincible s'empara de moi, et je sortis, à peine vêtue, par un froid de quinze degrés. Je craignais que Leoni n'eût encore été au secours de quelques malheureux perdus dans les neiges, comme cela était arrivé peu de nuits auparavant, et j'étais résolue à le chercher et à le suivre. J'appelai Joanne et sa femme ; ils dormaient d'un si profond sommeil qu'ils ne m'entendirent pas. Alors, dévorée d'inquiétude, je m'avançai jusqu'au bord de la petite plateforme palissadée qui entourait le chalet, et je vis une faible lueur argenter la neige à quelque distance. Je crus reconnaître la lanterne que Leoni portait dans ses excursions généreuses. Je courus de ce côté aussi vite que me le permit la neige, où j'entrais jusqu'aux genoux. J'essayai de l'appeler, mais le froid me faisait claquer les dents, et le vent, qui me venait à la figure, interceptait ma voix. J'approchai enfin de la lumière, et je pus voir distinctement Leoni ; il était immobile à la place où je l'avais aperçu d'abord, et il tenait une bêche. J'approchai encore ; la neige amortissait le bruit de mes pas ; j'arrivai tout près de lui sans qu'il s'en aperçût. La lumière était enfermée dans son cylindre de métal, et ne sortait que par une fente opposée à moi et dirigée sur lui.

Je vis alors qu'il avait écarté la neige et entamé la terre avec sa bêche ; il était jusqu'aux genoux dans un trou qu'il venait de creuser.

Cette occupation singulière, à une pareille heure et

par un temps si rigoureux, me causa une frayeur ridicule. Leoni semblait agité d'une hâte extraordinaire. De temps en temps il regardait autour de lui avec inquiétude ; je me courbai derrière un rocher, car je fus épouvantée de l'expression de sa figure. Il me sembla qu'il allait me tuer s'il me trouvait là. Toutes les histoires fantastiques et folles que j'avais lues, tous les commentaires bizarres que j'avais faits sur son secret, me revinrent à l'esprit ; je crus qu'il venait déterrer un cadavre, et je faillis m'évanouir. Je me rassurai un peu en le voyant continuer de creuser et retirer bientôt un coffre enfoui dans la terre. Il le regarda avec attention, examina si la serrure n'avait pas été forcée ; puis il le posa hors du trou, et commença à y rejeter la terre et la neige, sans prendre beaucoup de soin pour cacher les traces de son opération.

Quand je le vis près de revenir à la maison avec son coffre, je craignis qu'il ne s'aperçût de mon imprudente curiosité, et je m'enfuis aussi vite que je pus. Je me hâtai de jeter dans un coin mes hardes humides et de me recoucher, résolue à feindre un profond sommeil lorsqu'il rentrerait ; mais j'eus le loisir de me remettre de mon émotion, car il resta encore plus d'une demi-heure sans reparaître.

Je me perdais en commentaires sur ce coffret mystérieux, enfoui sans doute dans la montagne depuis notre arrivée, et destiné à nous accompagner comme un talisman de salut ou comme un instrument de mort. Il me sembla qu'il ne devait pas contenir d'argent ; car il était assez volumineux, et pourtant Leoni l'avait soulevé d'une seule main et sans effort. C'étaient peut-être des papiers d'où dépendait son existence entière. Ce qui me frappait le plus, c'est qu'il me semblait déjà avoir vu ce coffre quelque part ; mais il m'était impossible de me rappeler en quelle circonstance. Cette fois, sa forme et sa couleur se gravèrent dans ma mémoire comme par une sorte de nécessité fatale. Pendant toute la nuit je l'eus devant les yeux, et dans mes rêves j'en voyais sortir une quantité d'objets bizarres : tantôt des cartes représentant des figures étranges, tantôt des armes sanglantes ; puis des fleurs, des plumes et des bijoux ; et puis des ossements, des vipères, des morceaux d'or, des chaînes et des carcans de fer.

Je me gardai bien de questionner Leoni et de lui laisser soupçonner ma découverte. Il m'avait dit souvent que, le jour où j'apprendrais son secret, tout serait fini entre nous ; et quoiqu'il me rendît grâce à deux genoux d'avoir cru en lui aveuglément, il me faisait souvent comprendre que la moindre curiosité de ma part lui serait odieuse. Nous partîmes le lendemain à dos de mulet, et nous prîmes la poste à la ville la plus prochaine jusqu'à Venise.

Nous y descendîmes dans une de ces maisons mystérieuses que Leoni semblait avoir à sa disposition dans tous les pays. Celle-là était sombre, délabrée, et comme cachée dans un quartier désert de la ville. Il me dit que c'était la demeure d'un de ses amis absent ; il me pria de ne pas trop m'y déplaire pendant un jour ou deux ; il ajouta que des raisons importantes l'empêchaient de se montrer sur-le-champ dans la ville, mais qu'au plus tard dans vingt-quatre heures je serais convenablement logée, et n'aurais pas à me plaindre du séjour de sa patrie.

Nous venions de déjeuner dans une salle humide et froide, lorsqu'un homme mal mis, d'une figure désagréable et d'un teint maladif, se présenta en disant que

Leoni l'avait fait appeler. — Oui, oui, mon cher Thadée, répondit Leoni en se levant avec précipitation ; soyez le bienvenu, et passons dans une autre pièce, pour ne pas ennuyer madame de détails d'affaires.

Leoni vint m'embrasser une heure après ; il avait l'air agité, mais content, comme s'il venait de remporter une victoire. — Je te quitte pour quelques heures, me dit-il, je vais faire préparer ton nouveau gîte ; nous y coucherons demain soir.

X.

Il fut dehors pendant tout le jour. Le lendemain il sortit de bonne heure. Il semblait fort affairé ; mais son humeur était plus joyeuse que je ne l'avais encore vue. Cela me donna le courage de m'ennuyer encore douze heures, et chassa la triste impression que me causait cette maison silencieuse et froide. Dans l'après-midi, pour me distraire un peu, j'essayai de la parcourir ; elle était fort ancienne : des restes d'ameublement suranné, des lambeaux de tenture et quelques tableaux à demi dévorés par les rats occupèrent mon attention ; mais un objet plus intéressant pour moi me rejeta dans d'autres pensées. En entrant dans la chambre où avait couché Leoni, je vis à terre le fameux coffre ; il était ouvert et entièrement vide. J'eus l'âme soulagée d'un grand poids. Le dragon inconnu enfermé dans ce coffre s'était donc envolé ; la destinée terrible qu'il me semblait représenter ne pesait donc plus sur nous ! — Allons, me dis-je en souriant, la boîte de Pandore s'est vidée ; l'espérance est restée pour moi.

Comme j'allais me retirer, mon pied se posa sur un

petit morceau d'ouate oublié à terre au milieu de la chambre, avec des lambeaux de papier de soie chiffonnés. Je sentis quelque chose qui résistait, et je le relevai machinalement. Mes doigts rencontrèrent le même corps solide au travers du coton, et en l'écartant j'y trouvai une épingle en gros brillants que je reconnus aussitôt pour appartenir à mon père, et pour m'avoir servi le jour du dernier bal à attacher une écharpe sur mon épaule. Cette circonstance me frappa tellement que je ne pensai plus au coffre ni aux secrets de Leoni. Je ne sentis plus qu'une vague inquiétude pour ces bijoux que j'avais emportés dans ma fuite, et dont je ne m'étais plus occupée depuis, pensant que Leoni les avait renvoyés sur-le-champ. La crainte que cette démarche n'eût été négligée me fut affreuse ; et lorsque Leoni rentra, la première chose que je lui demandai ingénument fut celle-ci : — Mon ami, n'as-tu pas oublié de renvoyer les diamants de mon père lorsque nous avons quitté Bruxelles ?

Leoni me regarda d'une étrange manière. Il semblait vouloir pénétrer jusqu'aux plus intimes profondeurs de mon âme.

— Qu'as tu à ne pas me répondre ? lui dis-je ; qu'est-ce que ma question a d'étonnant ?

— A quel diable de propos vient-elle ? reprit-il avec tranquillité.

— C'est qu'aujourd'hui, répondis-je, je suis entrée dans ta chambre par désœuvrement, et j'ai trouvé ceci par terre. Alors la crainte m'est venue que, dans le trouble de nos voyages et l'agitation de notre fuite, tu n'eusses absolument oublié de renvoyer les autres bijoux. Quant à moi, je te l'ai à peine demandé ; j'avais perdu la tête.

En achevant ces mots, je lui présentai l'épingle. Je parlais si naturellement et j'avais si peu l'idée de le soupçonner qu'il le vit bien; et prenant l'épingle avec le plus grand calme :

— Parbleu ! dit-il, je ne sais comment cela se fait. Où as-tu trouvé cela? Es-tu sûre que cela vienne de ton père et n'ait pas été oublié dans cette maison par ceux qui l'ont occupée avant nous ?

— Oh! lui dis-je, voici auprès du contrôle un cachet imperceptible; c'est la marque de mon père. Avec une loupe tu y verrais son chiffre.

— A la bonne heure, dit-il; cette épingle sera restée dans un de nos coffres de voyage, et je l'aurai fait tomber ce matin en secouant quelque harde. Heureusement c'est le seul bijou que nous ayons emporté par mégarde; tous les autres ont été remis à une personne sûre et adressés à Delpech, qui les aura exactement remis à ta famille. Je ne pense pas que celui-ci vaille la peine d'être rendu; ce serait imposer à ta mère une triste émotion de plus pour bien peu d'argent.

— Cela vaut encore au moins dix mille francs, répondis-je.

— Eh bien! garde-le jusqu'à ce que tu trouves une occasion pour le renvoyer. Ah çà! es-tu prête? les malles sont-elles refermées? Il y a une gondole à la porte, et ta maison t'attend avec impatience; on sert déjà le souper.

Une demi-heure après nous nous arrêtâmes à la porte d'un palais magnifique. Les escaliers étaient couverts de tapis de drap amarante; les rampes, de marbre blanc, étaient chargées d'orangers en fleurs, en plein hiver, et de légères statues qui semblaient se pencher sur nous pour nous saluer. Le concierge et quatre domestiques en livrée vinrent nous aider à débarquer. Leoni prit le flambeau de l'un d'eux, et, l'élevant, il me fit lire sur la corniche du péristyle cette inscription en lettres d'argent sur un fond d'azur : *Palazzo Leoni.* — O mon ami, m'écriai-je, tu ne nous avais donc pas trompés? Tu es riche et noble, et je suis chez toi?

Je parcourus ce palais avec une joie d'enfant. C'était un des plus beaux de Venise. L'ameublement et les tentures, éclatants de fraîcheur, avaient été copiés sur les anciens modèles, de sorte que les peintures des plafonds et l'ancienne architecture étaient dans une harmonie parfaite avec les accessoires nouveaux. Notre luxe de bourgeois et d'hommes du Nord est si mesquin, si entassé, si commun, que je n'avais jamais conçu l'idée d'une pareille élégance. Je courais dans les immenses galeries comme dans un palais enchanté; tous les objets avaient pour moi des formes inusitées, un aspect inconnu; je me demandais si je faisais un rêve, et si j'étais vraiment la patronne et la reine de toutes ces merveilles. Et puis cette splendeur féodale m'entourait d'un prestige nouveau. Je n'avais jamais compris le plaisir ou l'avantage d'être noble. En France on ne sait plus ce que c'est, en Belgique on ne l'a jamais su. Ici, le peu de noblesse qui reste est encore fastueux et fier; on ne démolit pas les palais, on les laisse tomber. Au milieu de ces murailles chargées de trophées et d'écussons, sous ces plafonds armoriés, en face de ces aïeux de Leoni peints par Titien et Véronèse, les uns graves et sévères sous leurs manteaux fourrés, les autres élégants et gracieux sous leur justaucorps de satin noir, je comprenais cette vanité du rang, qui peut être si brillante et si aimable quand elle ne décore pas un sot. Tout cet entourage d'illustration allait si bien à Leoni qu'il me serait impossible aujourd'hui encore de me le représenter roturier. Il était vraiment bien le fils de ces hommes à barbe noire et à mains d'albâtre, dont Van Dyck a immortalisé le type. Il avait leur profil d'aigle, leurs traits délicats et fins, leur grande taille, leurs yeux à la fois railleurs et bienveillants. Si ces portraits avaient pu marcher, ils auraient marché comme lui; s'ils avaient parlé, ils auraient eu son accent.— Eh quoi! lui disais-je en le serrant dans mes bras, c'est toi, mon seigneur Leone Leoni, qui étais l'autre jour dans ce chalet entre les chèvres et les poules, avec une pioche sur l'épaule et une blouse autour de la taille? C'est toi qui as vécu six mois ainsi avec une pauvre fille sans nom et sans esprit, qui n'a d'autre mérite que de t'aimer? Et tu vas me garder près de toi, tu vas m'aimer toujours et me le dire chaque matin comme dans le chalet? Oh! c'est un sort trop élevé et trop beau pour moi; je n'avais pas aspiré si haut, et cela m'effraie en même temps que cela m'enivre.

— Ne sois pas effrayée, me dit-il en souriant, sois toujours ma compagne et ma reine. A présent, viens souper; j'ai deux convives à te présenter. Arrange tes cheveux, sois jolie; et quand je t'appellerai ma femme, n'ouvre pas de grands yeux étonnés.

Nous trouvâmes un souper exquis sur une table étincelante de vermeil, de porcelaines et de cristaux. Les deux convives me furent gravement présentés; ils étaient Vénitiens, tous deux agréables de figure, élégants dans leurs manières, et, quoique bien inférieurs à Leoni, ayant dans la prononciation et dans la tournure d'esprit une certaine ressemblance avec lui. Je lui demandai tout bas s'ils étaient ses parents.

— Oui, me répondit-il tout haut en riant, ce sont mes cousins.

— Sans doute, ajouta celui qu'on appelait le marquis, nous sommes tous cousins.

Le lendemain, au lieu de deux convives, il y en eut quatre ou cinq différents à chaque repas. En moins de huit jours notre maison fut inondée d'amis intimes. Ces assidus me dérobèrent de bien douces heures que j'aurais pu passer avec Leoni, et qu'il fallut partager avec eux tous. Mais Leoni, après un long exil, semblait heureux de revoir ses amis et d'égayer sa vie; je ne pouvais former un désir contraire au sien, et j'étais heureuse de le voir s'amuser. Il est certain que la société de ces hommes était charmante. Ils étaient tous jeunes ou élégants, gais ou spirituels, aimables ou amusants; ils avaient d'excellentes manières et des talents pour la plupart. Toutes les matinées étaient employées à faire de la musique; dans l'après-midi nous nous promenions sur l'eau; après le dîner nous allions au théâtre, et en rentrant on soupait et on jouait. Je n'aimais pas beaucoup à être témoin de ce dernier divertissement, où des sommes immenses passaient chaque soir de main en main. Leoni m'avait permis de me retirer après le souper, et je n'y manquais pas. Peu à peu le nombre de nos connaissances augmenta tellement que j'en ressentis de l'ennui et de la fatigue; mais je n'en exprimai rien. Leoni semblait toujours enchanté de cette vie dissipée. Tout ce qu'il y avait de dandies de toutes nations à Venise se donna rendez-vous chez nous pour boire, pour jouer et pour faire de la musique. Les meilleurs chanteurs des théâtres venaient souvent mêler leurs voix à nos instruments et à la voix de Leoni, qui n'était ni moins belle ni moins habile que la leur. Malgré le charme de cette société, je sentais de plus en plus le besoin du repos. Il est vrai que nous avions encore de temps en temps quelques bonnes heures de tête-à-tête ; les dandies ne venaient pas tous les jours ; mais les habitués se composaient d'une douzaine de personnes de fondation à notre table. Leoni les aimait tant que je ne pouvais me défendre d'avoir aussi de l'amitié pour elles. C'étaient elles qui animaient tout le reste par leur suprématie en tout sur les autres. Ces hommes étaient vraiment remarquables et semblaient en quelque sorte des reflets de Leoni. Ils avaient entre eux cette espèce d'air de famille, cette conformité d'idées et de langage qui m'avaient frappée dès le premier jour ; c'était un je ne sais quoi de subtil et de recherché que n'avaient pas même les plus distingués parmi tous les autres. Leur regard était plus pénétrant, leurs réponses plus promptes, leur aplomb plus seigneurial, leur prodigalité de meilleur goût. Ils avaient chacun une autorité morale sur une partie de ces nouveau-venus ; ils leur servaient de modèle et de guide dans les petites choses d'abord, et plus tard dans les grandes. Leoni était l'âme de tout ce corps, le chef suprême qui imposait à cette brillante coterie masculine la mode, le ton, le plaisir et la dépense.

Cette espèce d'empire lui plaisait, et je ne m'en étonnais pas ; je l'avais vu régner plus ouvertement encore à Bruxelles, et j'avais partagé son orgueil et sa gloire ; mais le bonheur du chalet m'avait initiée à des joies plus intimes et plus pures. Je les regrettais et ne pouvais m'empêcher de le dire. — Et moi aussi, me disait-il, je le regrette, ce temps de délices, supérieur à toutes les fumées du monde ; mais Dieu n'a pas voulu changer pour nous le cours des saisons. Il n'y a pas plus d'éternel bonheur que de printemps perpétuel. C'est une loi de la nature à laquelle nous ne pouvions nous soustraire. Sois sûre que tout est arrangé pour le mieux dans ce monde mauvais. Le cœur de l'homme n'a pas plus de vigueur que les biens de la vie n'ont de durée : soumettons-nous, plions. Les fleurs se courbent, se flétrissent et renaissent tous les ans ; l'âme humaine peut se renouveler comme une fleur quand elle connaît ses forces et qu'elle ne s'épanouit pas jusqu'à se briser. Six mois de félicité sans mélange, c'était immense, ma chère ; nous serions morts de trop de bonheur si cela eût continué, ou nous en aurions abusé. La destinée nous commande de redescendre de nos cimes éthérées et de venir respirer un air moins pur dans les villes. Acceptons cette nécessité et croyons qu'elle nous est bonne. Quand le beau temps reviendra nous retournerons à nos montagnes, nous serons avides de retrouver tous les biens dont nous aurons été sevrés ici ; nous sentirons mieux le prix de notre calme intimité ; et cette saison d'amour et de délices, que les souffrances de l'hiver nous eussent gâtée, reviendra plus belle encore que la saison dernière.

— Oh! oui, lui disais-je en l'embrassant, nous retournerons en Suisse ! Oh! que tu es bon de le vouloir et de me le promettre !... Mais, dis-moi, Leoni, ne pourrions-nous vivre ici plus simplement et plus ensemble ? Nous ne nous voyons plus qu'au travers d'un nuage de punch, nous ne nous parlons plus qu'au milieu des chants et des rires. Pourquoi avons-nous tant d'amis ? Ne nous suffirions-nous pas bien l'un à l'autre ?

— Ma Juliette, répondait-il, les anges sont des enfants, et vous êtes l'un et l'autre. Vous ne savez pas que l'amour est l'emploi des plus nobles facultés de l'âme, et qu'on doit ménager ces facultés comme la prunelle de ses yeux ; vous ne savez pas, petite fille, ce que c'est que votre propre cœur. Bonne, sensible et confiante, vous croyez que c'est un foyer éternel d'amour ; mais le soleil lui-même n'est pas éternel. Tu ne sais pas que l'âme se fatigue comme le corps et qu'il faut la soigner de même. Laisse-moi faire, Juliette, laisse-moi entretenir le feu sacré dans ton cœur. J'ai intérêt à me conserver ton amour, à t'empêcher de le dépenser trop vite. Toutes les femmes sont comme toi : elles se pressent tant d'aimer que tout à coup elles n'aiment plus, sans savoir pourquoi.

— Méchant ! lui disais-je, sont-ce là les choses que tu me disais le soir sur la montagne ? Me priais-tu de ne pas trop t'aimer ? croyais-tu que j'étais capable de m'en lasser ?

— Non, mon ange, répondait Leoni en baisant mes mains, et je ne le crois pas non plus à présent. Mais écoute mon expérience : les choses extérieures ont sur nos sentiments les plus intimes une influence contre laquelle les âmes les plus fortes luttent en vain. Dans notre vallée, entourés d'air pur, de parfums et de mélodies naturelles, nous pouvions et nous devions être tout amour, toute poésie, tout enthousiasme ; mais souviens-toi qu'encore là je le ménageais, cet enthousiasme si facile à perdre, si impossible à retrouver quand on l'a perdu ; souviens-toi de nos jours de pluie, où je mettais une espèce de rigueur à t'occuper pour te préserver de la réflexion et de la mélancolie, qui en est la suite inévitable. Sois sûre que l'examen trop fréquent de soi-même et des autres est la plus dangereuse des recherches. Il faut secouer ce besoin égoïste qui nous fait toujours fouiller dans notre cœur et dans celui qui nous aime, comme un laboureur cupide qui épuise la terre à force de lui demander de produire. Il faut savoir se faire insensible et frivole par intervalles; ces distractions ne sont dangereuses que pour les cœurs faibles et paresseux. Une âme ardente doit les rechercher pour ne pas se consumer elle-même ; elle est toujours assez riche. Un mot, un regard suffit pour la faire tressaillir au milieu du tourbillon léger qui l'emporte, et pour la ramener plus ardente et plus tendre au sentiment de sa passion. Ici, vois-tu, nous avons besoin de mouvement et de variété ; ces grands palais sont beaux, mais ils sont tristes. La mousse marine en ronge le pied, et l'eau limpide qui les reflète est souvent chargée de vapeurs qui retombent en larmes. Ce luxe est austère, et ces traces de noblesse qui te plaisent ne sont qu'une longue suite d'épitaphes et de tombeaux qu'il faut orner de fleurs. Il faut remplir de vivants cette demeure sonore, où tes pas te feraient peur si tu y étais seule ; il faut jeter de l'argent par les fenêtres à ce peuple qui n'a pour lit que le parapet glacé des ponts, afin que la vue de sa misère ne nous rende pas soucieux au milieu de notre bien-être. Laisse-toi égayer par nos rires et endormir par nos chants; sois bonne et insouciante ; je me charge d'arranger ta vie et de te la rendre agréable quand je ne pourrai te la rendre enivrante. Sois ma femme et ma maîtresse à Venise, tu redeviendras mon ange et ma sylphide sur les glaciers de la Suisse.

XI.

C'EST par de tels discours qu'il apaisait mon inquiétude et qu'il me traînait, assoupie et confiante, sur le bord de l'abîme. Je le remerciais tendrement de la peine qu'il prenait pour me persuader, quand d'un signe il pouvait me faire obéir. Nous nous embrassions avec tendresse, et nous retournions au salon bruyant où nos amis nous attendaient pour nous séparer.

Cependant, à mesure que nos jours se succédaient ainsi, Leoni ne prenait plus les mêmes soins pour me les faire aimer. Il s'occupait moins de la contrariété que j'éprouvais, et lorsque je la lui exprimais il la combattait avec moins de douceur. Un jour même il fut brusque et amer; je vis que je lui causais de l'humeur, je résolus de ne plus me plaindre désormais; mais je commençai à souffrir réellement et à me trouver malheureuse. J'attendais avec résignation que Leoni prît le temps de revenir à moi, et il est vrai que dans ces moments-là il était si bon et si tendre que je me trouvais folle et lâche d'avoir tant souffert. Mon courage et ma confiance se ranimaient pour quelques jours; mais ces jours de consolation étaient de plus en plus rares. Leoni, me voyant douce et soumise, me traitait toujours avec affection, mais il ne s'apercevait plus de ma mélancolie; l'ennui me rongeait, Venise me devenait odieuse : ses eaux, son ciel, ses gondoles, tout m'y déplaisait. Pendant les nuits de jeu, j'errais seule sur la terrasse, au haut de la maison; je versais des larmes amères; je me rappelais ma patrie, ma jeunesse insouciante, ma mère si folle et si bonne, mon pauvre père si tendre et si débonnaire, et jusqu'à ma tante avec ses petits soins et ses longs sermons. Il me semblait que j'avais le mal du pays, que j'avais envie de fuir, d'aller me jeter aux pieds de mes parents, d'oublier à jamais Léoni. Mais si une fenêtre s'ouvrait au-dessous de moi, si Léoni, las du jeu et de la chaleur, s'avançait sur le balcon pour respirer la fraîcheur du canal, je me penchais sur la rampe pour le voir, et mon cœur battait comme aux premiers jours de ma passion quand il franchissait le seuil de la maison paternelle; si la lune donnait sur lui et me permettait de distinguer sa noble taille sous le riche costume de fantaisie qu'il portait toujours dans l'intérieur de son palais, je palpitais d'orgueil et de plaisir, comme le jour où il m'avait introduite dans ce bal d'où nous sortîmes pour ne jamais revenir; si sa voix délicieuse, essayant une phrase de chant, vibrait sur les marbres sonores de Venise et montait vers moi, je sentais mon visage inondé de larmes, comme le soir sur la montagne quand il me chantait une romance composée pour moi le matin.

Quelques mots que j'entendis sortir de la bouche d'un de ses compagnons augmentèrent ma tristesse et mon dégoût à un degré insupportable. Parmi les douze amis de Leoni, le vicomte de Chalm, Français soi-disant émigré, était celui dont je supportais l'assiduité avec le plus de peine. C'était le plus âgé de tous et le plus spirituel peut-être; mais sous ses manières exquises perçait une sorte de cynisme dont j'étais souvent révoltée. Il était sardonique, indolent et sec; c'était de plus un homme sans mœurs et sans cœur; mais je n'en savais rien, et il me déplaisait suffisamment sans cela. Un soir que j'étais sur le balcon, et qu'un rideau de soie l'empêchait de me voir, j'entendis qu'il disait au marquis vénitien : — Mais où est donc Juliette? Cette manière de me nommer me fit monter le sang au visage; j'écoutai et je restai immobile. — Je ne sais, répondit le Vénitien. Ah çà! vous êtes donc bien amoureux d'elle? — Pas trop, répondit-il, mais assez. — Et Leoni? — Leoni me la cédera un de ces jours. — Comment! sa propre femme? — Allons donc, marquis, est-ce que vous êtes fou? reprit le vicomte : elle n'est pas plus sa femme que la vôtre : c'est une fille enlevée à Bruxelles; quand il en aura assez, ce qui ne tardera pas, je m'en chargerai volontiers. Si vous en voulez après moi, marquis, inscrivez-vous en titre. — Grand merci, répondit le marquis; je sais comme vous dépravez les femmes, et je craindrais de vous succéder.

Je n'en entendis pas davantage; je me penchai à demi morte sur la balustrade, et cachant mon visage dans mon châle je sanglotai de colère et de honte.

Dès le soir même j'appelai Leoni dans ma chambre, et je lui demandai raison de la manière dont j'étais traitée par ses amis. Il prit cette insulte avec une légèreté qui m'enfonça un trait mortel dans le cœur. — Tu es une petite sotte, me dit-il, tu ne sais pas ce que c'est que les hommes; leurs pensées sont indiscrètes et leurs paroles encore plus; les meilleurs sont encore les roués. Une femme forte doit rire de leurs prétentions, au lieu de s'en fâcher.

Je tombai sur un fauteuil et je fondis en larmes en m'écriant : — O ma mère, ma mère! qu'est devenue votre fille!

Leoni s'efforça de m'apaiser, et il n'y réussit que trop vite. Il se mit à mes pieds, baisa mes mains et mes bras, me conjura de mépriser un sot propos et de ne songer qu'à lui et à son amour.

— Hélas! lui dis-je, que dois-je penser, quand vos amis se flattent de me ramasser comme ils font de vos pipes quand elles ne vous plaisent plus!

— Juliette, répondit-il, l'orgueil blessé te rend amère et injuste. J'ai été libertin, tu le sais; je t'ai souvent parlé des déréglements de ma jeunesse; mais je croyais m'en être purifié à l'air de notre vallée. Mes amis vivent encore dans le désordre où j'ai vécu; ils ne savent pas, ils ne comprendraient jamais les six mois que nous avons passés en Suisse. Mais toi, devrais-tu les méconnaître et les oublier?

Je lui demandai pardon, je versai des larmes plus douces sur son front et sur ses beaux cheveux; je m'efforçai d'oublier la funeste impression que j'avais reçue. Je me flattais d'ailleurs qu'il ferait entendre à ses amis que je n'étais point une fille entretenue et qu'ils eussent à me respecter; mais il ne voulut pas le faire ou il n'y songea pas, car le lendemain et les jours suivants je vis les regards de M. de Chalm me suivre et me solliciter avec une impudence révoltante.

J'étais au désespoir, mais je ne savais plus comment me soustraire aux maux où je m'étais précipitée. J'avais trop d'orgueil pour être heureuse et trop d'amour pour m'éloigner.

Un soir, j'étais entrée dans le salon pour prendre un livre que j'avais oublié sur le piano. Leoni était en petit comité avec ses élus; ils étaient groupés autour de la table à thé au bout de la chambre, qui était peu éclairée, et ne s'apercevaient pas de ma présence. Le vicomte semblait être dans une de ses dispositions taquines les plus méchantes. — Baron Leone de Leoni, dit-il d'une voix sèche et railleuse, sais-tu, mon ami, que tu t'enfonces cruellement? — Qu'est-ce que tu veux dire? reprit Leoni, je n'ai pas encore de dettes à Venise. — Mais tu en auras bientôt. — J'espère que oui, répondit Leoni avec la plus grande tranquillité. — Vive Dieu! dit le marquis, tu es le premier des hommes pour te ruiner; un demi-million en trois mois, sais-tu que c'est un très-joli train?

La surprise m'avait enchaînée à ma place; immobile

et retenant ma respiration, j'attendis la suite de ce singulier entretien.

— Un demi-million? demanda le marquis vénitien avec indifférence.

— Oui, repartit Chalm, le juif Thadée lui a compté cinq cent mille francs au commencement de l'hiver.

— C'est très-bien, dit le marquis. Leoni, as-tu payé le loyer de ton palais héréditaire?

— Parbleu! d'avance, dit Chalm; est-ce qu'on le lui aurait loué sans ça?

— Qu'est-ce que tu comptes faire quand tu n'auras plus rien? demanda à Leoni un autre de ses affidés.

— Des dettes, répondit Leoni avec un calme imperturbable.

— C'est plus facile que de trouver des juifs qui nous laissent trois mois en paix, dit le vicomte. Que feras-tu quand tes créanciers te prendront au collet?

— Je prendrai un joli petit bateau... répondit Leoni en souriant.

— Bien! Et tu iras à Trieste?

— Non, c'est trop près; à Palerme, je n'y ai pas encore été.

— Mais quand on arrive quelque part, dit le marquis, il faut faire figure dès les premiers jours.

— La Providence y pourvoira, répondit Leoni, c'est la mère des audacieux.

— Mais non pas celle des paresseux, dit Chalm, et je ne connais au monde personne qui le soit plus que toi. Que diable as-tu fait en Suisse avec ton infante pendant six mois?

— Silence là-dessus, répondit Leoni; je l'ai aimée, et je jetterai mon verre au nez de quiconque le trouvera plaisant.

— Leoni, tu bois trop, lui cria un autre de ses compagnons.

— Peut-être, répondit Leoni, mais j'ai dit ce que j'ai dit.

Le vicomte ne répondit pas à cette espèce de provocation, et le marquis se hâta de détourner la conversation.

— Mais pourquoi, diable! ne joues-tu pas? dit-il à Leoni.

— Ventre-Dieu! je joue tous les jours pour vous obliger; moi qui déteste le jeu, vous me rendrez stupide avec vos cartes et vos dés, et vos poches qui sont comme le tonneau des Danaïdes, et vos mains insatiables! Vous n'êtes que des sots, vous tous. Quand vous avez fait un coup, au lieu de vous reposer et de jouir de la vie en voluptueux, vous vous agitez jusqu'à ce que vous ayez gâté la chance.

— La chance, la chance! dit le marquis, on sait ce que c'est que la chance.

— Grand merci! dit Leoni, je ne veux plus le savoir; j'ai été trop bien étrillé à Paris. Quand je pense qu'il y a un homme, que Dieu veuille bien dans sa miséricorde donner à tous les diables!...

— Eh bien? dit le vicomte.

— Un homme, dit le marquis, dont il faudra que nous nous débarrassions à tout prix si nous voulons retrouver la liberté sur la terre. Mais patience, nous sommes deux contre lui.

— Sois tranquille, dit Leoni, je n'ai pas tellement oublié la vieille coutume du pays que je ne sache purger notre route de celui qui me gênera. Sans mon diable d'amour qui me tenait à la cervelle, j'avais beau jeu en Belgique.

— Toi? dit le marquis, tu n'as jamais opéré dans ce genre-là, et tu n'en auras jamais le courage.

— Le courage? s'écria Leoni en se levant à demi avec des yeux étincelants.

— Pas d'extravagance, reprit le marquis avec cet effroyable sang-froid qu'ils avaient tous; entendons-nous : tu as du courage pour tuer un ours ou un sanglier; mais pour tuer un homme, tu as trop d'idées sentimentales et philosophiques dans la tête.

— Cela se peut, répondit Leoni en se rasseyant, cependant je ne sais pas.

— Tu ne veux donc pas jouer à Palerme? dit le vicomte.

— Au diable le jeu! Si je pouvais me passionner pour quelque chose, pour la chasse, pour un cheval, pour une Calabraise olivâtre, j'irais l'été prochain m'enfermer dans les Abruzzes et passer encore quelques mois à vous oublier tous.

— Repassionne-toi pour Juliette, dit le vicomte avec ironie.

— Je ne me repassionnerai pas pour Juliette, répondit Leoni avec colère; mais je te donnerai un soufflet si tu prononces encore son nom.

— Il faut lui faire boire du thé, dit le vicomte; il est ivre-mort.

— Allons, Leoni, s'écria le marquis en lui serrant le bras, tu nous traites horriblement ce soir; qu'as-tu donc? Ne sommes-nous plus tes amis? doutes-tu de nous? parle.

— Non, je ne doute pas de vous, dit Leoni, vous m'avez rendu autant que je vous ai pris. Je sais ce que vous valez tous; le bien et le mal, je juge tout cela sans préjugé et sans prévention.

— Ah! il ferait beau voir! dit le vicomte entre ses dents.

— Allons, du punch, du punch! crièrent les autres. Il n'y a plus de bonne humeur possible si nous n'achevons de griser Chalm et Leoni; ils en sont aux attaques de nerfs, mettons-les dans l'extase.

— Oui, mes amis, mes bons amis! cria Leoni, le punch, l'amitié! la vie, la belle vie! A bas les cartes! ce sont elles qui me rendent maussade; vive l'ivresse! vivent les femmes! vive la paresse, le tabac, la musique, l'argent! vivent les jeunes filles et les vieilles comtesses! vive le diable, vive l'amour! vive tout ce qui fait vivre! Tout est bon quand on est assez bien constitué pour profiter et jouir de tout.

Ils se levèrent tous en entonnant un chœur bachique; je m'enfuis, je montai l'escalier avec l'égarement d'une personne qui se croit poursuivie, et je tombai sans connaissance sur le parquet de ma chambre.

XII.

Le lendemain matin on me trouva étendue sur le tapis, roide et glacée comme par la mort; j'eus une fièvre cérébrale. Je crois que Leoni me donna des soins; il me sembla le voir souvent à mon chevet, mais je n'en pus conserver qu'une idée vague. Au bout de trois jours j'étais hors de danger. Leoni vint alors savoir de mes nouvelles de temps en temps, et passer une partie de l'après-midi avec moi. Il quittait le palais tous les soirs à six heures et ne rentrait que le lendemain matin; j'ai su cela plus tard.

De tout ce que j'avais entendu, je n'avais compris clairement qu'une chose qui était la cause de mon désespoir : c'est que Leoni ne m'aimait plus. Jusque-là je n'avais pas voulu le croire, quoique toute sa conduite dût me le faire comprendre. Je résolus de ne pas contribuer plus long-temps à sa ruine, et de ne pas abuser d'un reste de compassion et de générosité qui lui prescrivait encore des égards envers moi. Je le fis appeler aussitôt que je me sentis la force de supporter cette entrevue, et je lui déclarai ce que je lui avais entendu dire de moi au milieu de l'orgie ; je gardai le silence sur tout le reste. Je ne voyais pas clair dans cette confusion d'infamies que ses amis m'avaient fait pressentir ; je ne voulais pas comprendre cela. Je consentais à tout, d'ailleurs : à mon abandon, à mon désespoir et à ma mort.

Je lui signifiai que j'étais décidée à partir dans huit jours, que je ne voulais rien accepter de lui désormais. J'avais gardé l'épingle de mon père ; en la vendant, j'aurais bien au delà de ce qu'il me fallait d'argent pour retourner à Bruxelles.

Le courage avec lequel je parlai, et que la fièvre aidait sans doute, frappa Leoni d'un coup inattendu. Il garda le silence et marcha avec agitation dans la chambre ; puis des sanglots et des cris s'échappèrent de sa poitrine ; il tomba suffoqué sur une chaise. Effrayée de l'état où je le voyais, je quittai comme malgré moi ma chaise longue et je m'approchai de lui avec sollicitude. Alors il me saisit dans ses bras, et me serrant avec frénésie :—Non, non ! tu ne me quitteras pas, s'écria-t-il, jamais je n'y consentirai ; si ta fierté, bien juste et bien légitime, ne se laisse pas fléchir, je me coucherai à tes pieds, en travers de cette porte, et je me tuerai si tu marches sur moi. Non, tu ne t'en iras pas, car je t'aime avec passion ; tu es la seule femme au monde que j'aie pu respecter et admirer encore après l'avoir possédée six mois. Ce que j'ai dit est une sottise, une infamie et un mensonge ; tu ne sais pas, Juliette, oh ! tu ne sais pas tous mes malheurs ! tu ne sais pas à quoi me condamne une société d'hommes perdus, à quoi m'entraîne une âme de bronze, de feu, d'or et de boue, que j'ai reçue du ciel et de l'enfer réunis ! Si tu ne veux plus m'aimer, je ne veux plus vivre. Que n'ai-je pas fait, que n'ai-je pas sacrifié, que n'ai-je pas souillé pour m'attacher à cette vie exécrable qu'ils m'ont faite ! Quel démon moqueur s'est donc enfermé dans mon cerveau pour que j'y trouve encore parfois de l'attrait, et pour que je brise, en m'y élançant, les liens les plus sacrés ? Ah ! il est temps d'en finir ; je n'avais eu, depuis que je suis au monde, qu'une période vraiment belle, vraiment pure, celle où je t'ai possédée et adorée. Cela m'avait lavé de toutes mes iniquités, et j'aurais dû rester sous la neige dans le chalet ; je serais mort en paix avec toi, avec Dieu et avec moi-même, tandis que me voilà perdu à tes yeux et aux miens. Juliette, Juliette ! grâce, pardon ! je sens mon âme se briser si tu m'abandonnes. Je suis encore jeune ; je veux vivre, je veux être heureux, et je ne le serai jamais qu'avec toi. Vas-tu me punir de mort pour un blasphème échappé à l'ivresse ? Y crois-tu, y peux-tu croire ? Oh ! que je souffre ! que j'ai souffert depuis quinze jours ! J'ai des secrets qui me brûlent les entrailles ; si je pouvais te les dire... mais tu ne pourrais jamais les entendre jusqu'au bout !

— Je les sais, lui dis-je ; et si tu m'aimais, je serais insensible à tout le reste...

7.

— Tu les sais! s'écria-t-il d'un air égaré, tu les sais! Que sais-tu?

— Je sais que vous êtes ruiné, que ce palais n'est point à vous, que vous avez mangé en trois mois une somme immense; je sais que vous êtes habitué à cette existence aventureuse et à ces désordres. J'ignore comment vous défaites si vite et comment vous rétablissez votre fortune ainsi; je pense que le jeu est votre perte et votre ressource; je crois que vous avez autour de vous une société funeste et que vous luttez contre d'affreux conseils; je crois que vous êtes au bord d'un abîme, mais que vous pouvez encore le fuir.

— Eh bien! oui, tout cela est vrai, s'écria-t-il, tu sais tout! et tu me le pardonnerais?

— Si je n'avais perdu votre amour, lui dis-je, je croirais n'avoir rien perdu en quittant ce palais, ce faste et ce monde qui me sont odieux. Quelque pauvres que nous fussions, nous pourrions toujours vivre comme nous avons fait dans notre chalet, soit là, soit ailleurs, si vous êtes las de la Suisse. Si vous m'aimiez encore, vous ne seriez pas perdu; car vous ne penseriez ni au jeu, ni à l'intempérance, ni à aucune des passions que vous avez célébrées dans un toast diabolique; si vous m'aimiez, nous payerions avec ce qui vous reste ce que vous pouvez devoir, et nous irions nous ensevelir et nous aimer dans quelque retraite où j'oublierais vite ce que je viens d'apprendre, où je ne vous le rappellerais jamais, où je ne pourrais pas en souffrir.... Si vous m'aimiez!...

— Oh! je t'aime, je t'aime, s'écria-t-il; partons! Sauvons-nous, sauve-moi! Sois ma bienfaitrice, mon ange, comme tu l'as toujours été. Viens, pardonne-moi!

Il se jeta à mes pieds, et tout ce que la passion la plus fervente peut dicter, il me le dit avec tant de chaleur que j'y crus... et que j'y croirai toujours. Leoni me trompait, m'avilissait, et m'aimait en même temps.

Un jour, pour se soustraire aux vifs reproches que je lui adressais, il essaya de réhabiliter la passion du jeu.

— Le jeu, me dit-il avec cette éloquence spécieuse qui n'avait que trop d'empire sur moi, c'est une passion bien autrement énergique que l'amour. Plus féconde en drames terribles, elle est plus enivrante, plus héroïque dans les actes qui concourent à son but. Il faut le dire, hélas! si ce but est vil en apparence, l'ardeur est puissante, l'audace est sublime, les sacrifices sont aveugles et sans bornes. Jamais, il faut que tu le saches, Juliette, jamais les femmes n'en inspirent de pareils. L'or est une puissance supérieure à la leur. En force, en courage, en dévouement, en persévérance, au prix du joueur, l'amant n'est qu'un faible enfant dont les efforts sont dignes de pitié. Combien peu d'hommes avez-vous vu sacrifier à leur maîtresse ce bien inestimable, cette nécessité sans prix, cette condition d'existence sans laquelle on pense qu'il n'y a pas d'existence supportable, *l'honneur!* je n'en connais guère dont le dévouement aille plus loin que le sacrifice de la vie. Tous les jours le joueur immole son honneur et supporte la vie. Le joueur est âpre, il est stoïque; il triomphe froidement, il succombe froidement; il passe en quelques heures des derniers rangs de la société aux premiers, dans quelques heures il redescend au point d'où il était parti, et cela sans changer d'attitude ni de visage. Dans quelques heures, sans quitter la place où son démon l'enchaîne, il parcourt toutes les vicissitudes de la vie, il passe par toutes les chances de fortune qui représentent les différentes conditions sociales. Tour à tour roi et mendiant, il gravit d'un seul bond l'échelle immense, toujours calme, toujours maître de lui, toujours soutenu par sa robuste ambition, toujours excité par l'âcre soif qui le dévore. Que sera-t-il tout à l'heure? prince ou esclave? Comment sortira-t-il de cet antre? nu, ou courbé sous le poids de l'or? Qu'importe? Il y reviendra demain refaire sa fortune, la perdre ou la tripler. Ce qu'il y a d'impossible pour lui, c'est le repos; il est comme l'oiseau des tempêtes qui ne peut vivre sans les flots agités et les vents en fureur. On l'accuse d'aimer l'or? il l'aime si peu qu'il le jette à pleines mains. Ces dons de l'enfer ne sauraient lui profiter ni l'assouvir. A peine riche, il lui tarde d'être ruiné afin de goûter encore cette nerveuse et terrible émotion sans laquelle la vie lui est insipide. Qu'est-ce donc que l'or à ses yeux? Moins par lui-même que des grains de sable aux vôtres. Mais l'or lui est un emblème des biens et des maux qu'il vient chercher et braver. L'or, c'est son jouet, c'est son ennemi, c'est son Dieu, c'est son rêve, c'est son démon, c'est sa maîtresse, c'est sa poésie; c'est l'ombre qu'il poursuit, qu'il attaque, qu'il étreint, puis qu'il laisse échapper, pour avoir le plaisir de recommencer la lutte et de se prendre encore une fois corps à corps avec le destin. Va! c'est beau, cela! c'est absurde, il faut le condamner, parce que l'énergie, employée ainsi, est sans profit pour la société, parce que l'homme qui dirige ses forces vers un pareil but vole à ses semblables tout le bien qu'il aurait pu leur faire avec moins d'égoïsme; mais en le condamnant ne le méprisez pas, petites organisations qui n'êtes capables ni de bien ni de mal; ne mesurez qu'avec effroi le colosse de volonté qui lutte ainsi sur une mer fougueuse pour le seul plaisir d'exercer sa vigueur et de la jeter en dehors de lui. Son égoïsme le pousse au milieu des fatigues et des dangers, comme le vôtre vous enchaîne à de patientes et laborieuses professions. Combien comptez-vous, dans le monde, d'hommes qui travaillent pour la patrie sans songer à eux-mêmes? Lui, il s'isole franchement, il se met à part; il dispose de son avenir, de son présent, de son repos, de son honneur. Il se condamne à la souffrance, à la fatigue. Déplorez son erreur, mais ne vous comparez pas à lui, dans le secret de votre orgueil, pour vous glorifier à ses dépens. Que son fatal exemple serve seulement à vous consoler de votre inoffensive nullité.

— O ciel! lui répondis-je, de quels sophismes votre cœur s'est-il donc nourri, ou bien quelle est la faiblesse de mon intelligence? Quoi! le joueur ne serait pas méprisable? O Leoni, pourquoi, ayant tant de force, ne l'avez-vous pas employée à vous dompter dans l'intérêt de vos semblables?

— C'est, répondit-il d'un ton ironique et amer, que j'ai mal compris la vie, apparemment; c'est que mon amour-propre m'a mal conseillé. C'est qu'au lieu de monter sur un théâtre somptueux je suis monté sur un théâtre en plein vent; c'est qu'au lieu de m'employer à déclamer de spécieuses moralités sur la scène du monde et à jouer les rôles héroïques, je me suis amusé, pour donner carrière à la vigueur de mes muscles, à faire des tours de force et à me risquer sur un fil d'archal. Et encore cette comparaison ne vaut rien : le saltimbanque a sa vanité comme le tragédien, comme l'orateur philanthrope. Le joueur n'en a pas; il n'est ni admiré, ni applaudi, ni envié. Ses triomphes sont si courts et si hasardés que ce n'est pas la peine d'en parler. Au contraire, la société le condamne, le vulgaire le méprise, surtout les jours où il a perdu. Tout son charlatanisme consiste à faire bonne contenance, à tomber décemment devant un groupe d'intéressés qui ne le regardent même pas, tant ils ont une autre contention d'esprit qui les absorbe ! Si dans ses rapides heures de fortune il trouve quelque plaisir à satisfaire les vulgaires vanités du luxe, c'est un tribut bien court qu'il paye aux faiblesses humaines. Bientôt il va sacrifier sans pitié ces puériles jouissances d'un instant à l'activité dévorante de son âme, à cette fièvre infernale qui ne lui permet pas de vivre tout un jour de la vie des autres hommes. De la vanité à lui ! il n'en a pas le temps ! il a bien autre chose à faire ! N'a-t-il pas son cœur à faire souffrir, sa tête à bouleverser, son sang à boire, sa chair à tourmenter, son or à perdre, sa vie à remettre en question, à reconstruire, à défaire, à tordre, à déchirer par lambeaux, à risquer en bloc, à reconquérir pièce à pièce, à mettre dans sa bourse, à jeter sur la table à chaque instant ? Demandez au marin s'il peut vivre à terre, à l'oiseau s'il peut être heureux sans ses ailes, au cœur de l'homme s'il peut se passer d'émotions.

Le joueur n'est donc pas criminel par lui-même ; c'est sa position sociale qui presque toujours le rend tel, c'est sa famille qu'il ruine ou qu'il déshonore. Mais supposez-le comme moi, isolé dans le monde, sans affections, sans parentés assez intimes pour être prises en considération, libre, abandonné à lui-même, rassasié ou trompé en amour, comme je l'ai été si souvent, et vous plaindrez son erreur, vous regretterez pour lui qu'il ne soit pas né avec un tempérament sanguin et vaniteux plutôt qu'avec un tempérament bilieux et concentré.

Où prend-on que le joueur soit dans la même catégorie que les flibustiers et les brigands? Demandez aux gouvernements pourquoi ils tirent une partie de leurs richesses d'une source si honteuse! Eux seuls sont coupables d'offrir ces horribles tentations à l'inquiétude, ces funestes ressources au désespoir.

Si l'amour du jeu n'est pas en lui-même aussi honteux que la plupart des autres penchants, c'est le plus dangereux de tous, le plus âpre, le plus irrésistible, celui dont les conséquences sont les plus misérables. Il est presque impossible au joueur de ne pas se déshonorer au bout de quelques années.

Quant à moi, poursuivit-il d'un air plus sombre et d'une voix moins vibrante, après avoir pendant longtemps supporté cette vie d'angoisses et de convulsions avec l'héroïsme chevaleresque qui était la base de mon caractère, je me laissai enfin corrompre; c'est-à-dire que, mon âme s'usant peu à peu à ce combat perpétuel, je perdis la force stoïque avec laquelle j'avais su accepter les revers, supporter les privations d'une affreuse misère, recommencer patiemment l'édifice de ma fortune, parfois avec une obole, attendre, espérer, marcher prudemment et pas à pas, sacrifier tout un mois à réparer les pertes d'un jour. Telle fut longtemps ma vie. Mais enfin, las de souffrir, je commençai à chercher hors de ma volonté, hors de ma vertu (car, il faut bien le dire, le joueur a sa vertu aussi), les moyens de regagner plus vite les valeurs perdues; j'empruntai, et dès lors je fus perdu moi-même.

On souffre d'abord cruellement de se trouver dans une situation indélicate; et puis on s'y fait comme à tout, on s'étourdit, on se blase. Je fis comme font les joueurs et les prodigues; je devins nuisible et dangereux à mes amis. J'accumulai sur leurs têtes les maux que long-temps j'avais courageusement assumés sur la mienne. Je fus coupable; je risquai mon honneur, puis l'existence et l'honneur de mes proches, comme j'avais risqué mes biens. Le jeu a cela d'horrible qu'il ne vous donne pas de ces leçons sur lesquelles il n'y a point à revenir. Il est toujours là qui vous appelle! Cet or, qui ne s'épuise jamais, est toujours devant vos yeux. Il vous suit, il vous invite, il vous dit : « Espère! » et parfois il tient ses promesses, il vous rend l'audace, il rétablit votre crédit, il semble retarder encore le déshonneur; mais le déshonneur est consommé du jour où l'honneur est volontairement mis en risque...

Ici Leoni baissa la tête et tomba dans un morne silence; la confession qu'il avait peut-être songé à me faire expira sur ses lèvres. Je vis à sa honte et à sa tristesse qu'il était bien inutile de rétorquer les arguments sophistiques de son désordre; sa conscience s'en était déjà chargée.

— Écoute, me dit-il quand nous fûmes réconciliés, demain je ferme la maison à tous mes commensaux et je pars pour Milan, où j'ai à toucher encore une somme assez forte qui m'est due. Pendant ce temps soigne-toi bien, rétablis ta santé, mets en ordre toutes les requêtes de nos créanciers, et fais les apprêts de notre départ. Dans huit jours, dans quinze au plus, je reviendrai payer nos dettes et te chercher pour aller vivre avec toi où tu voudras, pour toujours.

Je crus à tout, je consentis à tout. Il partit, et la maison fut fermée. Je n'attendis pas que je fusse entièrement guérie pour m'occuper de remettre tout en ordre et de réviser les mémoires des fournisseurs. J'espérais que Leoni m'écrirait dès son arrivée à Milan, comme il me l'avait promis; il fut plus de huit jours sans me donner de ses nouvelles. Il m'annonça enfin qu'il était sûr de toucher beaucoup plus d'argent que nous n'en devions, mais qu'il serait obligé de rester vingt jours absent au lieu de quinze. Je me résignai. Au bout de vingt jours une nouvelle lettre m'annonça qu'il était forcé d'attendre ses rentrées jusqu'à la fin du mois. Je tombai dans le découragement. Seule dans ce grand palais, où, pour échapper aux insolentes visites des compagnons de Leoni, j'étais obligée de me cacher, de baisser les stores de ma fenêtre et de soutenir une espèce de siége, dévorée d'inquiétude, malade et faible, livrée aux plus noires réflexions et à tous les remords que l'aiguillon du malheur réveille, je fus plusieurs fois tentée de mettre fin à ma déplorable vie.

Mais je n'étais pas au bout de mes souffrances.

XIII.

Un matin que je croyais être seule dans le grand salon et que je tenais un livre ouvert sur mes genoux sans songer à le regarder, j'entendis du bruit auprès de moi, et, sortant de ma léthargie, je vis la détestable figure du vicomte de Chalm. Je fis un cri, et j'allais le chasser, lorsqu'il se confondit en excuses d'un air à la fois respectueux et railleur, auquel je ne sus que répondre. Il me dit qu'il avait forcé ma porte sur l'autorisation d'une lettre de Leoni, qui l'avait spécialement chargé de venir s'informer de ma santé et de lui en donner des nouvelles. Je ne crus point à ce prétexte, et j'allais le lui dire; mais, sans m'en laisser le temps, il se mit à parler lui-même avec un sang-froid si impudent, qu'à moins d'appeler mes gens il m'eût été impossible de le mettre à la porte. Il était décidé à ne rien comprendre.

— Je vois, madame, me dit-il d'un air d'intérêt hypocrite, que vous êtes informée de la situation fâcheuse où se trouve le baron. Soyez sûre que mes faibles ressources sont à sa disposition; c'est malheureusement bien peu de chose pour contenter la prodigalité d'un caractère si magnifique. Ce qui me console, c'est qu'il est courageux, entreprenant et ingénieux. Il a refait plusieurs fois sa fortune; il la relèvera encore. Mais vous aurez à souffrir, vous, madame, si jeune, si délicate et si digne d'un meilleur sort! C'est pour vous que je m'afflige profondément des folies de Leoni et de toutes celles qu'il va encore commettre avant de trouver des ressources. La misère est une horrible chose à votre âge, et quand on a toujours vécu dans le luxe...

Je l'interrompis brusquement; car je crus voir où il voulait en venir avec son injurieuse compassion. Je ne comprenais pas encore toute la bassesse de ce personnage.

Devinant ma méfiance, il s'empressa de la combattre. Il me fit entendre, avec toute la politesse de son langage subtil et froid, qu'il se jugeait trop vieux et trop peu riche pour m'offrir son appui, mais qu'un jeune lord immensément riche, qui m'avait été présenté par lui et qui m'avait fait quelques visites, lui avait confié l'honorable message de me tenter par des promesses magnifiques. Je n'eus pas la force de répondre à cet affront; j'étais si faible et si abattue que je me mis à pleurer sans rien dire. L'infâme Chalm crut que j'étais ébranlée; et, pour me décider entièrement, il me déclara que Leoni ne reviendrait point à Venise, qu'il était enchaîné aux pieds de la princesse Zagarolo, et qu'il lui avait donné plein pouvoir de traiter cette affaire avec moi.

L'indignation me rendit enfin la présence d'esprit dont j'avais besoin pour accabler cet homme de mépris et de confusion. Mais il fut bientôt remis de son trouble.
— Je vois, madame, me dit-il, que votre jeunesse et votre candeur ont été cruellement abusées, et je ne saurais vous rendre haine pour haine, car vous me méconnaissez et vous m'accusez ; moi, je vous connais et vous estime. J'aurai, pour entendre vos reproches et vos injures, tout le stoïcisme dont le véritable dévouement doit savoir s'armer, et je vous dirai dans quel abîme vous êtes tombée et de quelle abjection je veux vous retirer.

Il prononça ces mots avec tant de force et de calme que mon crédule caractère en fut comme subjugué. Un instant je pensai que, dans le trouble de mes malheurs, j'avais peut-être méconnu un homme sincère. Fascinée par l'impudente sérénité de son visage, j'oubliai les dégoûtantes paroles que je lui avais entendu prononcer, et je lui laissai le temps de parler. Il vit qu'il fallait profiter de ce moment d'incertitude et de faiblesse, et se hâta de me donner sur Leoni des renseignements d'une odieuse vérité.

— J'admire, dit-il, comment votre cœur facile et confiant a pu s'attacher si long-temps à un caractère semblable. Il est vrai que la nature l'a doté de séductions irrésistibles, et qu'il a une habileté extraordinaire pour cacher ses turpitudes et pour prendre les dehors de la loyauté. Toutes les villes de l'Europe le connaissent pour un roué charmant. Quelques personnes seulement

en Italie savent qu'il est capable de toutes les scéléra-
tesses pour satisfaire ses fantaisies innombrables. Aujourd'hui vous le verrez se modeler sur le type de Lovelace, demain sur celui du pastor Fido. Comme il est
un peu poète, il est capable de recevoir toutes les impressions, de comprendre et de singer toutes les vertus,
d'étudier et de jouer tous les rôles. Il croit sentir tout
ce qu'il imite, et quelquefois il s'identifie tellement avec
le personnage qu'il a choisi, qu'il en ressent les passions
et en saisit la grandeur. Mais, comme le fond de son
âme est vil et corrompu, comme il n'y a en lui qu'affectation et caprice, le vice se réveille tout à coup dans
son sang, l'ennui de son hypocrisie le jette dans des habitudes entièrement contraires à celles qui semblaient
lui être naturelles. Ceux qui ne l'ont vu que sous une
de ses faces mensongères s'étonnent et le croient devenu
fou ; ceux qui savent que son caractère est de n'en
avoir aucun de vrai sourient et attendent paisiblement
quelque nouvelle invention.

Quoique ce portrait horrible me révoltât au point de
me suffoquer, il me semblait y voir briller des traits
d'une lumière accablante. J'étais atterrée, mes nerfs se
contractaient. Je regardais Chalm d'un air effaré : il
s'applaudit de sa puissance, et continua :

— Ce caractère vous étonne; si vous aviez plus d'expérience, ma chère dame, vous sauriez qu'il est fort
répandu dans le monde. Pour l'avoir à un certain degré, il faut une certaine supériorité d'intelligence ; et
si beaucoup de sots s'en abstiennent, c'est qu'ils sont
incapables de le soutenir. Vous verrez presque toujours
un homme médiocre et vain se renfermer dans une manière d'être obstinée qu'il prendra pour une spécialité,
et qui le consolera des succès d'autrui. Il s'avouera

moins brillant, mais il se déclarera plus solide et plus utile. La terre n'est peuplée que d'imbéciles insupportables ou de fous nuisibles. Tout bien considéré, j'aime encore mieux les derniers; j'ai assez de prudence pour m'en préserver et assez de tolérance pour m'en amuser. Mieux vaut rire avec un malicieux bouffon que bâiller avec un bonhomme ennuyeux. C'est pourquoi vous m'avez vu dans l'intimité d'un homme que je n'aime ni n'estime. D'ailleurs j'étais attiré ici par vos manières affables, par votre angélique douceur; je me sentais pour vous une amitié paternelle. Le jeune lord Edwards, qui vous avait vue de sa fenêtre passer des heures entières immobile et rêveuse à votre balcon, m'avait pris pour confident de la passion violente qu'il a conçue pour vous. Je l'avais présenté ici, désirant franchement et ardemment que vous ne restassiez pas plus longtemps dans la position douloureuse et humiliante où l'abandon de Leoni vous laissait; je savais que lord Edwards avait une âme digne de la vôtre, et qu'il vous ferait une existence heureuse et honorable... Je viens aujourd'hui renouveler mes efforts et vous révéler son amour, que vous n'avez pas voulu comprendre...

Je mordais mon mouchoir de colère; mais, dévorée par une idée fixe, je me levai, et je lui dis avec force:

— Vous prétendez que Leoni vous autorise à me faire ces infâmes propositions: prouvez-le-moi! oui, monsieur, prouvez-le! Et je lui secouai le bras convulsivement.

— Parbleu! ma chère petite, me répondit ce misérable avec son impassibilité odieuse, c'est bien facile à prouver. Mais comment ne vous l'expliquez-vous pas à vous-même? Leoni ne vous aime plus; il a une autre maîtresse.

— Prouvez-le ! répétai-je avec exaspération.

— Tout à l'heure, tout à l'heure, dit-il. Leoni a grand besoin d'argent, et il y a des femmes d'un certain âge dont la protection peut être avantageuse.

— Prouvez-moi tout ce que vous dites ! m'écriai-je, ou je vous chasse à l'instant.

— Fort bien, répondit-il sans se déconcerter ; mais faisons un accord : si j'ai menti, je sortirai d'ici pour n'y jamais remettre les pieds ; si j'ai dit vrai en affirmant que Leoni m'autorise à vous parler de lord Edwards, vous me permettrez de revenir ce soir avec ce dernier.

En parlant ainsi, il tira de sa poche une lettre sur l'adresse de laquelle je reconnus l'écriture de Leoni.

— Oui ! m'écriai-je, emportée par l'invincible désir de connaître mon sort ; oui, je le promets.

Le marquis déplia lentement la lettre et me la présenta. Je lus :

« Mon cher vicomte, quoique tu me causes souvent
» des accès de colère où je t'écraserais volontiers, je
» crois que tu as vraiment de l'amitié pour moi et que
» tes offres de service sont sincères. Je n'en profiterai
» pourtant pas. J'ai mieux que cela, et mes affaires
» reprennent un train magnifique. La seule chose qui
» m'embarrasse et qui m'épouvante, c'est Juliette. Tu
» as raison. Au premier jour elle va faire avorter mes
» projets. Mais que faire ? J'ai pour elle le plus sot et
» le plus invincible attachement. Son désespoir m'ôte
» toutes mes forces. Je ne puis la voir pleurer sans être
» à ses pieds... Tu crois qu'elle se laisserait corrompre?
» Non, tu ne la connais pas ; jamais elle ne se laissera
» vaincre par la cupidité. Mais le dépit ? dis-tu. Oui,
» cela est plus vraisemblable. Quelle est la femme qui

» ne fasse par colère ce qu'elle ne ferait pas par amour?
» Juliette est fière, j'en ai acquis la certitude dans ces
» derniers temps. Si tu lui dis un peu de mal de moi,
» si tu lui fais entendre que je suis infidèle..., peut-
» être!... Mais, mon Dieu! je ne puis y penser sans
» que mon âme se déchire... Essaie : si elle succombe,
» je la mépriserai et je l'oublierai; si elle résiste..., ma
» foi! nous verrons. Quel que soit le résultat de tes ef-
» forts, j'aurai un grand désastre à craindre ou une
» grande peine de cœur à supporter. »

— Maintenant, dit le marquis quand j'eus fini, je vais chercher lord Edwards.

Je cachai ma tête dans mes mains et je restai long-temps immobile et muette. Puis tout à coup je cachai cet exécrable billet dans mon sein et je sonnai avec violence. — Que ma femme de chambre fasse en cinq minutes un porte-manteau, dis-je au laquais, et que Beppo amène la gondole.

— Que voulez-vous faire, ma chère enfant? me dit le vicomte étonné; où voulez-vous aller?

— Chez lord Edwards, apparemment! lui dis-je avec une ironie amère dont il ne comprit pas le sens. Allez l'avertir, repris-je; dites-lui que vous avez gagné votre salaire et que je vole vers lui.

Il commença à comprendre que je le raillais avec fureur. Il s'arrêta irrésolu. Je sortis du salon sans dire un mot de plus, et j'allai mettre un habit de voyage. Je descendis suivie de ma femme de chambre, portant le paquet. Au moment de passer dans la gondole, je sentis une main agitée qui me retenait par mon manteau ; je me retournai, je vis Chalm troublé et effrayé. — Où donc allez-vous? me dit-il d'une voix altérée. Je triomphais d'avoir enfin troublé son sang-froid de scélérat.

— Je vais à Milan, lui dis-je, et je vous fais perdre les deux ou trois cents sequins que lord Edwards vous avait promis.

— Un instant, dit le vicomte furieux ; rendez-moi la lettre, ou vous ne partirez pas.

— Beppo ! m'écriai-je avec l'exaspération de la colère et de la peur en m'élançant vers le gondolier, délivre-moi de ce rufian, qui me casse le bras.

Tous les domestiques de Leoni me trouvaient douce et m'étaient dévoués. Beppo, silencieux et résolu, me saisit par la taille et m'enleva de l'escalier. En même temps il donna un coup de pied à la dernière marche, et la gondole s'éloigna au moment où il m'y déposait avec une adresse et une force extraordinaires. Chalm faillit être entraîné et tomber dans le canal. Il disparut en me lançant un regard qui était le serment d'une haine éternelle et d'une vengeance implacable.

XIV.

J'ARRIVE à Milan après avoir voyagé nuit et jour sans me donner le temps de me reposer ni de réfléchir. Je descends à l'auberge où Leoni m'avait donné son adresse, je le fais demander, on me regarde avec étonnement.

— Il ne demeure pas ici, me répond le cameriere. Il y est descendu en arrivant, et il y a loué une petite chambre où il a déposé ses effets ; mais il ne vient ici que le matin pour prendre ses lettres, faire sa barbe et s'en aller.

— Mais où loge-t-il ? demandai-je. Je vis que le cameriere me regardait avec curiosité, avec incertitude, et que, soit par respect, soit par commisération, il ne pouvait se décider à me répondre. J'eus la discrétion de ne pas insister, et je me fis conduire à la chambre que Leoni avait louée. — Si vous savez où on peut le trouver à cette heure-ci, dis-je au cameriere, allez le chercher, et dites-lui que sa sœur est arrivée.

Au bout d'une heure, Leoni arriva, les bras étendus pour m'embrasser. — Attends, lui dis-je en reculant; si tu m'as trompée jusqu'ici, n'ajoute pas un crime de plus à tous ceux que tu as commis envers moi. Tiens, regarde ce billet; est-il de toi? Si on a contrefait ton écriture, dis-le-moi vite, car je l'espère et j'étouffe.

Leoni jeta les yeux sur le billet et devint pâle comme la mort.

— Mon Dieu! m'écriai-je, j'espérais qu'on m'avait trompée! Je venais vers toi avec la presque certitude de te trouver étranger à cette infamie. Je me disais : Il m'a fait bien du mal, il m'a déjà trompée; mais, malgré tout, il m'aime. S'il est vrai que je le gêne et que je lui sois nuisible, il me l'aurait dit il y a à peine un mois, lorsque je me sentais le courage de le quitter, tandis qu'il s'est jeté à mes genoux pour me supplier de rester. S'il est un intrigant et un ambitieux, il ne devait pas me retenir; car je n'ai aucune fortune, et mon amour ne lui est avantageux en rien. Pourquoi se plaindrait-il maintenant de mon importunité? Il n'a qu'un mot à dire pour me chasser. Il sait que je suis fière; il ne doit craindre ni mes prières ni mes reproches. Pourquoi voudrait-il m'avilir?....

Je ne pus continuer; un flot de larmes saccadait ma voix et arrêtit mes paroles.

— Pourquoi j'aurais voulu t'avilir? s'écria Leoni hors de lui; pour éviter un remords de plus à ma con science déchirée. Tu ne comprends pas cela, Juliette On voit bien que tu n'as jamais été criminelle!...

Il s'arrêta; je tombai sur un fauteuil, et nous restâmes atterrés tous deux.

— Pauvre ange! s'écria-t-il enfin, méritais-tu d'être la compagne et la victime d'un scélérat tel que moi? Qu'avais-tu fait à Dieu avant de naître, malheureux enfant, pour qu'il te jetât dans les bras d'un réprouvé qui te fait mourir de honte et de désespoir? Pauvre Juliette! pauvre Juliette!

Et à son tour il versa un torrent de larmes.

— Allons, lui dis-je, je suis venue pour entendre ta justification ou ma condamnation. Tu es coupable, je te pardonne, et je pars.

— Ne parle jamais de cela! s'écria-t-il avec véhémence. Raie à jamais ce mot-là de nos entretiens. Quand tu voudras me quitter, échappe-toi habilement sans que je puisse t'en empêcher; mais tant qu'il me restera une goutte de sang dans les veines, je n'y consentirai pas. Tu es ma femme, tu m'appartiens, et je t'aime. Je puis te faire mourir de douleur, mais je ne peux pas te laisser partir.

— J'accepterai la douleur et la mort, lui dis-je, si tu me dis que tu m'aimes encore.

— Oui, je t'aime, je t'aime, cria-t-il avec ses transports ordinaires; je n'aime que toi, et je ne pourrai jamais en aimer une autre!

— Malheureux! tu mens, lui dis-je. Tu as suivi la princesse Zagarolo.

— Oui, mais je la déteste.

— Comment! m'écriai-je frappée d'étonnement. Et pourquoi donc l'as-tu suivie? Quels honteux secrets cachent donc toutes ces énigmes? Chalm voulu me faire entendre qu'une vile ambition t'enchaînait auprès de cette femme; qu'elle était vieille...; qu'elle te payait... Ah! quels mots vous me faites prononcer!

— Ne crois pas à ces calomnies, répondit Leoni; la princesse est jeune, belle; j'en suis amoureux...

— A la bonne heure, lui dis-je avec un profond soupir, j'aime mieux vous voir infidèle que déshonoré. Aimez-la, aimez-la beaucoup; car elle est riche, et vous êtes pauvre! Si vous l'aimez beaucoup, la richesse et la pauvreté ne seront plus que des mots entre vous. Je vous aimais ainsi; et quoique je n'eusse rien pour vivre que vos dons, je n'en rougissais pas; à présent je m'avilirais et je vous serais insupportable. Laissez-moi donc partir. Votre obstination à me garder pour me faire mourir dans les tortures est une folie et une cruauté.

— C'est vrai, dit Leoni d'un air sombre; pars donc! Je suis un bourreau de vouloir t'en empêcher.

Il sortit d'un air désespéré. Je me jetai à genoux, je demandai au ciel de la force, j'invoquai le souvenir de ma mère, et je me relevai pour faire de nouveau les courts apprêts de mon départ.

Quand mes malles furent refermées, je demandai des chevaux de poste pour le soir même, et en attendant je me jetai sur un lit. J'étais si accablée de fatigue et tellement brisée par le désespoir, que j'éprouvai, en m'endormant, quelque chose qui ressemblait à la paix du tombeau.

Au bout d'une heure je fus réveillée par les embrassements passionnés de Leoni.

— C'est en vain que tu veux partir, me dit-il; cela est au-dessus de mes forces. J'ai renvoyé tes chevaux, j'ai fait décharger tes malles. Je viens de me promener seul dans la campagne, et j'ai fait mon possible pour me forcer à te perdre. J'ai résolu de ne pas te dire adieu. J'ai été chez la princesse, j'ai tâché de me figurer que je l'aimais ; je la hais et je t'aime. Il faut que tu restes.

Ces émotions continuelles m'affaiblissaient l'âme autant que le corps ; je commençais à ne plus avoir la faculté de raisonner ; le mal et le bien, l'estime et le mépris devenaient pour moi des sons vagues, des mots que je ne voulais plus comprendre, et qui m'effrayaient comme des chiffres innombrables qu'on m'aurait dit de supputer. Leoni avait désormais sur moi plus qu'une force morale, il avait une puissance magnétique à laquelle je ne pouvais plus me soustraire. Son regard, sa voix, ses larmes agissaient sur mes nerfs autant que sur mon cœur ; je n'étais plus qu'une machine qu'il poussait à son gré dans tous les sens.

Je lui pardonnai, je m'abandonnai à ses caresses, je lui promis tout ce qu'il voulut. Il me dit que la princesse Zagarolo, étant veuve, avait songé à l'épouser ; que le court et frivole engouement qu'il avait eu pour elle lui avait fait croire à son amour ; qu'elle s'était follement compromise pour lui, et qu'il était obligé de la ménager et de s'en détacher peu à peu, ou d'avoir affaire à toute la famille. — S'il ne s'agissait que de me battre avec tous ses frères, tous ses cousins et tous ses oncles, dit-il, je m'en soucierais fort peu ; mais ils agiront en grands seigneurs, me dénonceront comme carbonaro, et me feront jeter dans une prison où j'attendrai peut-être dix ans qu'on veuille bien examiner ma cause.

J'écoutai tous ces contes absurdes avec la crédulité d'un enfant. Leoni ne s'était jamais occupé de politique ; mais j'aimais encore à me persuader que tout ce qu'il y avait de problématique dans son existence se rattachait à quelque grande entreprise de ce genre. Je consentis à passer toujours dans l'hôtel pour sa sœur, à me montrer peu dehors et jamais avec lui, enfin à le laisser absolument libre de me quitter à toute heure sur la requête de la princesse.

XV.

CETTE vie fut affreuse, mais je la supportai. Les tortures de la jalousie m'étaient encore inconnues jusquelà ; elles s'éveillèrent, et je les épuisai toutes. J'évitai à Leoni l'ennui de les combattre ; d'ailleurs il ne me restait plus assez de force pour les exprimer. Je résolus de me laisser mourir en silence ; je me sentais assez malade pour l'espérer. L'ennui me dévorait encore plus à Milan qu'à Venise ; j'y avais plus de souffrances et moins de distractions. Leoni vivait ouvertement avec la princesse Zagarolo. Il passait les soirs dans sa loge au spectacle ou au bal avec elle ; il s'en échappait pour venir me voir un instant, et puis il retournait souper avec elle et ne rentrait que le matin à six heures. Il se couchait accablé de fatigue et souvent de mauvaise humeur. Il se levait à midi, silencieux et distrait, et allait se promener en voiture avec sa maîtresse. Je les voyais souvent passer ; Leoni avait auprès d'elle cet air sagement triomphant, cette coquetterie de maintien, ces regards heureux et tendres qu'il avait eus jadis auprès de moi ; maintenant je n'avais plus que ses plaintes et le récit de ses contrariétés. Il est vrai que j'aimais mieux le voir venir à moi soucieux et dégoûté de son esclavage que paisible et insouciant comme cela lui arrivait quelquefois; il semblait alors qu'il eût oublié l'amour qu'il avait eu pour moi et celui que j'avais encore pour lui; il trouvait naturel de me confier les détails de son intimité avec une autre, et ne s'apercevait pas que le sourire de mon visage en l'écoutant était une convulsion muette de la douleur.

Un soir, au coucher du soleil, je sortais de la cathédrale, où j'avais prié Dieu avec ferveur de m'appeler à lui et d'accepter mes souffrances en expiation de mes fautes. Je marchais lentement sous le magnifique portail, et je m'appuyais de temps en temps contre les piliers, car j'étais faible. Une fièvre lente me consumait. L'émotion de la prière et l'air de l'église m'avaient baignée d'une sueur froide; je ressemblais à un spectre sorti du pavé sépulcral pour voir encore une fois les derniers rayons du jour. Un homme, qui me suivait depuis quelque temps sans que j'y fisse grande attention, me parla, et je me retournai sans surprise, sans frayeur, avec l'apathie d'un mourant. Je reconnus Henryet.

Aussitôt le souvenir de ma patrie et de ma famille se réveilla en moi avec impétuosité. J'oubliai l'étrange conduite de ce jeune homme envers moi, la puissance terrible qu'il exerçait sur Leoni, son ancien amour si mal accueilli par moi, et la haine que j'avais ressentie contre lui depuis. Je ne songeai qu'à mon père et à ma mère, et, lui tendant la main avec vivacité, je l'accablai de questions. Il ne se pressa pas de me répondre, quoiqu'il parût touché de mon émotion et de mon empressement.

— Êtes-vous seule ici? me dit-il, et puis-je causer avec vous sans vous exposer à aucun danger?

— Je suis seule, personne ici ne me connaît ni ne s'occupe de moi. Asseyons-nous sur ce banc de pierre, car je suis souffrante, et, pour l'amour du ciel, parlez-moi de mes parents. Il y a une année tout entière que je n'ai entendu prononcer leur nom.

— Vos parents! dit Henryet avec tristesse. Il y en a un qui ne vous pleure plus.

— Mon père est mort! m'écriai-je en me levant. Henryet ne répondit pas. Je retombai accablée sur le banc, et je dis à demi-voix : — Mon Dieu, qui allez me réunir à lui, faites qu'il me pardonne!

— Votre mère, dit Henryet, a été long-temps malade. Elle a essayé ensuite de se distraire ; mais elle avait perdu sa beauté dans les larmes et n'a point trouvé de consolation dans le monde.

— Mon père mort! dis-je en joignant mes faibles mains, ma mère vieille et triste! Et ma tante?

— Votre tante essaie de consoler votre mère en lui prouvant que vous ne méritez pas ses regrets ; mais votre mère ne l'écoute pas, et chaque jour elle se flétrit dans l'isolement et l'ennui. Et vous, madame?

Henryet prononça ces derniers mots d'un ton froid, où perçait cependant la compassion sous le mépris.

— Et moi, je me meurs, vous le voyez.

Il me prit la main, et des larmes lui vinrent aux yeux.

— Pauvre fille! me dit-il, ce n'est pas ma faute. J'ai fait ce que j'ai pu pour vous empêcher de tomber dans ce précipice ; mais vous l'avez voulu.

— Ne parlez pas de cela, lui dis-je, il m'est impossible d'en causer avec vous. Dites-moi si ma mère m'a fait chercher après ma fuite.

— Votre mère vous a cherchée, mais pas assez. Pauvre femme! elle était consternée, elle a manqué de présence d'esprit. Il n'y a pas de vigueur, Juliette, dans le sang dont vous êtes formée.

— Ah! c'est vrai, lui dis-je nonchalamment. Nous étions tous indolents et pacifiques dans ma famille. Ma mère a-t-elle espéré que je reviendrais?

— Elle l'a espéré follement et puérilement. Elle vous attend encore et vous espérera jusqu'à son dernier soupir.

Je me mis à sangloter. Henryet me laissa pleurer sans dire un mot. Je crois qu'il pleurait aussi. J'essuyai mes yeux pour lui demander si ma mère avait été bien affligée de mon déshonneur, si elle avait rougi de moi, si elle osait encore prononcer mon nom.

— Elle l'a sans cesse à la bouche, dit Henryet. Elle conte sa douleur à tout le monde; à présent on est blasé sur cette histoire, et on sourit quand votre mère commence à pleurer, ou bien on l'évite en disant : Voilà encore madame Ruyter qui va nous raconter l'enlèvement de sa fille!

J'écoutai cela sans dépit, et, levant les yeux sur lui, je lui dis :

— Et vous, Henryet, me méprisez-vous?

— Je ne vous aime ni ne vous estime plus, me répondit-il; mais je vous plains et je suis à votre service. Ma bourse est à votre disposition. Voulez-vous que j'écrive à votre mère? voulez-vous que je vous reconduise auprès d'elle? Parlez et ne craignez pas d'abuser de moi. Je n'agis pas par amitié, mais par devoir. Vous ne savez pas, Juliette, combien la vie s'adoucit pour ceux qui se font des lois et qui les observent.

Je ne répondis rien.

— Voulez-vous donc rester ici seule et abandonnée? Combien y a-t-il de temps que *votre mari* vous a quittée?

— Il ne m'a point quittée, répondis-je; nous vivons

ensemble ; il s'oppose à mon départ que je projette depuis long-temps, mais auquel je n'ai plus la force de penser.

Je retombai dans le silence ; il me donna le bras jusque chez moi. Je ne m'en aperçus qu'en arrivant. Je croyais être appuyée sur le bras de Leoni, et je travaillais à concentrer mes peines et à ne rien dire.

— Voulez-vous que je revienne demain savoir vos intentions ? me dit-il en me laissant sur le seuil.

— Oui, lui dis-je, sans penser qu'il pouvait rencontrer Leoni.

— A quelle heure ? demanda-t-il.

— Quand vous voudrez, lui répondis-je d'un air hébété.

Il vint le lendemain peu d'instants après que Leoni fut sorti. Je ne me souvenais plus de le lui avoir permis, et je me montrai si surprise de sa visite qu'il fut obligé de me le rappeler. Alors me revinrent à la mémoire quelques paroles que j'avais surprises entre Leoni et ses compagnons, mais dont le sens, resté vague dans mon esprit, me semblait applicable à Henryet et renfermer une menace de mort. Je frémis en songeant à quel danger je l'exposais. — Sortons, lui dis-je avec effroi, vous n'êtes point en sûreté ici. Il sourit, et sa figure exprima un profond mépris pour ce danger que je redoutais.

— Croyez-moi, dit-il en voyant que j'allais insister, l'homme dont vous parlez n'oserait lever le bras sur moi, puisqu'il n'ose pas seulement lever les yeux à la hauteur des miens.

Je ne pouvais entendre parler ainsi de Leoni. Malgré tous ses torts, toutes ses fautes, il était encore ce que j'avais de plus cher au monde. Je priai Henryet de ne point le traiter ainsi devant moi. — Accablez-moi de mépris, lui dis-je, reprochez-moi d'être une fille sans orgueil et sans cœur, d'avoir abandonné les meilleurs parents qui furent jamais et d'avoir foulé aux pieds toutes les lois qui sont imposées à mon sexe, je ne m'en offenserai pas ; je vous écouterai en pleurant, et je ne vous serai pas moins reconnaissante des offres de service que vous m'avez faites hier. Mais laissez-moi respecter le nom de Leoni ; c'est le seul bien que dans le secret de mon cœur je puisse encore opposer à l'anathème du monde.

— Respecter le nom de Leoni ! s'écria Henryet avec un rire amer ; pauvre femme ! Cependant j'y consentirai si vous voulez partir pour Bruxelles. Allez consoler votre mère, rentrez dans la voie du devoir, et je vous promets de laisser en paix le misérable qui vous a perdue et que je pourrais briser comme une paille.

— Retourner auprès de ma mère ! répondis-je. Oh ! oui, mon cœur me le commande à chaque instant ; mais retourner à Bruxelles, mon orgueil me le défend. De quelle manière y serais-je traitée par toutes ces femmes qui ont été jalouses de mon éclat, et qui maintenant se réjouissent de mon abaissement !

— Je crains, Juliette, reprit-il, que ce ne soit pas votre meilleure raison. Votre mère a une maison de campagne où vous pourriez vivre avec elle loin de la société impitoyable. Avec votre fortune, vous pourriez vivre partout ailleurs encore où votre disgrâce ne serait pas connue, et où votre beauté et votre douceur vous feraient bientôt de nouveaux amis. Mais vous ne voulez pas quitter Léoni, convenez-en.

— Je le veux, lui répondis-je en pleurant, mais je ne le peux pas.

— Malheureuse, malheureuse entre toutes les femmes! dit Henryet avec tristesse; vous êtes bonne et dévouée, mais vous manquez de fierté. Là où il n'y a pas de noble orgueil il n'y a pas de ressources. Pauvre créature faible, je vous plains de toute mon âme, car vous avez profané votre cœur, vous l'avez souillé au contact d'un cœur infâme, vous avez courbé la tête sous une main vile, vous aimez un lâche! Je me demande comment j'ai pu vous aimer autrefois, mais je me demande aussi comment je pourrais à présent ne pas vous plaindre.

— Mais enfin, lui dis-je, effrayée et consternée de son air et de son langage, qu'a donc fait Leoni pour que vous vous croyiez le droit de le traiter ainsi?

— Doutez-vous de ce droit, madame? Voulez-vous me dire pourquoi Leoni, qui est brave (cela est incontestable) et qui est le premier tireur d'armes que je connaisse, ne s'est jamais avisé de me chercher querelle, à moi qui n'ai jamais touché une épée de ma vie, et qui l'ai chassé de Paris avec un mot, de Bruxelles avec un regard?

— Cela est inconcevable, dis-je avec accablement.

— Est-ce que vous ne savez pas de qui vous êtes la maîtresse? reprit Henryet avec force; est-ce que personne ne vous a raconté les aventures merveilleuses du chevalier Leone? est-ce que vous n'avez jamais rougi d'avoir été sa complice et de vous être sauvée avec un escroc en pillant la boutique de votre père?

Je laissai échapper un cri douloureux et je cachai mon visage dans mes mains; puis je relevai la tête en m'écriant de toutes mes forces : — Cela est faux! je n'ai jamais fait une telle bassesse; Leoni n'en est pas plus capable que moi. Nous n'avions pas fait quarante lieues sur la route de Genève que Leoni s'est arrêté au milieu de la nuit, a demandé un coffre et y a mis tous les bijoux pour les renvoyer à mon père.

— Êtes-vous sûre qu'il l'ait fait? demanda Henryet en riant avec mépris.

— J'en suis sûre! m'écriai-je; j'ai vu le coffre, j'ai vu Leoni y serrer les diamants.

— Et vous êtes sûre que le coffre ne vous a pas suivis tout le reste du voyage? vous êtes sûre qu'il n'a point été déballé à Venise?

Ces mots furent enfin pour moi un trait de lumière si éblouissant que je ne pus m'y soustraire. Je me rappelai tout à coup ce que j'avais cherché en vain à ressaisir dans mes souvenirs : la première circonstance où mes yeux avaient fait connaissance avec ce fatal coffret. En ce moment les trois époques de son apparition me furent présentes et se lièrent logiquement entre elles pour me forcer à une conclusion écrasante : premièrement la nuit passée dans le château mystérieux où j'avais vu Leoni mettre les diamants dans ce coffre; en second lieu la dernière nuit passée au chalet suisse, où j'avais vu Leoni déterrer mystérieusement son trésor confié à la terre; troisièmement la seconde journée de notre séjour à Venise, où j'avais trouvé le coffre vide et l'épingle de diamants par terre dans un reste de coton d'emballage. La visite du juif Thadée et les cinq cent mille francs que, d'après l'entretien surpris par moi entre Leoni et ses compagnons, il lui avait comptés à notre arrivée à Venise, coïncidaient parfaitement avec le souvenir de cette matinée. Je me tordis les mains, et, les levant vers le ciel : — Ainsi, m'écriai-je en me parlant à moi-même, tout est perdu, jusqu'à l'estime de ma mère; tout est empoisonné, jusqu'au souvenir de la Suisse ! Ces six mois d'amour et de bonheur étaient consacrés à recéler un vol !

— Et à mettre en défaut les recherches de la justice, ajouta Henryet.

— Mais non ! mais non ! repris-je avec égarement en le regardant comme pour l'interroger ; il m'aimait ! il est sûr qu'il m'a aimée ! Je ne peux pas songer à ce temps-là sans retrouver la certitude de son amour. C'était un voleur qui avait dérobé une fille et une cassette, et qui aimait l'une et l'autre.

Henryet haussa les épaules ; je m'aperçus que je divaguais ; et, cherchant à ressaisir ma raison, je voulus absolument savoir la cause de cet ascendant inconcevable qu'il exerçait sur Leoni.

— Vous voulez le savoir ? me dit-il. Et il réfléchit un instant. Puis il reprit : — Je vous le dirai, je puis vous le dire ; d'ailleurs il est impossible que vous ayez vécu un an avec lui sans vous en douter. Il a dû faire assez de dupes à Venise sous vos yeux...

— Faire des dupes ! lui ! comment ? Oh ! prenez garde à ce que vous dites, Henryet ; il est déjà assez chargé d'accusations.

— Je vous crois encore incapable d'être sa complice, Juliette ; mais prenez garde de le devenir ; prenez garde à votre famille. Je ne sais pas jusqu'à quel point on peut être impunément la maîtresse d'un fripon.

— Vous me faites mourir de honte, monsieur ; vos paroles sont cruelles ; achevez donc votre ouvrage et déchirez tout à fait mon cœur en m'apprenant ce qui vous donne pour ainsi dire droit de vie et de mort sur Leoni. Où l'avez-vous connu ? que savez-vous de sa vie passée ? Je n'en sais rien, moi, hélas ! j'ai vu en lui tant de choses contradictoires que je ne sais plus s'il est riche ou pauvre, s'il est noble ou plébéien ; je ne sais même pas si le nom qu'il porte lui appartient.

— C'est la seule chose que le hasard, répondit Henryet, lui ait épargné la peine de voler. Il s'appelle en effet Leone Leoni, et sort d'une des plus nobles maisons de Venise. Son père avait encore quelque fortune et possédait le palais que vous venez d'habiter. Il avait une tendresse illimitée pour ce fils unique dont les précoces dispositions annonçaient une organisation supérieure. Leoni fut élevé avec soin, et, dès l'âge de quinze ans, parcourut la moitié de l'Europe avec son gouverneur. En cinq ans il apprit, avec une incroyable facilité, la langue, les mœurs et la littérature des peuples qu'il traversa. La mort de son père le ramena à Venise avec son gouverneur. Ce gouverneur était l'abbé Zanini, que vous avez pu voir souvent chez vous cet hiver. Je ne sais si vous l'avez bien jugé ; c'est un homme d'une imagination vive, d'une finesse exquise, d'une instruction immense, mais d'une immoralité incroyable et d'une lâcheté certaine sous les dehors hypocrites de la tolérance et du bon sens. Il avait naturellement dépravé la conscience de son élève, et avait remplacé en lui les notions du juste et de l'injuste par une prétendue science de la vie qui consistait à faire toutes les folies amusantes, toutes les fautes profitables, toutes les bonnes et mauvaises actions qui pouvaient tenter le cœur humain. J'ai connu ce Zanini à Paris, et je me souviens de lui avoir entendu dire qu'il fallait savoir faire le mal pour savoir faire le bien, savoir jouir dans le vice pour savoir jouir dans la vertu. Cet homme, plus prudent, plus habile et plus froid que Leoni, lui est beaucoup supérieur dans sa science ; et Leoni, emporté par ses passions ou dérouté par ses caprices, ne le suit que de loin et en faisant mille écarts qui doivent le perdre dans la société, et qui l'ont déjà perdu, puisqu'il est désormais à la discrétion de quelques complices cupides et de quelques honnêtes gens dont il lassera la générosité.

Un froid mortel glaçait mes membres tandis qu'Henryet parlait ainsi. Je fis un effort pour écouter le reste.

XVI.

— A vingt ans, reprit Henryet, Leoni se trouva donc à la tête d'une fortune assez honorable, et entièrement maître de ses actions. Il était dans la plus facile position pour faire le bien ; mais il trouva son patrimoine au-dessous de son ambition, et, en attendant qu'il élevât une fortune égale à ses désirs sur je ne sais quels projets insensés ou coupables, il dévora en deux ans tout son héritage. Sa maison, qu'il fit décorer avec la richesse que vous avez vue, fut le rendez-vous de tous les jeunes gens dissipés et de toutes les femmes perdues de l'Italie. Beaucoup d'étrangers, amateurs de la vie élégante, y furent accueillis ; et c'est ainsi que Leoni, lié déjà par ses voyages avec beaucoup de gens comme il faut, établit dans tous les pays les relations les plus brillantes et s'assura les protections les plus utiles.

Dans cette nombreuse société durent s'introduire, comme il arrive partout, des intrigants et des escrocs. J'ai vu à Paris, autour de Leoni, plusieurs figures qui m'ont inspiré de la méfiance, et que je soupçonne aujourd'hui devoir former avec lui et le marquis de... une affiliation de filous de bonne compagnie. Cédant à leurs conseils, aux leçons de Zanini ou à ses dispositions naturelles, le jeune Leoni dut s'exercer à tricher au jeu. Ce qu'il y a de certain, c'est qu'il acquit ce talent à un degré éminent, et qu'il l'a probablement mis en usage dans toutes les villes de l'Europe sans exciter la moindre méfiance. Lorsqu'il fut absolument ruiné, il quitta Venise et se mit à voyager de nouveau en aventurier. Ici le fil de son histoire m'échappe. Zanini, par qui j'ai su une partie de ce que je viens de vous raconter, prétendait l'avoir perdu de vue depuis ce moment, et n'avoir appris que par une correspondance souvent interrompue les mille changements de fortune et les mille intrigues de Leoni dans le monde. Il s'excusait d'avoir formé un tel élève en disant que Leoni avait pris à côté de sa doctrine; mais il excusait l'élève en louant l'habileté incroyable, la force d'âme et la présence d'esprit avec laquelle il avait conjuré le sort, traversé et vaincu l'adversité. Enfin Leoni vint à Paris avec son ami fidèle, le marquis de... que vous connaissez, et c'est là que j'eus l'occasion de le voir et de le juger.

Ce fut Zanini qui le présenta chez la princesse de X..., dont il élevait les enfants. La supériorité d'esprit de cet homme l'avait depuis plusieurs années établi dans la société de la princesse sur un pied moins subalterne que les gouverneurs ne le sont d'ordinaire dans les grandes maisons. Il faisait les honneurs du salon, tenait le haut de la conversation, chantait admirablement, et dirigeait les concerts.

Leoni, grâce à son esprit et à ses talents, fut accueilli avec empressement et bientôt recherché avec enthousiasme. Il exerça à Paris sur certaines coteries l'empire que vous lui avez vu exercer sur toute une ville de province. Il s'y comportait magnifiquement, jouait rarement, mais toujours pour perdre des sommes immenses que gagnait généralement le marquis de.... Ce marquis fut présenté peu de temps après lui par Zanini. Quoique compatriote de Leoni, il feignait de ne pas le connaître ou affectait d'avoir de l'éloignement pour lui. Il racontait à l'oreille de tout le monde qu'ils avaient été en rivalité d'amour à Venise, et que, bien que guéris l'un et l'autre de leur passion, ils ne l'étaient point de leur inimitié. Grâce à cette fourberie, personne ne les soupçonnait d'être d'accord pour exercer leur industrie.

Ils l'exercèrent durant tout un hiver sans inspirer le moindre soupçon. Ils perdaient quelquefois immensément l'un et l'autre, mais plus souvent ils gagnaient, et ils menaient, chacun de son côté, un train de prince. Un jour un de mes amis, qui perdait énormément contre Leoni, surprit un signe imperceptible entre lui et le marquis vénitien. Il garda le silence et les observa tous deux pendant plusieurs jours avec attention. Un soir que nous avions parié du même côté et que nous perdions toujours, il s'approcha de moi et me dit : — Regardez ces deux Italiens ; j'ai la conviction et presque la certitude qu'ils s'entendent pour tricher. Je quitte demain Paris pour une affaire extrêmement pressée ; je vous laisse le soin d'approfondir ma découverte et d'en avertir vos amis, s'il y a lieu. Vous êtes un homme sage et prudent ; vous n'agirez pas, j'espère, sans bien savoir ce que vous faites. En tout cas, si vous avez quelque affaire avec ces gens-là, ne manquez pas de me nommer à eux comme le premier qui les ait accusés, et écrivez-moi ; je me charge de vider la querelle avec un des deux. Il me laissa son adresse et partit. J'examinai les deux chevaliers d'industrie, et j'acquis la certitude que mon ami ne s'était pas trompé. J'arrivai à l'entière découverte de leur mauvaise foi précisément à une soirée chez la princesse de X.... Je pris aussitôt Zanini par le bras, et l'entraînant à l'écart : — Connaissez-vous bien, lui demandai-je, les deux Vénitiens que vous avez présentés ici ?

— Parfaitement, me répondit-il avec beaucoup d'aplomb ; j'ai été le gouverneur de l'un, je suis l'ami de l'autre.

— Je vous en fais mon compliment, lui dis-je, ce sont deux escrocs. Je lui fis cette réponse avec tant d'assurance, qu'il changea de visage, malgré sa grande habitude de dissimulation. Je le soupçonnais d'avoir un intérêt dans leur gain, et je lui déclarai que j'allais démasquer ses deux compatriotes. Il se troubla tout à fait et me supplia avec instance de ne pas le faire. Il essaya de me persuader que je me trompais. Je le priai de me conduire dans sa chambre avec le marquis. Là je m'expliquai en peu de mots très-clairs, et le marquis, au lieu de se disculper, pâlit et s'évanouit. Je ne sais si cette scène fut jouée par lui et l'abbé, mais ils me conjurèrent avec tant de douleur, le marquis me marqua tant de honte et de remords, que j'eus la bonhomie de me laisser fléchir. J'exigeai seulement qu'il quittât la France avec Leoni sur-le-champ. Le marquis promit tout ; mais je voulus moi-même faire la même injonction à son complice : je lui ordonnai de le faire monter. Il se fit longtemps attendre ; enfin il arriva, non pas humble et tremblant comme l'autre, mais frémissant de rage et serrant les poings. Il pensait peut-être m'intimider par son insolence ; je lui répondis que j'étais prêt à lui donner toutes les satisfactions qu'il voudrait, mais que je commencerais par l'accuser publiquement. J'offris en même temps au marquis la réparation de mon ami aux mêmes conditions. L'impudence de Leoni fut déconcertée. Ses compagnons lui firent sentir qu'il était perdu s'il résistait. Il prit son parti, non sans beaucoup de résistance et de fureur, et tous deux quittèrent la maison sans reparaître au salon. Le marquis partit le lendemain pour Gênes, Leoni pour Bruxelles. J'étais resté seul avec Zanini dans sa chambre ; je lui fis comprendre les soupçons qu'il m'inspirait et le dessein que j'avais de le dénoncer à la princesse. Comme je n'avais point de preuves certaines contre lui, il fut moins humble et moins suppliant que le marquis ; mais je vis qu'il n'était pas moins effrayé. Il mit en œuvre toutes les ressources de son esprit pour conquérir ma bienveillance et ma discrétion. Je lui fis avouer pourtant qu'il connaissait jusqu'à un certain point les turpitudes de son élève, et je le forçai de me raconter son histoire. En ceci Zanini manqua de prudence : il aurait dû soutenir obstinément qu'il les ignorait ; mais la dureté avec laquelle je le menaçais de dévoiler les hôtes qu'il avait introduits lui fit perdre la tête. Je le quittai avec la conviction qu'il était un drôle aussi lâche, mais plus circonspect que les deux autres. Je lui gardai le secret par prudence pour moi-même. Je craignais que l'ascendant qu'il avait sur la princesse X..... ne l'emportât sur ma loyauté, qu'il n'eût l'habileté de me faire passer auprès d'elle pour un imposteur ou pour un fou, et qu'il ne rendît ma conduite ridicule. J'étais las de cette sale aventure. Je n'y pensai plus et quittai Paris trois mois après. Vous savez quelle fut la première personne que mes yeux cherchèrent dans le bal de Delpech. J'étais encore amoureux de vous, et arrivé depuis une heure j'ignorais que vous alliez vous marier. Je vous découvris au milieu de la foule; je m'approchai de vous et je vis Leoni à vos côtés. Je crus faire un rêve, je crus qu'une ressemblance m'abusait. Je fis des questions, et je m'assurai que votre fiancé était le chevalier d'industrie qui m'avait volé trois ou quatre cents louis. Je n'espérai point le supplanter, je crois même que je ne le désirais pas. Succéder dans votre cœur à un pareil homme, essuyer peut-être sur vos joues la trace de ses baisers était une pensée qui glaçait mon amour. Mais je jurai qu'une fille innocente et qu'une honnête famille ne seraient pas dupes d'un misérable. Vous savez que notre explication ne fut ni longue ni verbeuse; mais votre fatale passion fit échouer l'effort que je faisais pour vous sauver.

Henryet se tut. Je baissai la tête, j'étais accablée; il me semblait que je ne pourrais plus regarder personne en face. Henryet continua :

— Leoni se tira fort habilement d'affaire en enlevant sa fiancée sous mes yeux, c'est-à-dire le million en diamants qu'elle portait sur elle. Il vous cacha, vous et vos joyaux, je ne sais où. Au milieu des larmes répandues sur le sort de sa fille, votre père pleura un peu ses belles pierreries si bien montées. Un jour il lui arriva de dire naïvement devant moi que ce qui lui faisait le plus de peine dans ce vol, c'est que les diamants seraient vendus à moitié prix à quelque juif et que ces belles montures, si bien travaillées, seraient brisées et fondues par le receleur qui ne voudrait pas se compromettre.— C'était bien la peine de faire un tel travail! disait-il en pleurant; c'était bien la peine d'avoir une fille et de tant l'aimer!

— Il paraît que votre père eut raison; car avec le produit de son rapt, Leoni ne trouva moyen de briller à Venise que trois mois. Le palais de ses pères avait été vendu, et maintenant il était à louer. Il le loua et rétablit, dit-on, son nom sur la corniche de la cour intérieure, n'osant pas le mettre sur la porte principale. Comme il n'est décidément connu pour un filou que par très-peu de personnes, sa maison fut de nouveau le rendez-vous de beaucoup d'hommes comme il faut, qui sans doute y furent dupés par ses associés. Mais peut-être la crainte qu'il avait d'être découvert l'empêcha-t-elle de se joindre à eux, car il fut bientôt ruiné de nouveau. Il se contenta sans doute de tolérer le brigandage que ces scélérats commettaient chez lui ; il est à leur merci, et n'oserait se défaire de ceux qu'il déteste le plus. Maintenant il est, comme vous le savez, l'amant en titre de la princesse Zagarolo ; cette dame, qui a été fort belle, est désormais flétrie et condamnée à mourir prochainement d'une maladie de poitrine... On pense qu'elle léguera tous ses biens à Leoni, qui feint pour elle un amour violent, et qu'elle aime elle-même avec passion. Il guette l'heure de son testament. Alors vous redeviendrez riche, Juliette. Il a dû vous le dire : encore un peu de patience, et vous remplacerez la princesse dans sa loge au spectacle, vous irez à la promenade dans ses voitures, dont vous ferez seulement changer l'écusson ; vous serrerez votre amant dans vos bras sur le lit magnifique où elle sera morte, vous pourrez même porter ses robes et ses diamants.

Le cruel Henryet en dit peut-être davantage, mais je n'entendis plus rien ; je tombai à terre dans des convulsions terribles.

XVII.

Quand je revins à moi, je me trouvai seule avec Leoni. J'étais couchée sur un sofa. Il me regardait avec tendresse et avec inquiétude.

— Mon âme, me dit-il lorsqu'il me vit reprendre l'usage de mes sens, dis-moi ce que tu as ! Pourquoi t'ai-je trouvée dans un état si effrayant ? Où souffres-tu ? Quelle nouvelle douleur as-tu éprouvée ?

— Aucune, lui répondis-je. Et je disais vrai, car en ce moment je ne me souvenais plus de rien.

— Tu me trompes, Juliette, quelqu'un t'a fait de la peine. La servante qui était auprès de toi quand je suis arrivé m'a dit qu'un homme était venu te voir ce matin; qu'il était resté long-temps avec toi, et qu'en sortant il avait recommandé qu'on te portât des soins. Quel est cet homme, Juliette ?

Je n'avais jamais menti de ma vie, il me fut impossible de répondre. Je ne voulais pas nommer Henryet. Leoni fronça le sourcil. — Un mystère ! dit-il, un mystère entre nous ! je ne t'en aurais jamais crue capable. Mais tu ne connais personne ici ?... Est-ce que ?... Si c'était lui, il n'y aurait pas assez de sang dans ses veines pour laver son insolence... Dis-moi la vérité, Juliette, est-ce que Chalm est venu te voir ? est-ce qu'il t'a encore poursuivie de ses viles propositions et de ses calomnies contre moi ?

— Chalm ! lui dis-je, est-ce qu'il est à Milan ? Et j'éprouvai un sentiment d'effroi qui dut se peindre sur ma figure, car Leoni vit que j'ignorais l'arrivée du vicomte.

— Si ce n'est pas lui, dit-il en se parlant à lui-même, qui peut être ce faiseur de visites qui reste trois heures enfermé avec ma femme et qui la laisse évanouie? Le marquis ne m'a pas quitté de la journée.

— O ciel! m'écriai-je, tous vos odieux compagnons sont donc ici! Faites, au nom du ciel, qu'ils ne sachent pas où je demeure et que je ne les voie pas.

— Mais quel est donc l'homme que vous voyez et à qui vous ne refusez pas l'entrée de votre chambre? dit Leoni, qui devenait de plus en plus pensif et pâle. Juliette, répondez-moi, je le veux, entendez-vous?

Je sentis combien ma position devenait affreuse. Je joignis mes mains en tremblant et j'invoquai le ciel en silence.

— Vous ne répondez pas, dit Leoni. Pauvre femme! vous n'avez guère de présence d'esprit. Vous avez un amant, Juliette! Vous n'avez pas tort, puisque j'ai une maîtresse. Je suis un sot de ne pouvoir le souffrir quand vous acceptez le partage de mon cœur et de mon lit. Mais il est certain que je ne puis être aussi généreux. Adieu.

Il prit son chapeau et mit ses gants avec une froideur convulsive, tira sa bourse, la posa sur la cheminée, et sans m'adresser un mot de plus, sans jeter un regard sur moi, il sortit. Je l'entendis s'éloigner d'un pas égal et descendre l'escalier sans se presser.

La surprise, la consternation et la peur m'avaient glacé le sang. Je crus que j'allais devenir folle; je mis mon mouchoir dans ma bouche pour étouffer mes cris, et puis, succombant à la fatigue, je retombai dans un accablement stupide.

Au milieu de la nuit j'entendis du bruit dans ma chambre; j'ouvris les yeux et je vis, sans comprendre ce que je voyais, Leoni qui se promenait avec agitation, et le marquis assis à une table et vidant une bouteille d'eau-de-vie. Je ne fis pas un mouvement. Je n'eus pas l'idée de chercher à savoir ce qu'ils faisaient là ; mais peu à peu leurs paroles, en frappant mes oreilles, arrivèrent jusqu'à mon intelligence et prirent un sens.

— Je te dis que je l'ai vu et que j'en suis sûr, disait le marquis. Il est ici.

— Le chien maudit ! répondit Leoni en frappant du pied ; que la terre s'ouvre et m'en débarrasse !

— Bien dit ! reprit le marquis. Je suis de cet avis-là.

— Il vient jusque dans ma chambre tourmenter cette malheureuse femme !

— Es-tu sûr, Leoni, qu'elle n'en soit pas fort aise?

— Tais-toi, vipère ! et n'essaie pas de me faire soupçonner cette infortunée. Il ne lui reste au monde que mon estime.

— Et l'amour de M. Henryet, reprit le marquis.

Leoni serra les poings. — Nous la débarrasserons de cet amour-là, s'écria-t-il, et nous en guérirons le Flamand.

— Ah çà, Leone, ne va pas faire de sottise !

— Et toi, Lorenzo, ne va pas faire d'infamie.

— Tu appellerais cela une infamie, toi ? nous n'avons guère les mêmes idées. Tu conduis tranquillement au tombeau la Zagarolo pour hériter de ses biens, et tu trouverais mauvais que je misse en terre un ennemi dont l'existence paralyse à jamais la nôtre ! Il te semble tout simple, malgré la défense des médecins, de hâter par ta tendresse généreuse le terme des maux de ta chère phthisique....

— Va-t'en au diable ! Si cette enragée veut vivre vite et mourir bientôt, pourquoi l'en empêcherais-je ? Elle est assez belle pour me trouver obéissant, et je ne l'aime pas assez pour lui résister.

— Quelle horreur ! murmurai-je malgré moi, et je retombai sur mon oreiller.

— Ta femme a parlé, je crois, dit le marquis.

— Elle rêve, répondit Leoni, elle a la fièvre.

— Es-tu sûr qu'elle ne nous écoute pas?

— Il faudrait d'abord qu'elle eût la force de nous entendre. Elle est bien malade aussi, la pauvre Juliette ! Elle ne se plaint pas, elle ! elle souffre seule. Elle n'a pas vingt femmes pour la servir, elle ne paie pas de courtisans pour satisfaire ses fantaisies maladives ; elle meurt saintement et chastement comme une victime expiatoire entre le ciel et moi. — Leoni s'assit sur la table et fondit en larmes.

— Voilà l'effet de l'eau-de-vie, dit tranquillement le marquis en portant son verre à sa bouche ; je te l'avais prédit, cela te porte toujours aux nerfs.

— Laisse-moi, bête brute ! s'écria Leoni en poussant la table, qui faillit tomber sur le marquis ; laisse-moi pleurer. Tu ne sais pas ce que c'est que le remords, toi; tu ne sais pas ce que c'est que l'amour !

— L'amour! dit le marquis d'un ton théâtral en contrefaisant Leoni, le remords ! voilà des mots bien sonores et très-dramatiques. Quand mets-tu Juliette à l'hôpital ?

— Oui, tu as raison, lui dit Leoni avec un désespoir sombre, parle-moi ainsi, je l'aime mieux. Cela me convient, je suis capable de tout. A l'hôpital! oui. Elle était si belle, si éblouissante! je suis venu, et voilà où je la conduis ! Ah ! je m'arracherais les cheveux.

— Allons, dit le marquis après un silence, as-tu fait assez de sentiment aujourd'hui ? Tudieu! la crise a été longue... Raisonnons à présent : ce n'est pas sérieusement que tu veux te battre avec Henryet ?

— Très-sérieusement, répondit Leoni ; tu parles bien sérieusement de l'assassiner.

— C'est très-différent.

— C'est absolument la même chose. Il ne connaît l'usage d'aucune arme, et je suis de première force pour toutes.

— Excepté pour le stylet, reprit le marquis, ou pour le pistolet à bout portant ; d'ailleurs tu ne tues que les femmes.

— Je tuerai au moins cet homme-là, répondit Leoni.

— Et tu crois qu'il consentira à se battre avec toi ?

— Il acceptera, il est brave.

— Mais il n'est pas fou. Il commencera par nous faire arrêter comme deux voleurs.

— Il commencera par me rendre raison. Je l'y forcerai bien, je lui donnerai un soufflet en plein spectacle.

— Il te le rendra en t'appelant faussaire, escroc, fileur de cartes.

— Il faudra qu'il le prouve. Il n'est pas connu ici, tandis que nous y sommes établis d'une manière brillante. Je le traiterai de lunatique et de visionnaire ; et quand je l'aurai tué, tout le monde pensera que j'avais raison.

— Tu es fou, mon cher, répondit le marquis ; Henryet est recommandé aux négociants les plus riches de l'Italie. Sa famille est bien connue et bien famée dans le commerce. Lui-même a sans doute des amis dans la ville, ou au moins des connaissances auprès de qui son témoignage aura du poids. Il se battra demain soir, je suppose. Eh bien ! la journée lui aura suffi pour déclarer à vingt personnes qu'il se bat contre toi parce qu'il t'a vu tricher, et que tu trouves mauvais qu'il ait voulu t'en empêcher.

— Eh bien ! il le dira, on le croira, mais je le tuerai.

— La Zagarolo te chassera et déchirera son testament. Tous les nobles te fermeront leur porte, et la police te priera d'aller faire l'agréable sur un autre territoire.

— Eh bien ! j'irai ailleurs. Le reste de la terre m'appartiendra quand je me serai délivré de cet homme.

— Oui, et de son sang sortira une jolie petite pépinière d'accusateurs. Au lieu de M. Henryet, tu auras toute la ville de Milan à ta poursuite.

— O ciel ! comment faire ? dit Leoni avec angoisse.

— Lui donner un rendez-vous de la part de ta femme, et lui calmer le sang avec un bon couteau de chasse. Donne-moi ce bout de papier qui est là-bas, je vais lui écrire.

Leoni, sans l'écouter, ouvrit une fenêtre et tomba dans la rêverie, tandis que le marquis écrivait. Quand il eut fini, il l'appela.

— Écoute, Leoni, et vois si je m'entends à écrire un billet doux :

« Mon ami, je ne puis plus vous recevoir chez moi ; » Leoni sait tout et me menace des plus horribles trai- » tements, emmenez-moi ou je suis perdue. Conduisez- » moi à ma mère, ou jetez-moi dans un couvent ; faites » de moi ce qu'il vous plaira, mais arrachez-moi à l'af- » freuse situation où je suis. Trouvez-vous demain de- » vant le portail de la cathédrale à une heure du matin, » nous concerterons notre départ. Il me sera facile d'al- » ler vous trouver, Leoni passe toutes les nuits chez la » Zagarolo. Ne soyez pas étonné de cette écriture bi-

» zarre et presque illisible. Leoni, dans un accès de co-
» lère, m'a presque démis la main droite. Adieu.

» JULIETTE RUYTER. »

— Il me semble que cette lettre est prudemment conçue, ajouta le marquis, et peut sembler vraisemblable au Flamand, quel que soit le degré de son intimité avec ta femme. Les paroles que tantôt dans son délire elle croyait lui adresser nous donnent la certitude qu'il lui a offert de la conduire dans son pays..... L'écriture est informe, et qu'il connaisse ou non celle de Juliette...

— Voyons, dit Leoni d'un air attentif en se penchant sur la table.

Sa figure avait une expression effrayante de doute et de persuasion. Je n'en vis pas davantage. Mon cerveau était épuisé, mes idées se confondirent. Je retombai dans une sorte de léthargie.

XVIII.

QUAND je revins à moi, la lumière vague de la lampe éclairait les mêmes objets. Je me soulevai lentement, je vis le marquis à la même place où je l'avais vu en perdant connaissance. Il faisait encore nuit. Il y avait encore des bouteilles sur la table, une écritoire et quelque chose que je ne distinguais pas bien et qui ressemblait à des armes. Leoni était debout dans la chambre. Je tâchai de me souvenir de leur conversation précédente. J'espérais que les lambeaux hideux qui m'en revenaient à la mémoire étaient autant de rêves fébriles, et je ne sus pas d'abord qu'entre cette conversation et celle qui commençait vingt-quatre heures s'étaient écoulées. Les premiers mots dont je pus me rendre compte furent ceux-ci :

— Il fallait qu'il se méfiât de quelque chose, car il était armé jusqu'aux dents. En parlant ainsi, Leoni essuyait avec un mouchoir sa main ensanglantée.

— Bah ! ce que tu as n'est qu'une égratignure, dit le marquis, je suis blessé plus sérieusement à la jambe ; et il faudra pourtant que je danse demain au bal, afin qu'on ne s'en doute pas. Laisse donc ta main, panse-la et songe à autre chose.

— Il m'est impossible de songer à autre chose qu'à ce sang. Il me semble que j'en vois un lac autour de moi.

— Tu as les nerfs trop délicats, Leoni ; tu n'es bon à rien.

— Canaille ! dit Leoni d'un ton de haine et de mépris, sans moi tu étais mort ; tu reculais lâchement, et tu dois être frappé par-derrière. Si je ne t'avais vu perdu, et si ta perte n'eût entraîné la mienne, jamais je n'aurais touché à cet homme à pareille heure et en pareil lieu. Mais ta féroce obstination m'a forcé à être ton complice. Il ne me manquait plus que de commettre un assassinat pour être digne de ta société.

— Ne fais pas le modeste, reprit le marquis ; quand tu as vu qu'il se défendait, tu es devenu un tigre.

— Ah oui ! cela me réjouissait le cœur de le voir mourir en se défendant ; car enfin je l'ai tué loyalement.

— Très-loyalement : il avait remis la partie au lendemain ; et comme tu étais pressé d'en finir, tu l'as tué tout de suite.

— A qui la faute, traître ? Pourquoi t'es-tu jeté sur lui au moment où nous nous séparions avec la parole l'un de l'autre ? Pourquoi t'es-tu enfui en voyant qu'il était armé, et m'as-tu forcé ainsi à te défendre ou à être dénoncé par lui demain pour l'avoir attiré, de concert avec toi, dans un guet-apens, afin de l'assassiner? A l'heure qu'il est, j'ai mérité l'échafaud, et pourtant je ne suis point un meurtrier. Je me suis battu à armes égales, à chance égale, à courage égal.

— Oui, il s'est très-bien défendu, dit le marquis; vous avez fait l'un et l'autre des prodiges de valeur. C'était une chose très-belle à voir et vraiment homérique que ce duel au couteau. Mais je dois dire pourtant que, pour un Vénitien, tu manies cette arme misérablement.

— Il est vrai que ce n'est pas l'arme dont je suis habitué à me servir, et à propos je pense qu'il serait prudent de cacher ou d'anéantir celle-ci.

— Grande sottise! mon ami. Il faut bien t'en garder; tes laquais et tes amis savent tous que tu portes en tout temps cette arme sur toi; si tu la faisais disparaître, ce serait un indice contre nous.

— C'est vrai. Mais la tienne?

— La mienne est vierge de son sang; mes premiers coups ont porté à faux, et ensuite les tiens ne m'ont pas laissé de place.

— Ah! ciel! c'est encore vrai. Tu as voulu l'assassiner, et la fatalité m'a contraint de faire moi-même l'action dont j'avais horreur.

— Cela te plaît à dire, mon cher; tu venais de très-bon cœur au rendez-vous.

— C'est que j'avais en effet le pressentiment instinctif de ce que mon mauvais génie allait me faire commettre... Après tout, c'était ma destinée et la sienne. Nous voilà donc délivrés de lui! Mais pourquoi, diable! as-tu vidé ses poches?

— Précaution et présence d'esprit de ma part. En le trouvant dépouillé de son argent et de son portefeuille, on cherchera l'assassin dans la plus basse classe, et jamais on ne soupçonnera des gens comme il faut. Cela passera pour un acte de brigandage, et non pour une vengeance particulière. Ne te trahis pas toi-même par une sotte émotion lorsque tu entendras parler demain de l'événement, et nous n'avons rien à craindre. Approche la bougie, que je brûle ces papiers ; quant à l'argent monnayé, cela n'a jamais compromis personne.

— Arrête ! dit Leoni en saisissant une lettre que le marquis allait brûler avec les autres. J'ai vu là le nom de famille de Juliette.

— C'est une lettre à madame Ruyter, dit le marquis. Voyons :

« Madame, s'il en est temps encore, si vous n'êtes
» point partie dès hier en recevant la lettre par laquelle
» je vous appelais auprès de votre fille, ne partez point.
» Attendez-la ou venez à sa rencontre jusqu'à Stras-
» bourg ; je vous y ferai chercher en arrivant. J'y serai
» avec mademoiselle Ruyter avant peu de jours. Elle est
» décidée à fuir l'infamie et les mauvais traitements de
» son séducteur. Je viens de recevoir d'elle un billet
» qui m'annonce enfin cette résolution. Je dois la voir
» cette nuit pour fixer le moment de notre départ. Je
» laisserai toutes mes affaires pour profiter de la bonne
» disposition où elle est et où les flatteries de son amant
» pourraient bien ne pas la laisser toujours. L'empire
» qu'il a sur elle est encore immense. Je crains que la
» passion qu'elle a pour ce misérable ne soit éternelle,
» et que son regret de l'avoir quitté ne vous fasse ver-
» ser encore bien des larmes à toutes deux. Soyez indul-
» gente et bonne avec elle ; c'est votre rôle de mère, et
» vous le remplirez aisément. Pour moi, je suis rude ;
» et mon indignation s'exprime plus facilement que ma

» pitié. Je voudrais être plus persuasif ; mais je ne puis
» être plus aimable, et ma destinée n'est pas d'être
» aimé.

» PAUL HENRYET. »

— Ceci te prouve, ô mon ami ! dit le marquis d'un ton moqueur en présentant cette lettre à la flamme de la bougie, que ta femme est fidèle et que tu es le plus heureux des époux.

— Pauvre femme ! dit Leoni, et pauvre Henryet ! Il l'aurait rendue heureuse, lui ! Il l'aurait respectée et honorée du moins ! Quelle fatalité l'a donc jetée dans les bras d'un méchant coureur d'aventures, poussé vers elle par le destin d'un bout du monde à l'autre, lorsqu'elle avait sous la main le cœur d'un honnête homme ! Aveugle enfant ! pourquoi m'as-tu choisi ?

— Charmant ! dit le marquis ironiquement. J'espère que tu vas faire à ce propos quelques vers. Une jolie épitaphe pour l'homme que tu as massacré ce soir me semblerait une chose de bon goût et tout à fait neuve.

— Oui, je lui en ferai une, dit Leoni, et le texte sera celui-ci :

« Ici repose un honnête homme qui voulut se faire
» le défenseur de la justice humaine contre deux scé-
» lérats, et que la justice divine a laissé égorger par
» eux. »

Leoni tomba dans une rêverie douloureuse pendant laquelle il murmurait sans cesse le nom de sa victime.

— Paul Henryet ! disait-il. Vingt-deux ou vingt-quatre ans tout au plus. Une figure froide, mais belle. Un caractère roide et probe. La haine de l'injustice. L'orgueil brutal de l'honnêteté, et pourtant quelque chose de tendre et de mélancolique. Il aimait Juliette, il l'a toujours aimée. Il combattait en vain sa passion. Je vois par cette lettre qu'il l'aimait encore, et qu'il l'aurait adorée s'il avait pu la guérir. Juliette, Juliette! tu pouvais encore être heureuse avec lui; et je l'ai tué! Je t'ai ravi celui qui pouvait te consoler; ton seul défenseur n'est plus, et tu demeures la proie d'un bandit.

— Très-beau! dit le marquis; je voudrais que tu ne fisses pas un mouvement des lèvres sans avoir un sténographe à tes côtés pour conserver tout ce que tu dis de noble et de touchant. Moi, je vais dormir; bonsoir, mon cher; couche avec ta femme, mais change de chemise, car, le diable m'emporte! tu as le sang d'Henryet sur ton jabot!

Le marquis sortit. Leoni, après un instant d'immobilité, vint à mon lit, souleva le rideau et me regarda. Alors il vit que j'étais accroupie sous mes couvertures, et que j'avais les yeux ouverts et attachés sur lui. Il ne put soutenir l'aspect de mon visage livide et de mon regard fixe; il recula avec un cri de terreur, et je lui dis d'une voix faible et brève, à plusieurs reprises : « Assassin, assassin, assassin! »

Il tomba sur ses genoux comme frappé de la foudre, et il se traîna jusqu'à mon lit d'un air suppliant. « Couche avec ta femme, lui dis-je en répétant les paroles du marquis dans une sorte de délire; mais change de chemise, car tu as le sang d'Henryet sur ton jabot! »

Leoni tomba la face contre terre en poussant des cris inarticulés. Je perdis tout à fait la raison, et il me semble que je répétai ses cris en imitant avec une servilité stupide l'inflexion de sa voix et les convulsions de sa poitrine. Il me crut folle, et, se relevant avec terreur, il vint à moi. Je crus qu'il allait me tuer; je me jetai dans la ruelle en criant : « Grâce! grâce! je ne le dirai pas! » et je m'évanouis au moment où il me saisissait pour me relever et me secourir.

XIX.

Je m'éveillai encore dans ses bras, et jamais il n'eut tant d'éloquence, tant de tendresse et tant de larmes pour implorer son pardon. Il avoua qu'il était le dernier des hommes ; mais il me dit qu'une seule chose le relevait à ses propres yeux, c'était l'amour qu'il avait toujours eu pour moi, et qu'aucun de ses vices, aucun de ses crimes n'avait eu la force d'étouffer. Jusque-là il s'était débattu contre les apparences qui l'accusaient de toutes parts. Il avait lutté contre l'évidence pour conserver mon estime. Désormais, ne pouvant plus se justifier par le mensonge, il prit une autre voie et embrassa un nouveau rôle pour m'attendrir et me vaincre. Il se dépouilla de tout artifice (peut-être devrais-je dire de toute pudeur) et me confessa toutes les turpitudes de sa vie. Mais au milieu de cet abîme il me fit voir et comprendre ce qu'il y avait de vraiment beau en lui, la faculté d'aimer, l'éternelle vigueur d'une âme où les plus rudes fatigues, les plus dangereuses épreuves n'éteignaient point le feu sacré. — Ma conduite est vile, me dit-il ; mais mon cœur est toujours noble ; il saigne toujours de ses torts ; il a conservé aussi énergique, aussi pur que dans sa première jeunesse, le sentiment du juste et de l'injuste, l'horreur du mal qu'il commet, l'enthousiasme du beau qu'il contemple. Ta patience, tes vertus, ta bonté angélique, ta miséricorde inépuisable comme celle de Dieu, ne peuvent s'exercer en faveur d'un être qui les comprenne mieux et qui les admire davantage. Un homme de mœurs régulières et de conscience délicate les trouverait plus naturelles et les apprécierait moins. Avec cet homme-là d'ailleurs tu ne serais qu'une honnête femme ; avec un homme tel que moi tu es une femme sublime, et la dette de reconnaissance qui s'amasse dans mon cœur est immense comme tes souffrances et tes sacrifices. Va, c'est quelque chose que d'être aimée et que d'avoir droit à une passion immense ; sur quel autre auras-tu jamais ce droit comme sur moi ? pour qui recommenceras-tu les tourments et le désespoir que tu as subis ? Crois-tu qu'il y ait autre chose dans la vie que l'amour ? Pour moi, je ne le crois pas. Et crois-tu que ce soit chose facile que de l'inspirer et de le ressentir ? Des milliers d'hommes meurent incomplets sans avoir connu d'autre amour que celui des bêtes ; souvent un cœur capable de le ressentir cherche en vain où le placer, et sort vierge de tous les embrassements terrestres pour l'aller trouver peut-être dans les cieux. Ah ! quand Dieu nous l'accorde sur la terre, ce sentiment profond, violent, ineffable, il ne faut plus, Juliette, désirer ni espérer le paradis ; car le paradis, c'est la fusion de deux âmes dans un baiser d'amour. Et qu'importe, quand nous l'avons trouvé ici-bas, que ce soit dans les bras d'un saint ou d'un damné ? qu'il soit maudit ou adoré parmi les hommes, celui que tu aimes, que t'importe, pourvu qu'il te le rende ? Est-ce moi que tu aimes ou est-ce le bruit qui se fait autour de moi ? Qu'as-tu aimé en moi dès le commencement ? est-ce l'éclat qui m'environnait ? Si tu me hais aujourd'hui, il faudra que je doute de ton amour passé, il faudra qu'au lieu de cet ange, au lieu de cette victime dévouée dont le sang répandu pour moi coule incessamment goutte à goutte sur mes lèvres, je ne voie plus en toi qu'une pauvre fille crédule et faible qui m'a aimé par vanité et qui m'abandonne par égoïsme. Juliette, Juliette, songe à ce que tu fais si tu me quittes! Tu perdras le seul ami qui te connaisse, qui t'apprécie et qui te vénère, pour un monde qui te méprise déjà, et dont tu ne retrouveras pas l'estime. Il ne te reste que moi au monde, ma pauvre enfant : il faut que tu t'attaches à la fortune de l'aventurier ou que tu meures oubliée dans un couvent. Si tu me quittes, tu es aussi insensée que cruelle ; tu auras eu tous les maux, toute la peine, et tu n'en recueilleras pas les fruits; car à présent, si, malgré tout ce que tu sais, tu peux encore m'aimer et me suivre, sache que j'aurai pour toi un amour dont tu n'as pas l'idée, et que jamais je n'aurais seulement soupçonné si je t'eusse épousée loyalement et si j'eusse vécu avec toi en paix au sein de ta famille. Jusqu'ici, malgré tout ce que tu as sacrifié, tout ce que tu as souffert, je ne t'ai pas encore aimée comme je me sens capable de le faire. Tu ne m'avais pas encore aimé tel que je suis ; tu t'attachais à un faux Leoni en qui tu voyais encore quelque grandeur et quelque séduction. Tu espérais qu'il deviendrait un jour l'homme que tu avais aimé d'abord ; tu ne croyais pas serrer dans tes bras un homme absolument perdu. Et moi, je me disais : Elle m'aime conditionnellement ; ce n'est pas encore moi qu'elle aime, c'est le personnage que je joue. Quand elle verra mes traits sous mon masque, elle s'enfuira en se couvrant les yeux, elle aura en horreur l'amant qu'elle presse maintenant sur son sein. Non, elle n'est pas la femme et la maîtresse que j'avais rêvée, et que mon âme ardente appelle de tous ses vœux. Juliette fait encore partie de cette société dont je suis l'ennemi : elle sera mon ennemie quand elle me connaîtra. Je ne puis me confier à elle, je ne puis épancher dans le sein d'aucun être vivant la plus odieuse de mes angoisses, la honte que j'ai de ce que je fais tous les jours. Je souffre, j'amasse des remords. S'il existait une créature capable de m'aimer sans me demander de changer, si je pouvais avoir une amie qui ne fût pas un accusateur et un juge !... Voilà ce que je pensais, Juliette. Je demandais cette amie au ciel ; mais je demandais que ce fût toi, et non une autre ; car tu étais déjà ce que j'aimais le mieux sur la terre avant de comprendre tout ce qui nous restait à faire l'un et l'autre pour nous aimer véritablement.

Que pouvais-je répondre à de semblables discours ? Je le regardais d'un air stupéfait. Je m'étonnais de le trouver encore beau, encore aimable ; de sentir toujours auprès de lui la même émotion, le même désir de ses caresses, la même reconnaissance pour son amour. Son abjection ne laissait aucune trace sur son noble front ; et quand ses grands yeux noirs dardaient leur flamme sur les miens, j'étais éblouie, enivrée comme autrefois ; toutes ses souillures disparaissaient, et jusqu'aux taches du sang d'Henryet, tout était effacé. J'oubliai tout pour m'attacher à lui par des promesses aveugles, par des serments et des étreintes insensées. Alors en effet je vis son amour se rallumer ou plutôt se renouveler, comme il me l'avait annoncé. Il abandonna à peu près la princesse Zagarolo et passa tout le temps de ma convalescence à mes pieds, avec les mêmes tendresses, les mêmes soins et les mêmes délicatesses d'affection qui m'avaient rendue si heureuse en Suisse ; je puis même dire que ces marques de tendresse furent plus vives et me donnèrent plus d'orgueil et de joie, que ce fut le temps le plus heureux de ma vie, et que jamais Leoni ne me fut plus cher. J'étais convaincue de tout ce qu'il m'avait dit ; je ne pouvais plus d'ailleurs craindre qu'il s'attachât à moi par intérêt, je n'avais plus rien au monde à lui donner, et j'étais désormais à sa charge et soumise aux chances de sa fortune. Enfin je sentais une sorte d'orgueil à ne pas rester au-dessous de ce qu'il attendait de ma générosité, et sa reconnaissance me semblait plus grande que mes sacrifices.

Un soir il rentra tout agité, et, me pressant mille fois sur son cœur : — Ma Juliette, dit-il, ma sœur, ma femme, mon ange, il faut que tu sois bonne et indulgente comme Dieu, il faut me donner une nouvelle preuve de ta douceur adorable et de ton héroïsme : il faut que tu viennes demeurer avec moi chez la princesse Zagarolo.

Je reculai confondue de surprise ; et, comme je sentis qu'il n'était plus en mon pouvoir de rien refuser, je me mis à pâlir et à trembler comme un condamné en présence du supplice. — Écoute, me dit-il, la princesse est horriblement mal. Je l'ai négligée à cause de toi : elle a pris tant de chagrin que sa maladie s'est aggravée considérablement, et que les médecins ne lui donnent pas plus d'un mois à vivre. Puisque tu sais tout..., je puis te parler de cet infernal testament. Il s'agit d'une succession de plusieurs millions, et je suis en concurrence avec une famille attentive à profiter de mes fautes et à m'expulser au moment décisif. Le testament en ma faveur existe en bonne forme ; mais un instant de dépit peut l'anéantir. Nous sommes ruinés, nous n'avons plus que cette ressource. Il faut que tu ailles à l'hôpital et que je me fasse chef de brigands si elle nous échappe.

— O mon Dieu ! lui dis-je, nous avons vécu en Suisse

à si peu de frais ! Pourquoi la richesse est-elle une nécessité pour nous ? A présent que nous nous aimons si bien, ne pouvons-nous vivre heureux sans faire de nouvelles infamies ?...

Il ne me répondit que par une contraction des sourcils qui exprimait la douleur, l'ennui et la crainte que lui causaient mes reproches. Je me tus aussitôt et lui demandai en quoi j'étais nécessaire au succès de son entreprise.

— Parce que la princesse, dans un accès de jalousie assez bien fondée, a demandé à te voir et à t'interroger. Mes ennemis avaient eu soin de l'informer que je passais toutes les matinées auprès d'une femme jeune et jolie qui était venue me trouver à Milan. Pendant longtemps j'ai réussi à lui faire croire que tu étais ma sœur; mais, depuis un mois que je la délaisse entièrement, elle a des doutes et refuse de croire à ta maladie, que je lui ai fait valoir comme une excuse. Aujourd'hui elle m'a déclaré que, si je la négligeais dans l'état où elle se trouve, elle ne croirait plus à mon affection et me retirerait la sienne. — Si votre sœur est malade aussi et ne peut se passer de vous, a-t-elle dit, faites-la transporter dans ma maison ; mes femmes et mes médecins la soigneront. Vous pourrez la voir à toute heure ; et, si elle est vraiment votre sœur, je la chérirai comme si elle était la mienne aussi. En vain j'ai voulu combattre cette étrange fantaisie. Je lui ai dit que tu étais très-pauvre et très-fière, que rien au monde ne te ferait consentir à recevoir l'hospitalité, et qu'il était en effet inconvenant et indélicat que tu vinsses demeurer chez la maîtresse de ton frère. Elle n'a rien voulu entendre, et à toutes mes objections elle répond : — Je vois bien que vous me trompez ; ce n'est pas votre sœur. Si tu refuses, Juliette, nous sommes perdus. Viens, viens, viens; je t'en supplie, mon enfant, viens!

Je pris mon chapeau et mon châle sans répondre. Pendant que je m'habillais, des larmes coulaient lentement sur mes joues. Au moment de sortir avec moi de ma chambre, Leoni les essuya avec ses lèvres et me pressa mille fois encore dans ses bras, en me nommant sa bienfaitrice, son ange tutélaire et sa seule amie.

Je traversai en tremblant les vastes appartements de la princessse. En voyant la richesse de cette maison, j'avais un serrement de cœur indicible, et je me rappelais les dures paroles d'Henryet : — Quand elle sera morte, vous serez riche, Juliette; vous hériterez de son luxe, vous coucherez dans son lit et vous pourrez porter ses robes. Je baissais les yeux en passant auprès des laquais; il me semblait qu'ils me regardaient avec haine et avec envie, et je me sentais plus vile qu'eux. Leoni serrait mon bras sous le sien en sentant trembler mon corps et fléchir mes jambes : — Courage, courage! me disait-il tout bas.

Enfin nous arrivâmes à la chambre à coucher. La princesse était étendue sur une chaise longue et semblait nous attendre impatiemment. C'était une femme de trente ans environ, très-maigre, d'un jaune uni, et magnifiquement élégante quoique en déshabillé. Elle avait dû être très-belle au temps de sa fraîcheur, et elle avait encore une physionomie charmante. La maigreur de ses joues exagérait la grandeur de ses yeux, dont le blanc, vitrifié par la consomption, ressemblait à de la nacre de perle. Ses cheveux, fins et plats, étaient d'un noir luisant et semblaient débiles et malades comme toute sa personne. Elle fit, en me voyant, une légère exclamation de joie, et me tendit une longue main effilée et bleuâtre que je crois voir encore. Je compris, à un regard de Leoni, que je devais baiser cette main, et je me résignai.

Leoni se sentait mal à l'aise sans doute, et cependant son aplomb et le calme de ses manières me confondirent. Il parlait de moi à sa maîtresse comme si elle n'eût jamais pu découvrir sa fourberie, et il lui exprimait sa tendresse devant moi comme s'il m'eût été impossible d'en ressentir de la douleur ou du dépit. La princesse semblait de temps en temps avoir des retours de méfiance, et je vis, à ses regards et à ses paroles, qu'elle m'étudiait pour détruire ses soupçons ou pour les confirmer. Ma douceur naturelle excluant toute espèce de haine, elle prit vite confiance en moi, et, jalouse qu'elle était avec emportement, elle pensa qu'il était impossible à une autre femme de consentir au rôle que je jouais. Une intrigante aurait pu l'accepter, mais mon ton et ma physionomie démentaient cette conjecture. La princesse se prit de passion pour moi. Elle ne voulait plus que je sortisse de sa chambre, elle m'accablait de dons et de caresses. Je fus un peu humiliée de sa générosité et j'eus envie de refuser; mais la crainte de déplaire à Leoni me fit supporter encore cette mortification. Ce que j'eus à souffrir dans les premiers jours, et les efforts que je fis pour assouplir à ce point mon orgueil, sont des choses inouïes. Cependant peu à peu ces souffrances s'apaisèrent et ma situation d'esprit devint tolérable. Leoni me témoignait à la dérobée une reconnaissance passionnée et une tendresse délirante. La princesse, malgré ses caprices, ses impatiences et tout le mal que son amour pour Leoni me causait, me devint agréable et presque chère. Elle avait le cœur ardent plutôt que tendre, et le caractère prodigue plutôt que généreux. Mais elle avait dans les manières une grâce irrésistible ; l'esprit dont pétillait son langage au milieu des plus vives souffrances, le choix des mots ingénieux et caressants avec lesquels elle me remerciait de mes complaisances ou me priait d'oublier ses emportements, ses petites flatteries, ses finesses, sa coquetterie qui la suivit jusqu'au tombeau, tout en elle avait un caractère d'originalité, de noblesse et d'élégance, dont j'étais d'autant plus frappée que je n'avais jamais vu de près aucune femme de son rang, et que je n'étais point accoutumée à ce grand charme que leur donne l'usage de la bonne compagnie. Elle possédait ce don à un tel point que je ne pus y résister, et que je me laissai dominer à son gré ; elle était si malicieuse et si aimable avec Leoni que je concevais qu'il fût devenu amoureux d'elle, et que j'avais fini par m'habituer à voir leurs baisers et à entendre leurs fadeurs sans en être révoltée. Il y avait vraiment des jours où ils avaient assez de grâce et d'esprit l'un et l'autre pour que j'eusse du plaisir à les écouter, et Leoni trouvait le moyen de m'adresser des choses si délicates que je me sentais encore heureuse dans mon abominable abaissement. La haine que les laquais et les subalternes m'avaient d'abord témoignée s'était vite apaisée, grâce au soin que j'avais pris de leur abandonner tous les petits présents que me faisait leur maîtresse. J'eus même l'affection et la confiance des neveux et des cousins ; une très-jolie petite nièce, que la princesse refusait obstinément de voir, fut enfin introduite par mes soins jusqu'à elle et lui plut extrêmement. Je la priai alors de me permettre de donner à cet enfant un joli écrin qu'elle m'avait forcé d'accepter dans la matinée, et cet acte de générosité l'engagea à remettre à la petite fille un présent beaucoup plus considérable. Leoni, qui n'avait rien de mesquin ni de petit dans sa cupidité, vit avec plaisir le secours accordé à une orpheline pauvre, et les autres parents commencèrent à croire qu'ils n'avaient rien à craindre de nous et que nous n'avions pour la princesse qu'une amitié noble et désintéressée. Les tentatives de délation contre moi cessèrent donc entièrement, et pendant deux mois nous eûmes une vie très-calme. Je m'étonnai d'être presque heureuse.

XX.

La seule chose qui m'inquiétât sérieusement, c'était de voir toujours autour de nous le marquis de.... Il s'était introduit, je ne sais à quel titre, chez la princesse, et l'amusait par son babil caustique et médisant. Il entraînait ensuite Leoni dans les autres appartements et avait avec lui de longs entretiens dont Leoni sortait toujours sombre. — Je hais et je méprise Lorenzo, me disait-il souvent; c'est la pire canaille que je connaisse, il est capable de tout. Je le pressais alors de rompre avec lui; mais il me répondait : — C'est impossible, Juliette; tu ne sais pas que lorsque deux coquins ont agi ensemble, ils ne se brouillent plus que pour s'envoyer l'un l'autre à l'échafaud. Ces paroles sinistres résonnaient si étrangement dans ce beau palais, au milieu de la vie paisible que nous y menions, et presque aux oreilles de cette princesse si gracieuse et si confiante, qu'il me passait un frisson dans les veines en les entendant.

Cependant les souffrances de notre malade augmentaient de jour en jour, et bientôt vint le moment où elle devait succomber infailliblement. Nous la vîmes s'éteindre peu à peu ; mais elle ne perdit pas un instant sa présence d'esprit, ses plaisanteries et ses discours aimables. — Que je suis fâchée, disait-elle à Leoni, que Juliette soit ta sœur! Maintenant que je pars pour l'autre monde, il faut bien que je renonce à toi. Je ne puis exiger ni désirer que tu me restes fidèle après ma mort. Malheureusement tu vas faire des sottises et te jeter à la tête de quelque femme indigne de toi. Je ne connais au monde que ta sœur qui te vaille ; c'est un ange, et il n'y a que toi aussi qui sois digne d'elle.

Je ne pouvais résister à ses cajoleries bienveillantes, et je me prenais pour cette femme d'une affection plus vive à mesure que la mort la détachait de nous. Je ne voulais pas croire qu'elle pût nous être enlevée avec toute sa raison, tout son calme, et au milieu d'une si douce intimité. Je me demandais comment nous ferions pour vivre sans elle, et je ne pouvais m'imaginer son grand fauteuil doré vide, entre Leoni et moi, sans que mes yeux s'humectassent de larmes.

Un soir que je lui faisais la lecture pendant que Leoni était assis sur le tapis et lui réchauffait les pieds dans un manchon, elle reçut une lettre, la lut rapidement, jeta un grand cri et s'évanouit. Tandis que je volais à son secours, Leoni ramassa la lettre et en prit connaissance. Quoique l'écriture fût contrefaite, il reconnut la main du vicomte de Chalm. C'était une délation contre moi, des détails circonstanciés sur ma famille, sur mon enlèvement, sur mes relations avec Leoni ; puis mille calomnies odieuses contre mes mœurs et mon caractère.

Au cri qu'avait jeté la princesse, Lorenzo, qui planait toujours comme un oiseau de malheur autour de nous, entra je ne sais comment, et Leoni, l'entraînant dans un coin, lui montra la lettre du vicomte. Lorsqu'ils se rapprochèrent de nous, le marquis était très-calme et avait comme à l'ordinaire un sourire moqueur sur les lèvres, et Leoni, agité, semblait interroger ses regards pour lui demander conseil.

La princesse était toujours évanouie dans mes bras. Le marquis haussa les épaules. — Ta femme est insupportablement niaise, dit-il assez haut pour que je l'entendisse; sa présence ici désormais est du plus mauvais effet; renvoie-la et dis-lui d'aller chercher du secours. Je me charge de tout.

— Mais que feras-tu? dit Leoni dans une grande anxiété.

— Sois tranquille, j'ai un expédient tout prêt depuis long-temps; c'est un papier qui est toujours sur moi. Mais renvoie Juliette.

Leoni me pria d'appeler les femmes; j'obéis et posai doucement la tête de la princesse sur un coussin. Mais quand je fus au moment de franchir la porte, je ne sais quelle force magnétique m'arrêta et me força de me retourner. Je vis le marquis s'approcher de la malade comme pour la secourir; mais sa figure me sembla si odieuse, celle de Leoni si pâle, que la peur me prit de laisser cette mourante seule avec eux. Je ne sais quelles idées vagues me passèrent par la tête; je me rapprochai du lit vivement, et, regardant Leoni avec terreur, je lui dis : — Prends garde, prends garde!...
— A quoi? me répondit-il d'un air étonné. Le fait est que je ne le savais pas moi-même et que j'eus honte de l'espèce de folie que je venais de montrer. L'air ironique du marquis acheva de me déconcerter. Je sortis et revins un instant après avec les femmes et le médecin. Celui-ci trouva la princesse en proie à une affreuse cris-

pation de nerfs, et dit qu'il faudrait tâcher de lui faire avaler tout de suite une cuillerée de la potion calmante. On essaya en vain de lui desserrer les dents. — Que la signora s'en charge, dit une des femmes en me désignant; la princesse n'accepte rien que de sa main et ne refuse jamais ce qui vient d'elle. J'essayai en effet, et la mourante céda doucement. Par un reste d'habitude, elle me pressa faiblement la main en me rendant la cuiller; puis elle étendit violemment les bras, se leva comme si elle allait s'élancer au milieu de la chambre, et retomba roide morte sur son fauteuil.

Cette mort si soudaine me fit une impression horrible; je m'évanouis, et l'on m'emporta. Je fus malade quelques jours; et quand je revins à la vie, Leoni m'apprit que j'étais désormais chez moi, que le testament avait été ouvert et trouvé inattaquable de tous points, que nous étions à la tête d'une belle fortune et maîtres d'un palais magnifique.

— C'est à toi que je dois tout cela, Juliette, me dit-il; et de plus, je te dois la douceur de pouvoir songer sans honte et sans remords aux derniers moments de notre amie. Ta sensibilité, ta bonté angélique, les ont entourés de soins et en ont adouci la tristesse. Elle est morte dans tes bras, cette rivale qu'une autre que toi eût étranglée! et tu l'as pleurée comme si elle eût été ta sœur. Tu es bonne, trop bonne, trop bonne! Maintenant jouis du fruit de ton courage; vois comme je suis heureux d'être riche, et de pouvoir t'entourer de nouveau de tout le bien-être dont tu as besoin.

— Tais-toi, lui dis-je, c'est à présent que je rougis et que je souffre. Tant que cette femme était là et que je lui sacrifiais mon amour et ma fierté, je me consolais en sentant que j'avais de l'affection pour elle et que je m'immolais pour elle et pour toi. A présent je ne vois plus que ce qu'il y avait de bas et d'odieux dans ma situation. Comme tout le monde doit nous mépriser !

— Tu te trompes bien, ma pauvre enfant, dit Leoni ; tout le monde nous salue et nous honore, parce que nous sommes riches.

Mais Leoni ne jouit pas long-temps de son triomphe. Les cohéritiers, arrivés de Rome, furieux contre nous, ayant appris les détails de cette mort si prompte, nous accusèrent de l'avoir hâtée par le poison, et demandèrent qu'on déterrât le corps pour s'en assurer. On procéda à cette opération, et l'on reconnut au premier coup d'œil les traces d'un poison violent. — Nous sommes perdus ! me dit Leoni en entrant dans ma chambre ; Ildegonda est morte empoisonnée, et l'on nous accuse. Qui a fait cette abomination ? il ne faut pas le demander ; c'est Satan sous la figure de Lorenzo. Voilà comme il nous sert ; il est en sûreté, et nous sommes entre les mains de la justice. Te sens-tu le courage de sauter par la fenêtre ?

— Non, lui dis-je, je suis innocente, je ne crains rien ; si vous êtes coupable, fuyez.

— Je ne suis pas coupable, Juliette, dit-il en me serrant le bras avec violence ; ne m'accusez pas quand je ne m'accuse pas moi-même. Vous savez qu'ordinairement je ne m'épargne pas.

Nous fûmes arrêtés et jetés en prison. On instruisit contre nous un procès criminel ; mais il fut moins long et moins grave qu'on ne s'y attendait ; notre innocence nous sauva. En présence d'une si horrible accusation, je retrouvai toute la force que donne une conscience pure. Ma jeunesse et mon air de sincérité me gagnèrent l'esprit des juges au premier abord. Je fus promptement acquittée. L'honneur et la vie de Leoni furent un peu plus long-temps en suspens. Mais il était impossible, malgré les apparences, de trouver une preuve contre lui, car il n'était pas coupable; il avait horreur de ce crime, son visage et ses réponses le disaient assez. Il sortit pur de cette accusation. Tous les laquais furent soupçonnés. Le marquis avait disparu; mais il revint secrètement au moment où nous sortions de prison, et intima à Leoni l'ordre de partager la succession avec lui. Il déclara que nous lui devions tout, que sans la hardiesse et la promptitude de sa résolution le testament eût été déchiré. Leoni lui fit les plus horribles menaces, mais le marquis ne s'en effraya point. Il avait, pour le tenir en respect, le meurtre de Henryet, commis sous ses yeux par Leoni, et il pouvait l'entraîner dans sa perte. Leoni furieux se soumit à lui payer une somme considérable. Ensuite nous recommençâmes à mener une vie folle et à étaler un luxe effréné: se ruiner de nouveau fut pour Leoni l'affaire de six mois. Je voyais sans regret s'en aller ces biens que j'avais acquis avec honte et douleur; mais j'étais effrayée pour Leoni de la misère qui s'approchait encore de nous. Je savais qu'il ne pourrait pas la supporter, et que, pour en sortir, il se précipiterait dans de nouvelles fautes et dans de nouveaux dangers. Il était malheureusement impossible de l'amener à un sentiment de retenue et de prévoyance; il répondait par des caresses ou des plaisanteries à mes prières et à mes avertissements. Il avait quinze chevaux anglais dans son écurie, une table ouverte à toute la ville, une troupe de musiciens à ses ordres. Mais ce qui le ruina le plus vite, ce furent les dons énormes qu'il fut obligé de faire à ses anciens compagnons pour les empêcher de venir fondre sur lui et de faire de sa maison une caverne de voleurs. Il avait obtenu d'eux qu'ils n'exerceraient pas leur industrie chez lui ; et pour les décider à sortir du salon quand ses hôtes commençaient à jouer, il était obligé de leur payer chaque jour une certaine redevance. Cette intolérable dépendance lui donnait parfois envie de fuir le monde et d'aller se cacher avec moi dans quelque tranquille retraite. Mais il est vrai de dire que cette idée l'effrayait encore plus ; car l'affection que je lui inspirais n'avait plus assez de force pour remplir toute sa vie. Il était toujours prévenant avec moi ; mais, comme à Venise, il me délaissait pour s'enivrer de tous les plaisirs de la richesse. Il menait au dehors la vie la plus dissolue, et entretenait plusieurs maîtresses qu'il choisissait dans un monde élégant, auxquelles il faisait des présents magnifiques, et dont la société flattait sa vanité insatiable. Vil et sordide pour acquérir, il était superbe dans sa prodigalité. Son mobile caractère changeait avec sa fortune, et son amour pour moi en subissait toutes les phases. Dans l'agitation et la souffrance que lui causaient ses revers, n'ayant que moi au monde pour le plaindre et pour l'aimer, il revenait à moi avec transport, mais au milieu des plaisirs il m'oubliait et cherchait ailleurs des jouissances plus vives. Je savais toutes ses infidélités ; soit paresse, soit indifférence, soit confiance en mon pardon infatigable, il ne se donnait plus la peine de me les cacher ; et quand je lui reprochais l'indélicatesse de cette franchise, il me rappelait ma conduite envers la princesse Zagarolo, et me demandait si ma miséricorde était déjà épuisée. Le passé m'enchaînait donc absolument à la patience et à la douleur. Ce qu'il y avait d'injuste dans la conduite de Leoni, c'est qu'il semblait croire que désormais je dusse accomplir tous ces sacrifices sans souffrir, et qu'une femme pût prendre l'habitude de vaincre sa jalousie..

Je reçus une lettre de ma mère, qui enfin avait eu de mes nouvelles par Henryet, et qui, au moment de se mettre en route pour venir me chercher, était tombée dangereusement malade. Elle me conjurait de venir la soigner et me promettait de me recevoir sans reproches et avec reconnaissance. Cette lettre était mille fois trop douce et trop bonne. Je la baignai de mes larmes; mais elle me semblait malgré moi déplacée, les expressions en étaient inconvenantes à force de tendresse et d'humilité. Le dirai-je, hélas! ce n'était pas le pardon d'une mère généreuse, c'était l'appel d'une femme malade et ennuyée. Je partis aussitôt et la trouvai mourante. Elle me bénit, me pardonna et mourut dans mes bras en me recommandant de la faire ensevelir dans une certaine robe qu'elle avait beaucoup aimée.

XXI.

Tant de fatigues, tant de douleurs avaient presque épuisé ma sensibilité. Je pleurai à peine ma mère; je m'enfermai dans sa chambre après qu'on eut emporté son corps, et j'y restai morne et accablée pendant plusieurs mois, occupée seulement à retourner le passé sous toutes ses faces, et ne songeant pas à me demander ce que je ferais de l'avenir. Ma tante, qui d'abord m'avait fort mal accueillie, fut touchée de cette douleur muette, que son caractère comprenait mieux que l'expansion des larmes. Elle me donna des soins en silence et veilla à ce que je ne me laissasse pas mourir de faim.

La tristesse de cette maison, que j'avais vue si fraîche et si brillante, convenait à la situation de mon âme. Je revoyais les meubles qui me rappelaient les mille petits événements frivoles de mon enfance. Je comparais ce temps, où une égratignure à mon doigt était l'accident le plus terrible qui pût bouleverser ma famille, à la vie infâme et sanglante que j'avais menée depuis. Je voyais d'une part ma mère au bal, de l'autre la princesse Zagarolo empoisonnée dans mes bras et peut-être de ma propre main. Le son des violons passait dans mes rêves au milieu des cris d'Henryet assassiné; et dans l'obscurité de la prison où, pendant trois mois d'angoisses, j'avais attendu chaque jour une sentence de mort, je voyais arriver à moi, au milieu de l'éclat des bougies et du parfum des fleurs, mon fantôme vêtu d'un crêpe d'argent et couvert de pierreries. Quelquefois, fatiguée de ces rêves confus et effrayants, je soulevais les rideaux, je m'approchais de la fenêtre et je regardais cette ville où j'avais été si heureuse et si vantée, les arbres de cette promenade où tant d'admiration avait suivi chacun de mes pas. Mais bientôt je m'apercevais de l'insultante curiosité qu'excitait ma figure pâle. On s'arrêtait sous ma fenêtre, on se groupait pour parler de moi en me montrant presque au doigt. Alors je me retirais, je faisais retomber les rideaux, j'allais m'asseoir auprès du lit de ma mère, et j'y restais jusqu'à ce que ma tante vînt, avec sa figure et ses pas silencieux, me prendre le bras et me conduire à table. Ses manières en cette circonstance de ma vie me parurent les plus convenables et les plus généreuses qu'on pût avoir envers moi. Je n'aurais pas écouté les consolations, je n'aurais pu supporter les reproches, je n'aurais pas cru à des marques d'estime. L'affection muette et la pitié délicate me furent plus sensibles. Cette figure morne qui passait sans bruit autour de moi comme un fantôme, comme un souvenir du temps passé, était la seule qui ne pût ni me troubler ni m'effrayer. Quelquefois je prenais ses mains sèches, et je les pressais sur ma bouche pendant quelques minutes sans dire un mot, sans laisser échapper un soupir. Elle ne répondait jamais à cette caresse, mais elle restait là sans impatience et ne retirait pas ses mains à mes baisers : c'était beaucoup.

Je ne pensais plus à Leoni que comme à un souvenir terrible que j'éloignais de toutes mes forces. Retourner vers lui était une pensée qui me faisait frémir comme eût fait la vue d'un supplice. Je n'avais plus assez de vigueur pour l'aimer ou le haïr. Il ne m'écrivait pas, et je ne m'en apercevais pas, tant j'avais peu compté sur ses lettres. Un jour il en arriva une qui m'apprit de nouvelles calamités. On avait trouvé un testament de la princesse Zagarolo dont la date était plus récente que celle du nôtre. Un de ses serviteurs, en qui elle avait confiance, en avait été le dépositaire depuis sa mort jusqu'à ce jour. Elle avait fait ce testament à l'époque où Leoni l'avait délaissée pour me soigner, et où elle avait eu des doutes sur notre fraternité. Depuis elle avait songé à le déchirer en se réconciliant avec nous ; mais, comme elle était sujette à mille caprices, elle avait gardé près d'elle les deux testaments, afin d'être toujours prête à en laisser subsister un. Leoni savait dans quel meuble était déposé le sien ; mais l'autre était connu seulement de Vincenzo, l'homme de confiance de la princesse ; et il devait, à un signe d'elle, le brûler ou le conserver. Elle ne s'attendait pas, l'infortunée, à une mort si violente et si soudaine. Vincenzo, que Leoni avait comblé de ses générosités, et qui lui était tout dévoué à cette époque, n'ayant d'ailleurs pas pu savoir les dernières intentions de la princesse, conserva le testament sans rien dire et nous laissa produire le nôtre. Il eût pu s'enrichir par ce moyen en nous menaçant ou en vendant son secret aux héritiers naturels ; mais ce n'était pas un malhonnête homme ni un méchant cœur. Il nous laissa jouir de la succession sans exiger de meilleurs traitements que ceux qu'il recevait. Mais, quand j'eus quitté Leoni, il devint mécontent ; car Leoni était brutal avec ses gens, et je les enchaînais seule à son service par mon indulgence. Un jour Leoni s'oublia jusqu'à frapper ce vieillard, qui aussitôt tira le testament de sa poche et lui déclara qu'il allait le porter chez les cousins de la princesse. Aucune menace, aucune prière, aucune offre d'argent ne put apaiser son ressentiment. Le marquis arriva et résolut d'employer la force pour lui arracher le fatal papier ; mais Vincenzo, qui, malgré son âge, était un homme remarquablement vigoureux, le renversa, le frappa, menaça Leoni de le jeter par la fenêtre s'il s'attaquait à lui, et courut produire les pièces de sa vengeance. Leoni fut aussitôt dépossédé, condamné à représenter tout ce qu'il avait mangé de la succession, c'est-à-dire les trois quarts. Incapable de s'acquitter, il essaya vainement de fuir. Il fut mis en prison, et c'est de là qu'il m'écrivait, non pas tous les détails que je viens de vous dire et que j'ai sus depuis, mais en peu de mots l'horreur de sa situation. Si je ne venais à son secours, il pourrait languir toute sa vie dans la captivité la plus affreuse ; car il n'avait plus le moyen de se procurer le bien-être dont nous avions pu nous entourer lors de notre première réclusion. Ses amis l'abandonnaient et se réjouissaient peut-être d'être débarrassés de lui. Il était absolument sans ressources, dans un cachot humide où la fièvre le dévorait déjà. On avait vendu ses bijoux et jusqu'à ses hardes ; il avait à peine de quoi se préserver du froid.

Je partis aussitôt. Comme je n'avais jamais eu l'intention de me fixer à Bruxelles, et que la paresse de la douleur m'y avait seule enchaînée depuis une demi-année, j'avais converti à peu près tout mon héritage en argent comptant ; j'avais formé souvent le projet de l'employer à fonder un hôpital pour les filles repenties, et à m'y faire religieuse. D'autres fois j'avais songé à placer cet argent sur la Banque de France, et à en faire pour Leoni une rente inaliénable qui le préservât à jamais du besoin et des bassesses. Je n'aurais gardé pour moi qu'une modique pension viagère, et j'aurais été m'ensevelir seule dans la vallée suisse, où le souvenir de mon bonheur m'aurait aidée à supporter l'horreur de la solitude. Lorsque j'appris le nouveau malheur où Leoni était tombé, je sentis mon amour et ma sollicitude pour lui se réveiller plus vifs que jamais. Je fis passer toute ma fortune à un banquier de Milan. Je n'en réservai qu'un capital suffisant pour doubler la pension que mon père avait léguée à ma tante. Ce capital fut, à sa grande satisfaction, la maison que nous habitions, et où elle avait passé la moitié de sa vie. Je lui en abandonnai la possession et je partis pour rejoindre Leoni. Elle ne me demanda pas où j'allais, elle le savait trop bien ; elle n'essaya point de me retenir ; elle ne me remercia point, elle me pressa la main ; mais en me retournant je vis couler lentement sur sa joue ridée la première larme que je lui eusse jamais vu répandre.

XXII.

Je trouvai Leoni dans un état horrible, hâve, livide et presque fou. C'était la première fois que la misère et la souffrance l'avaient étreint réellement. Jusque-là il n'avait fait que voir crouler son opulence peu à peu, tout en cherchant et en trouvant les moyens de la rétablir. Ses désastres en ce genre avaient été grands ; l'industrie et le hasard ne l'avaient jamais laissé long-temps aux prises avec les privations de l'indigence. Sa force morale s'était toujours maintenue, mais elle fut vaincue quand la force physique l'abandonna. Je le trouvai dans un état d'excitation nerveuse qui ressemblait à de la fureur. Je me portai caution de sa dette. Il me fut aisé de fournir les preuves de ma solvabilité, je les avais sur moi. Je n'entrai donc dans sa prison que pour l'en faire sortir. Sa joie fut si violente qu'il ne put la soutenir, et qu'il fallut le transporter évanoui dans la voiture.

Je l'emmenai à Florence et l'entourai de tout le bien-être que je pus lui procurer. Toutes ses dettes payées, il me restait fort peu de chose. Je mis tous mes soins à lui faire oublier les souffrances de sa prison. Son corps robuste fut vite rétabli, mais son esprit resta malade. Les terreurs de l'obscurité et les angoisses du désespoir avaient fait une profonde impression sur cet homme actif, entreprenant, habitué aux jouissances de la richesse ou aux agitations de la vie aventureuse. L'inaction l'avait brisé. Il était devenu sujet à des frayeurs puériles, à des violences terribles ; il ne pouvait plus supporter aucune contrariété ; et ce qu'il y eut de plus affreux, c'est qu'il s'en prenait à moi de toutes celles que je ne pouvais lui éviter. Il avait perdu cette puissance de volonté qui lui faisait envisager sans crainte l'avenir le plus précaire. Il s'effrayait maintenant de la pauvreté, et me demandait chaque jour quelles ressources j'aurais quand celles que j'avais encore seraient épuisées. Je ne savais que répondre, j'étais épouvantée moi-même de notre prochain dénûment. Ce moment arriva. Je me mis à peindre à l'aquarelle des écrans, des tabatières et divers autres petits meubles en bois de Spa. Quand j'avais travaillé douze heures par jour, j'avais gagné huit ou dix francs. C'eût été assez pour mes besoins ; mais pour Leoni c'était la misère la plus profonde. Il avait envie de cent choses impossibles ; il se plaignait avec amertume, avec fureur de n'être plus riche. Il me reprochait d'avoir souvent payé ses dettes, et de ne pas m'être sauvée avec lui en emportant mon argent. J'étais forcée, pour l'apaiser, de lui prouver qu'il m'eût été impossible de le tirer de prison en commettant cette friponnerie. Il se mettait à la fenêtre et maudissait avec d'horribles jurements les gens riches qui passaient dans leurs équipages. Il me montrait ses vêtements usés, et me disait avec un accent impossible à rendre : « Tu ne *peux* donc pas m'en faire faire d'autres ? Tu ne *veux* donc pas ? » Il finit par me répéter si souvent que je pouvais le tirer de cette détresse et que j'avais l'égoïsme et la cruauté de l'y laisser, que je le crus fou et que je n'essayai plus de lui faire entendre raison. Je gardais le silence chaque fois qu'il y revenait, et je lui cachais mes larmes, qui ne servaient qu'à l'irriter. Il pensa que je comprenais ses abominables suggestions, et traita mon silence d'indifférence féroce et d'obstination imbécile. Plusieurs fois il me frappa violemment et m'eût tuée si on ne fût venu à mon secours. Il est vrai que quand ces accès étaient passés il se jetait à mes pieds et me demandait pardon avec des larmes. Mais j'évitais autant que possible ces scènes de réconciliation, car l'attendrissement causait une nouvelle secousse à ses nerfs et provoquait le retour de la crise. Cette irritabilité cessa enfin et fit place à une sorte de désespoir morne et stupide plus affreux encore. Il me regardait d'un air sombre et semblait nourrir contre moi une haine cachée et des projets de vengeance. Quelquefois, en m'éveillant au milieu de la nuit, je le voyais debout auprès de mon lit avec sa figure sinistre; je croyais qu'il voulait me tuer, et je poussais des cris de terreur. Mais il haussait les épaules et retournait à son lit avec un rire hébété.

Malgré tout cela, je l'aimais encore, non plus tel qu'il était, mais à cause de ce qu'il avait été et de ce qu'il pouvait redevenir. Il y avait des moments où j'espérais qu'une heureuse révolution s'opérerait en lui, et qu'il sortirait de cette crise, renouvelé et corrigé de tous ses mauvais penchants. Il semblait ne plus songer à les satisfaire, et n'exprimait plus ni regrets ni désirs de quoi que ce soit. Je n'imaginais pas le sujet des longues méditations où il semblait plongé. La plupart du temps ses yeux étaient fixés sur moi avec une expression si étrange, que j'avais peur de lui. Je n'osais lui parler, mais je lui demandais grâce par des regards suppliants. Alors il me semblait voir les siens s'humecter et un soupir imperceptible soulever sa poitrine; puis il détournait la tête comme s'il eût voulu cacher ou étouffer son émotion, et il retombait dans sa rêverie. Je me flattais alors qu'il faisait des réflexions salutaires, et que bientôt il m'ouvrirait son cœur pour me dire qu'il avait conçu la haine du vice et l'amour de la vertu.

Mes espérances s'affaiblirent lorsque je vis le marquis de..... reparaître autour de nous. Il n'entrait jamais dans mon appartement, parce qu'il savait l'horreur que j'avais de lui ; mais il passait sous les fenêtres et appelait Leoni, ou venait jusqu'à ma porte et frappait d'une certaine manière pour l'avertir. Alors Leoni sortait avec lui et restait long-temps dehors. Un jour je les vis passer et repasser plusieurs fois ; le vicomte de Chalm était avec eux. — Leoni est perdu, pensai-je, et moi aussi ; il va se commettre sous mes yeux quelque nouveau crime.

Le soir, Leoni rentra tard ; et comme il quittait ses compagnons à la porte de la rue, je l'entendis prononcer ces paroles : — Mais vous lui direz bien que je suis fou, absolument fou, que sans cela je n'y aurais jamais consenti. Elle doit bien savoir que la misère m'a rendu fou. Je n'osai point lui demander d'explication, et je lui servis son modeste repas. Il n'y toucha pas et se mit à attiser le feu convulsivement ; puis il me demanda de l'éther, et après en avoir pris une très-forte dose, il se coucha et parut dormir. Je travaillais tous les soirs aussi long-temps que je le pouvais sans être vaincue par le sommeil et la fatigue. Ce soir-là je me sentis si lasse que je m'endormis dès minuit. A peine étais-je couchée que j'entendis un léger bruit, et il me sembla que Leoni s'habillait pour sortir. Je l'appelai et lui demandai ce qu'il faisait. — Rien, dit-il, je veux me lever et t'aller trouver ; mais je crains ta lumière, tu sais que cela m'attaque les nerfs et me cause des douleurs affreuses à la tête ; éteins-la. — J'obéis. — Est-ce fait ? me dit-il. Maintenant recouche-toi ; j'ai besoin de t'embrasser, attends-moi. » Cette marque d'affection, qu'il ne m'avait pas donnée depuis plusieurs semaines, fit tressaillir mon pauvre cœur de joie et d'espérance. Je me flattai que le réveil de sa tendresse allait amener celui de sa raison et de sa conscience. Je m'assis sur le bord de mon lit et je l'attendis avec transport. Il vint se jeter dans mes bras ouverts pour le recevoir, et m'étreignant avec passion il me renversa sur mon lit. Mais au même instant un sentiment de méfiance, qui me fut envoyé par la protection du ciel ou par la délicatesse de mon instinct, me fit passer la main sur le visage de celui qui m'embrassait. Leoni avait laissé croître sa barbe et ses moustaches depuis qu'il était malade ; je trouvai un visage lisse et uni. Je fis un cri et le repoussai violemment.

— Qu'as-tu donc ? me dit la voix de Leoni.

— Est-ce que tu as coupé ta barbe ? lui dis-je.

— Tu le vois bien, me répondit-il.

Mais alors je m'aperçus que la voix parlait à mon oreille en même temps qu'une autre bouche se collait à la mienne. Je me dégageai avec la force que donnent la colère et le désespoir, et, m'enfuyant au bout de la chambre, je relevai précipitamment la lampe, que j'avais couverte et non éteinte. Je vis lord Edwards assis sur le bord du lit, stupide et déconcerté (je crois qu'il était ivre), et Leoni qui venait à moi d'un air égaré. — Misérable ! m'écriai-je.

—Juliette, me dit-il avec des yeux hagards et une voix étouffée, cédez si vous m'aimiez. Il s'agit pour moi de sortir de la misère où vous voyez que je me consume. Il s'agit de ma vie et de ma raison, vous le savez bien. Mon salut sera le prix de votre dévouement ; et quant à vous, vous serez désormais riche et heureuse avec un homme qui vous aime depuis long-temps, et à qui rien ne coûte pour vous obtenir. Consens-y, Juliette, ajouta-t-il à voix basse, ou je te poignarde quand il sera hors de la chambre.

La frayeur m'ôta le jugement ; je m'élançai par la fenêtre au risque de me tuer. Des soldats qui passaient me relevèrent ; on me rapporta évanouie dans la maison. Quand je revins à moi, Leoni et ses complices l'avaient quittée. Ils avaient déclaré que je m'étais précipitée par la fenêtre dans un accès de fièvre cérébrale, tandis qu'ils étaient allés dans une autre chambre pour me chercher des secours. Ils avaient feint beaucoup de consternation. Leoni était resté jusqu'à ce que le chirurgien qui me soigna eût déclaré que je n'avais aucune fracture. Alors Leoni était sorti en disant qu'il allait rentrer, et depuis deux jours il n'avait pas reparu. Il ne revint pas, et je ne le revis jamais.

Ici Juliette termina son récit et resta accablée de fatigue et de tristesse. — C'est alors, ma pauvre enfant, lui dis-je, que je fis connaissance avec toi. Je demeurais dans la même maison. Le récit de ta chute m'inspira de la curiosité. Bientôt j'appris que tu étais jeune et digne d'un intérêt sérieux ; que Leoni, après t'avoir accablée des plus mauvais traitements, t'avait enfin abandonnée mourante et dans la misère. Je voulus te voir ; tu étais dans le délire quand j'approchai de ton lit. Oh ! que tu étais belle, Juliette, avec tes épaules nues, tes cheveux épars, tes lèvres brûlées du feu de la fièvre, et ton visage animé par l'énergie de la souffrance ! Que tu me semblas belle encore lorsque, abattue par la fatigue, tu retombas sur ton oreiller, pâle et penchée comme une rose blanche qui s'effeuille à la chaleur du jour ! Je ne pus m'arracher d'auprès de toi. Je me sentis saisi d'une sympathie irrésistible, entraîné par un intérêt que je n'avais jamais éprouvé. Je fis venir les premiers médecins de la ville, je te procurai tous les secours qui te manquaient. Pauvre fille abandonnée ! je passai les nuits près de toi, je vis ton désespoir, je compris ton amour. Je n'avais jamais aimé ; aucune femme ne me semblait pouvoir répondre à la passion que je me sentais capable de ressentir. Je cherchais un cœur aussi fervent que le mien. Je me méfiais de tous ceux que j'éprouvais, et bientôt je reconnaissais la prudence de ma retenue en voyant la sécheresse et la frivolité de ces cœurs féminins. Le tien me sembla le seul qui pût me comprendre. Une femme capable d'aimer et de souffrir comme tu avais fait était la réalisation de tous mes rêves. Je désirai, sans l'espérer beaucoup, obtenir ton affection. Ce qui me donna la présomption d'essayer de te consoler, ce fut la certitude que je sentis en moi de t'aimer sincèrement et généreusement. Tout ce que tu disais dans ton délire te faisait connaître à moi autant que l'a fait depuis notre intimité. Je connus que tu étais une femme sublime aux prières que tu adressais à Dieu à voix haute, avec un accent dont rien ne pourrait rendre la sainteté déchirante. Tu demandais pardon pour Leoni, toujours pardon, jamais vengeance ! Tu invoquais les âmes de tes parents, tu leur racontais d'une voix haletante par quels malheurs tu avais expié ta fuite et leur douleur. Quelquefois tu me prenais pour Leoni et tu m'adressais des reproches foudroyants ; d'autres fois tu te croyais avec lui en Suisse, et tu me pressais dans tes bras avec passion. Il m'eût été bien facile alors d'abuser de ton erreur, et l'amour qui s'allumait dans mon sein me faisait de tes caresses insensées un véritable supplice. Mais je serais mort plutôt que de succomber à mes désirs, et la fourberie de lord Edwards, dont tu me parlais sans cesse, me semblait la plus déshonorante infamie qu'un homme pût commettre. Enfin j'ai eu le bonheur de sauver ta vie et ta raison, ma pauvre Juliette ; depuis ce temps j'ai bien souffert et j'ai été bien heureux par toi. Je suis un fou peut-être de ne pas me contenter de l'amitié et de la possession d'une femme telle que toi, mais mon amour est insatiable. Je voudrais être aimé comme le fut Leoni, et je te tourmente de cette folle ambition. Je n'ai pas son éloquence et ses séductions, mais je t'aime, moi. Je ne t'ai pas trompée, je ne te tromperai jamais. Ton cœur, long-temps fatigué, devrait s'être reposé à force de dormir sur le mien. Juliette ! Juliette ! quand m'aimeras-tu comme tu sais aimer ?

— A présent et toujours, me répondit-elle ; tu m'as sauvée, tu m'as guérie et tu m'aimes. J'étais une folle, je le vois bien, d'aimer un pareil homme. Tout ce que je viens de te raconter m'a remis sous les yeux des infamies que j'avais presque oubliées. Maintenant je ne sens plus que de l'horreur pour le passé, et je ne veux plus y revenir. Tu as bien fait de me laisser dire tout cela ; je suis calme, et je sens bien que je ne peux plus aimer son souvenir. Tu es mon ami, toi ; tu es mon sauveur, mon frère et mon amant.

— Dis aussi ton mari, je t'en supplie, Juliette !

— Mon mari, si tu veux, dit-elle en m'embrassant avec une tendresse qu'elle ne m'avait jamais témoignée aussi vivement, et qui m'arracha des larmes de joie et de reconnaissance.

XXIII.

Je me réveillai si heureux le lendemain que je ne pensai plus à quitter Venise. Le temps était magnifique, le soleil était doux comme au printemps. Des femmes élégantes couvraient les quais et s'amusaient aux lazzi des masques qui, à demi couchés sur les rampes des ponts, agaçaient les passants et adressaient tour à tour des impertinences et des flatteries aux femmes laides et jolies. C'était le mardi gras, triste anniversaire pour Juliette. Je désirai la distraire; je lui proposai de sortir, et elle y consentit.

Je la regardais avec orgueil marcher à mes côtés. On donne peu le bras aux femmes à Venise. On les soutient seulement par le coude en montant et en descendant les escaliers de marbre blanc qui à chaque pas se présentent pour traverser les canaux. Juliette avait tant de grâce et de souplesse dans tous ses mouvements que j'avais une joie puérile à la sentir à peine s'appuyer sur ma main pour franchir ces ponts. Tous les regards se fixaient sur elle, et les femmes, qui jamais ne regardent avec plaisir la beauté d'une autre femme, regardaient au moins avec intérêt l'élégance de ses vêtements et de sa démarche, qu'elles eussent voulu imiter. Je crois encore voir la toilette et le maintien de Juliette. Elle avait une robe de velours violet avec un boa et un petit manchon d'hermine. Son chapeau de satin blanc encadrait son visage toujours pâle, mais si parfaitement beau que, malgré sept ou huit années de fatigues et de chagrins mortels, tout le monde lui donnaît dix-huit ans tout au plus. Elle était chaussée de bas de soie violets, si transparents qu'on voyait au travers sa peau blanche et mate comme de l'albâtre. Quand elle avait passé et qu'on ne voyait plus sa figure, on suivait de l'œil ses petits pieds, si rares en Italie. J'étais heureux de la voir admirer ainsi ; je le lui disais, et elle me souriait avec une douceur affectueuse. J'étais heureux !...

Un bateau pavoisé et plein de masques et de musiciens s'avança sur le canal de la Giudecca. Je proposai à Juliette de prendre une gondole et d'en approcher pour voir les costumes. Elle y consentit. Plusieurs sociétés suivirent notre exemple, et bientôt nous nous trouvâmes engagés dans un groupe de gondoles et de barques qui accompagnaient avec nous le bateau pavoisé et semblaient lui servir d'escorte.

Nous entendîmes dire aux gondoliers que cette troupe de masques était composée des jeunes gens les plus riches et les plus à la mode dans Venise. Ils étaient en effet d'une élégance extrême ; leurs costumes étaient fort riches, et le bateau était orné de voiles de soie, de banderoles de gaze d'argent et de tapis d'Orient de la plus grande beauté. Leurs vêtements étaient ceux des anciens Vénitiens, que Paul Véronèse, par un heureux anachronisme, a reproduits dans plusieurs sujets de dévotion, entre autres dans le magnifique tableau des *Noces*, dont la république de Venise fit présent à Louis XIV, et qui est au Musée de Paris. Sur le bord du bateau je remarquai surtout un homme vêtu d'une longue robe de soie vert-pâle, brodée de larges arabesques d'or et d'argent. Il était debout et jouait de la guitare dans une attitude si noble, sa haute taille était si bien prise, qu'il semblait fait exprès pour porter ces habits magnifiques. Je le fis remarquer à Juliette, qui leva les yeux sur lui machinalement, le vit à peine et me répondit : « Oui, oui, superbe ! » en pensant à autre chose.

Nous suivions toujours, et, poussés par les autres barques, nous touchions le bateau pavoisé du côté précisément où se tenait cet homme. Juliette était aussi debout avec moi et s'appuyait sur le couvert de la gondole pour ne pas être renversée par les secousses que nous recevions souvent. Tout à coup cet homme se pencha vers Juliette comme pour la reconnaître, passa la guitare à son voisin, arracha son masque noir et se tourna de nouveau vers nous. Je vis sa figure qui était belle et noble s'il en fut jamais. Juliette ne le vit pas. Alors il l'appela à demi-voix, et elle tressaillit comme si elle eût été frappée d'une commotion galvanique.

— Juliette ! répéta-t-il d'une voix plus forte.

— Leoni ! s'écria-t-elle avec transport.

C'est encore pour moi comme un rêve. J'eus un éblouissement ; je perdis la vue pendant une seconde, je crois. Juliette s'élança, impétueuse et forte. Tout à coup je la vis transportée comme par magie sur le bateau, dans les bras de Leoni ; un baiser délirant unissait leurs lèvres. Le sang me monta au cerveau, me bourdonna dans les oreilles, me couvrit les yeux d'un voile plus épais ; je ne sais pas ce qui se passa. Je revins à moi en montant l'escalier de mon auberge. J'étais seul ; Juliette était partie avec Leoni.

Je tombai dans une rage inouïe, et pendant trois heures je me comportai comme un épileptique. Je reçus vers le soir une lettre de Juliette conçue en ces termes :

« Pardonne-moi, pardonne-moi, Bustamente ; je

» t'aime, je te vénère, je te bénis à genoux pour ton
» amour et tes bienfaits. Ne me hais pas ; tu sais que je
» ne m'appartiens pas, qu'une main invisible dispose
» de moi et me jette malgré moi dans les bras de cet
» homme. O mon ami, pardonne-moi, ne te venge
» pas ! je l'aime, je ne puis vivre sans lui. Je ne puis
» savoir qu'il existe sans le désirer, je ne puis le voir
» passer sans le suivre. Je suis sa femme ; il est mon
» maître, vois-tu ? il est impossible que je me dérobe à
» sa passion et à son autorité. Tu as vu si j'ai pu résis-
» ter à son appel. Il y a eu comme une force magnéti-
» que, comme un aimant qui m'a soulevée et qui m'a
» jetée sur son cœur ; et pourtant j'étais près de toi,
» j'avais ma main dans la tienne. Pourquoi ne m'as-tu
» pas retenue ? tu n'en as pas eu la force ; ta main s'est
» ouverte, ta bouche n'a même pas pu me rappeler ;
» tu vois que cela ne dépend pas de nous. Il y a une
» volonté cachée, une puissance magique qui ordonne
» et opère ces choses étranges. Je ne puis briser la
» chaîne qui est entre moi et Leoni ; c'est le boulet qui
» accouple les galériens, mais c'est la main de Dieu qui
» l'a rivé.

» O mon cher Aleo, ne me maudis pas ! je suis à tes
» pieds. Je te supplie de me laisser être heureuse. Si
» tu savais comme il m'aime encore, comme il m'a re-
» çue avec joie ! quelles caresses, quelles paroles,
» quelles larmes !... Je suis comme ivre, je crois rêver.
» Je dois oublier son crime envers moi, il était fou.
» Après m'avoir abandonnée, il est arrivé à Naples
» dans un tel état d'aliénation qu'il a été enfermé dans
» un hôpital de fous. Je ne sais par quel miracle il en
» est sorti guéri, ni par quelle protection du sort il se
» trouve maintenant remonté au faîte de la richesse.

» Mais il est plus beau, plus brillant, plus passionné
» que jamais. Laisse-moi, laisse-moi l'aimer, dussé-je
» être heureuse seulement un jour et mourir demain.
» Ne dois-tu pas me pardonner de l'aimer si follement,
» toi qui as pour moi une passion aveugle et aussi mal
» placée?

» Pardonne, je suis folle; je ne sais ni de quoi je te
» parle, ni ce que je te demande. Oh! ce n'est pas de
» me recueillir et de me pardonner quand il m'aura de
» nouveau délaissée; non! j'ai trop d'orgueil, ne crains
» rien. Je sens que je ne te mérite plus, qu'en me je-
» tant dans ce bateau je me suis à jamais séparée de
» toi, que je ne puis plus soutenir ton regard ni tou-
» cher ta main. Adieu donc, Aleo! Oui, je t'écris
» pour te dire adieu, car je ne puis pas me séparer de
» toi sans te dire que mon cœur en saigne déjà, et qu'il
» se brisera un jour de regret et de repentir. Va, tu
» seras vengé! Calme-toi maintenant, pardonne; plains-
» moi, prie pour moi; sache bien que je ne suis pas
» une ingrate stupide, qui méconnaît ton caractère et
» ses devoirs envers toi. Je ne suis qu'une malheureuse
» que la fatalité entraîne et qui ne peut s'arrêter. Je
» me retourne vers toi, et je t'envoie mille adieux,
» mille baisers, mille bénédictions. Mais la tempête
» m'enveloppe et m'emporte. En périssant sur les écueils
» où elle doit me briser, je répéterai ton nom, et je
» t'invoquerai comme un ange de pardon entre Dieu et
» moi.

» JULIETTE. »

Cette lettre me causa un nouvel accès de rage; puis
je tombai dans le désespoir; je sanglotai comme un enfant pendant plusieurs heures, et, succombant à la fa-

tigue, je m'endormis sur ma chaise, seul, au milieu de cette grande chambre où Juliette m'avait conté son histoire la veille. Je me réveillai calme, j'allumai du feu ; je fis plusieurs fois le tour de la chambre d'un pas lent et mesuré.

Quand le jour parut, je me rassis et je me rendormis : ma résolution était prise ; j'étais tranquille. A neuf heures je sortis, je pris des informations dans toute la ville, et je m'enquis de certains détails dont j'avais besoin. On ignorait par quel procédé Leoni avait fait sa fortune ; on savait seulement qu'il était riche, prodigue, dissolu ; tous les hommes à la mode allaient chez lui, singeaient sa toilette et se faisaient ses compagnons de plaisir. Le marquis de... l'escortait partout et partageait son opulence : tous deux étaient amoureux d'une courtisane célèbre, et, par un caprice inouï, cette femme refusait leurs offres. Sa résistance avait tellement aiguillonné le désir de Leoni qu'il lui avait fait des promesses exorbitantes, et qu'il n'y avait aucune folie où elle ne pût l'entraîner.

J'allai chez elle, et j'eus beaucoup de peine à la voir ; enfin elle m'admit et me reçut d'un air hautain, en me demandant ce que je voulais du ton d'une personne pressée de congédier un importun.

— Je viens vous demander un service, lui dis-je. Vous haïssez Leoni ?

— Oui, me répondit-elle, je le hais mortellement.

— Puis-je vous demander pourquoi ?

— Il a séduit une jeune sœur que j'avais dans le Frioul, et qui était honnête et sainte ; elle est morte à l'hôpital. Je voudrais manger le cœur de Leoni.

— Voulez-vous m'aider, en attendant, à lui faire subir une mystification cruelle ?

— Oui.

— Voulez-vous lui écrire et lui donner un rendez-vous ?

— Oui, pourvu que je ne m'y trouve pas.

— Cela va sans dire. Voici le modèle du billet que vous écririez :

« Je sais que tu as retrouvé ta femme et que tu l'aimes.
» Je ne voulais pas de toi hier, cela me semblait trop
» facile ; aujourd'hui il me paraît piquant de te rendre
» infidèle ; je veux savoir d'ailleurs si le grand désir que
» tu as de me posséder est capable de tout, comme tu
» t'en vantes. Je sais que tu donnes un concert sur l'eau
» cette nuit ; je serai dans une gondole et je suivrai. Tu
» connais mon gondolier Cristofano ; tiens-toi sur le
» bord de ton bateau et saute dans ma gondole au mo-
» ment où tu l'apercevras. Je te garderai une heure,
» après quoi j'aurai assez de toi peut-être pour toujours.
» Je ne veux pas de tes présents ; je ne veux que cette
» preuve de ton amour. A ce soir, ou jamais. »

La Misana trouva le billet singulier, et le copia en riant.

— Que ferez-vous de lui quand vous l'aurez mis dans la gondole ?

— Je le déposerai sur la rive du Lido, et le laisserai passer là une nuit un peu longue et un peu froide.

— Je vous embrasserais volontiers pour vous remercier, dit la courtisane ; mais j'ai un amant que je veux aimer toute la semaine. Adieu.

— Il faut, lui dis-je, que vous mettiez votre gondolier à mes ordres.

— Sans doute, dit-elle ; il est intelligent, discret, robuste ; faites-en ce que vous voudrez.

14.

XXIV.

Je rentrai chez moi; je passai le reste du jour à réfléchir mûrement à ce que j'allais faire. Le soir vint; Cristofano et la gondole m'attendaient sous la fenêtre. Je pris un costume de gondolier : le bateau de Leoni parut tout illuminé de verres de couleur qui brillaient comme des pierreries depuis le faîte des mâts jusqu'au bout des moindres cordages, et lançant des fusées de toutes parts dans les intervalles d'une musique éclatante. Je montai à l'arrière de la gondole, une rame à la main; je l'atteignis. Leoni était sur le bord, dans le même costume que la veille; Juliette était assise au milieu des musiciens, elle avait aussi un costume magnifique; mais elle était abattue et pensive, et semblait ne pas s'occuper de lui. Cristofano ôta son chapeau et leva sa lanterne à la hauteur de son visage. Leoni le reconnut et sauta dans la gondole.

Aussitôt qu'il y fut entré, Cristofano lui dit que la Misana l'attendait dans une autre gondole, auprès du jardin public. — Eh! pourquoi n'est-elle pas ici? demanda-t-il. — *Non so*, répondit le gondolier d'un air d'indifférence, et il se remit à ramer. Je le secondais vigoureusement, et en peu d'instants nous eûmes dépassé le jardin public. Il y avait autour de nous une brume épaisse. Leoni se pencha plusieurs fois et demanda si nous n'étions pas bientôt arrivés. Nous glissions toujours rapidement sur la lagune tranquille; la lune, pâle et baignée dans la vapeur, blanchissait l'atmosphère sans l'éclairer. Nous passâmes en contrebandiers la limite maritime qui ne se franchit point ordinairement sans une permission de la police, et nous ne nous arrêtâmes que sur la rive sablonneuse du Lido, assez loin pour ne pas risquer de rencontrer un être vivant.

— Coquins! s'écria notre prisonnier, où diable m'avez-vous conduit? où sont les escaliers du jardin public? où est la gondole de la Misana? Ventredieu! nous sommes dans le sable! Vous vous êtes perdus dans la brume, butors que vous êtes, et vous me débarquez au hasard...

— Non, monsieur, lui dis-je en italien; ayez la bonté de faire dix pas avec moi, et vous trouverez la personne que vous cherchez. Il me suivit, et aussitôt Cristofano, conformément à mes ordres, s'éloigna avec la gondole, et alla m'attendre dans la lagune sur l'autre rive de l'île.

— T'arrêteras-tu, brigand! me cria Leoni quand nous eûmes marché sur la grève pendant quelques minutes. Veux-tu me faire geler ici? où est ta maîtresse? où me mènes-tu?

— Seigneur, lui répondis-je en me retournant et en tirant de dessous ma cape les objets que j'avais apportés, permettez-moi d'éclairer votre chemin. Alors je tirai ma lanterne sourde, je l'ouvris et je l'accrochai à un des pieux du rivage.

— Que diable fais-tu là? me dit-il, ai-je affaire à des fous? De quoi s'agit-il?

— Il s'agit, lui dis-je en tirant deux épées de dessous mon manteau, de vous battre avec moi.

— Avec toi, canaille! je te vais rosser comme tu le mérites.

— Un instant, lui dis-je en le prenant au collet avec une vigueur dont il fut un peu étourdi, je ne suis pas ce que vous croyez. Je suis noble tout aussi bien que vous; de plus, je suis un honnête homme et vous êtes un scélérat. Je vous fais donc beaucoup d'honneur en me battant avec vous. Il me sembla que mon adversaire tremblait et cherchait à s'échapper. Je le serrai davantage.

— Que me voulez-vous ? Par le nom du diable ! s'écria-t-il, qui êtes-vous ? je ne vous connais pas. Pourquoi m'amenez-vous ici ? Votre intention est-elle de m'assassiner ? Je n'ai aucun argent sur moi. Êtes-vous un voleur ?

— Non, lui dis-je, il n'y a de voleur et d'assassin ici que vous ; vous le savez bien.

— Êtes-vous donc mon ennemi ?

— Oui, je suis votre ennemi.

— Comment vous nommez-vous ?

— Cela ne vous regarde pas, vous le saurez si vous me tuez.

— Et si je ne veux pas vous tuer ? s'écria-t-il en haussant les épaules et en s'efforçant de prendre de l'assurance.

— Alors vous vous laisserez tuer par moi, lui répondis-je, car je vous jure qu'un de nous deux doit rester ici cette nuit.

— Vous êtes un bandit ! s'écria-t-il en faisant des efforts terribles pour se dégager. Au secours ! au secours !

— Cela est fort inutile, lui dis-je; le bruit de la mer couvre votre voix, et vous êtes loin de tout secours humain. Tenez-vous tranquille, ou je vous étrangle ; ne me mettez pas en colère, profitez des chances de salut que je vous donne. Je veux vous tuer et non vous assassiner. Vous connaissez ce raisonnement-là. Battez-vous avec moi, et ne m'obligez pas à profiter de l'avantage de la force que j'ai sur vous, comme vous voyez. En parlant ainsi, je le secouais par les épaules et le faisais plier comme un jonc, bien qu'il fût plus grand que moi de toute la tête. Il comprit qu'il était à ma disposition et il essaya de me dissuader.

— Mais, monsieur, si vous n'êtes pas fou, me dit-il, vous avez une raison pour vous battre avec moi. Que vous ai-je fait?

— Il ne me plaît pas de vous le dire, répondis-je, et vous êtes un lâche de me demander la cause de ma vengeance, quand c'est vous qui devriez me demander raison.

— Eh! de quoi? reprit-il. Je ne vous ai jamais vu. Il ne fait pas assez clair pour que je puisse bien distinguer vos traits, mais je suis sûr que j'entends votre voix pour la première fois.

— Poltron! vous ne sentez pas le besoin de vous venger d'un homme qui s'est moqué de vous, qui vous a fait donner un rendez-vous pour vous mystifier, et qui vous amène ici malgré vous pour vous provoquer? On m'avait dit que vous étiez brave; faut-il vous frapper pour éveiller votre courage?

— Vous êtes un insolent, dit-il en se faisant violence.

— A la bonne heure : je vous demande raison de ce mot, et je vais vous donner raison sur l'heure de ce soufflet. Je lui frappai légèrement sur la joue. Il fit un hurlement de rage et de terreur.

— Ne craignez rien, lui dis-je en le tenant d'une main et en lui donnant de l'autre une épée; défendez-vous. Je sais que vous êtes le premier tireur de l'Europe, je suis loin d'être de votre force. Il est vrai que je suis calme et que vous avez peur, cela rend la chance égale. Sans lui donner le temps de répondre, je l'attaquai vigoureusement. Le misérable jeta son épée et se mit à fuir. Je le poursuivis, je l'atteignis, je le secouai avec fureur. Je le menaçai de le tirer dans la mer et de le noyer, s'il ne se défendait pas. Quand il vit qu'il lui était impossible de s'échapper, il prit l'épée et retrouva ce courage désespéré que donnent aux plus peureux l'amour de la vie et le danger inévitable. Mais soit que la faible clarté de la lanterne ne lui permît pas de bien mesurer ses coups, soit que la peur qu'il venait d'avoir lui eût ôté toute présence d'esprit, je trouvai ce terrible duelliste d'une faiblesse désespérante. J'avais tellement envie de ne pas le massacrer que je le ménageai longtemps. Enfin, il se jeta sur mon épée en voulant faire une feinte, et il s'enferra jusqu'à la garde.

— Justice ! justice ! dit-il en tombant. Je meurs assassiné !

— Tu demandes justice et tu l'obtiens, lui répondis-je. Tu meurs de ma main comme Henryet est mort de la tienne.

Il fit un rugissement sourd, mordit le sable et rendit l'âme.

Je pris les deux épées et j'allai retrouver la gondole ; mais, en traversant l'île, je fus saisis de mille émotions inconnues. Ma force faiblit tout à coup ; je m'assis sur une de ces tombes hébraïques qui sont à demi recouvertes par l'herbe, et que ronge incessamment le vent âpre et salé de la mer. La lune commençait à sortir des brouillards, et les pierres blanches de ce vaste cimetière se détachaient sur la verdure sombre du Lido. Je pensais à ce que je venais de faire, et ma vengeance, dont je m'étais promis tant de joie, m'apparut sous un triste aspect ; j'avais comme des remords, et pourtant j'avais cru faire une action légitime et sainte en purgeant la terre et en délivrant Juliette de ce démon incarné. Mais je ne m'étais pas attendu à le trouver lâche. J'avais espéré rencontrer un ferrailleur audacieux, et en m'attaquant à lui j'avais fait le sacrifice de ma vie. J'étais troublé et comme épouvanté d'avoir pris la sienne si aisément. Je ne trouvais pas ma haine satisfaite par la vengeance ; je la sentais éteinte par le mépris. Quand je l'ai vu si poltron, pensais-je, j'aurais dû l'épargner ; j'aurais dû oublier mon ressentiment contre lui, et mon amour pour la femme capable de me préférer un pareil homme.

Des pensées confuses, des agitations douloureuses se pressèrent alors dans mon cerveau. Le froid, la nuit, la vue de ces tombeaux me calmaient par instants ; ils me plongeaient dans une stupeur rêveuse dont je sortais violemment et douloureusement en me rappelant tout à coup ma situation, le désespoir de Juliette qui allait éclater demain, et l'aspect de ce cadavre qui gisait sur le sable ensanglanté non loin de moi. « Il n'est peut-être pas mort, » pensai-je. J'eus une envie vague de m'en assurer. J'aurais presque désiré lui rendre la vie. Les premières heures du jour me surprirent dans cette irrésolution, et je songeai alors que la prudence devait m'éloigner de ce lieu. J'allai rejoindre Cristofano, que je trouvai profondément endormi dans sa gondole, et que j'eus beaucoup de peine à réveiller. La vue de ce tranquille sommeil me fit envie. Comme Macbeth, je venais de divorcer pour long-temps avec lui.

Je revenais, lentement bercé par les eaux que colorait déjà en rose l'approche du soleil. Je passai tout auprès du bateau à vapeur qui voyage de Venise à Trieste. C'était l'heure de son départ ; les roues battaient déjà l'eau écumante, et des étincelles rouges s'échappaient du tuyau avec des spirales d'une noire fumée. Plusieurs barques apportaient des passagers. Une gondole effleura la nôtre et s'accrocha au bâtiment. Un homme et une femme sortirent de cette gondole et grimpèrent légèrement l'escalier du paquebot. A peine étaient-ils sur le tillac que le bâtiment partit avec la rapidité de l'éclair. Le couple se pencha sur la rampe pour voir le sillage. Je reconnus Juliette et Leoni. Je crus faire un rêve; je passai ma main sur mes yeux, j'appelai Cristofano. — Est-ce bien là le baron Leone de Leoni qui part pour Trieste avec une dame? lui demandai-je. — Oui, monseigneur, répondit-il. Je prononçai un blasphème épouvantable; puis, rappelant le gondolier : — Eh! quel est donc, lui dis-je, l'homme que nous avons emmené hier soir au Lido?

— Votre excellence le sait bien, répondit-il; c'est le marquis Lorenzo de...

FIN DE LEONE LEONI.

LE
SECRÉTAIRE INTIME.

LE
SECRÉTAIRE INTIME.

I.

Par une belle journée, cheminait sur la route de Lyon à Avignon un jeune homme de bonne mine. Il se nommait Louis de Saint-Julien, et portait à bon droit le titre de comte; car il était d'une des meilleures familles de sa province. Néanmoins il allait à pied avec un petit sac sur le dos; sa toilette était plus que modeste, et ses pieds enflaient d'heure en heure sous ses guêtres de cuir poudreux.

Ce jeune homme, élevé à la campagne par un bon et honnête curé, avait beaucoup de droiture, passablement d'esprit, et une instruction assez recommandable pour espérer l'emploi de précepteur, de sous-bibliothécaire ou de secrétaire intime. Il avait des qualités et même des vertus. Il avait aussi des travers et même des défauts; mais il n'avait point de vices. Il était bon et romanesque, mais orgueilleux et craintif, c'est-à-dire susceptible et méfiant, comme tous les gens sans expérience de la vie et sans connaissance du monde.

Si ce rapide exposé de son caractère ne suffit point pour exciter l'intérêt du lecteur, peut-être la lectrice lui accordera-t-elle un peu de bienveillance en apprenant que M. Louis de Saint-Julien avait de très-beaux yeux, la main blanche, les dents blanches et les cheveux noirs.

Pourquoi ce jeune homme voyageait-il à pied? c'est qu'apparemment il n'avait pas le moyen d'aller en voiture. D'où venait-il? c'est ce que nous vous dirons en temps et lieu. Où allait-il? il ne le savait pas lui-même. On peut résumer cependant son passé et son avenir en peu de mots : il venait du triste pays de la réalité, et il tâchait de s'élancer à tout hasard vers le joyeux pays des chimères.

Depuis huit jours qu'il était en route, il avait héroïquement supporté la fatigue, le soleil, la poussière, les mauvais gîtes, et l'effroi insurmontable qui chemine toujours triste et silencieux sur les talons d'un homme sans argent. Mais une écorchure à la cheville le força de s'asseoir au bord d'une haie, près d'une métairie où l'on avait récemment établi un relais de poste aux chevaux.

Il y était depuis un instant lorsqu'une très-belle et leste berline de voyage vint à passer devant lui ; elle était suivie d'une calèche et d'une chaise de poste qui paraissaient contenir la suite ou la famille de quelque personnage considérable.

L'idée vint à Julien de monter derrière une de ces voitures ; mais à peine y fut-il installé, que le postillon, jetant de côté un regard exercé à ce genre d'observation, découvrit la silhouette du délinquant qui courait avec l'ombre de la voiture sur le sable blanc du chemin. Aussitôt il s'arrêta et lui commanda impérieusement de descendre. Saint-Julien descendit et s'adressa aux personnes qui étaient dans la chaise, s'imaginant dans sa confiance honnête qu'une telle demande ne pouvait être repoussée que par un postillon grossier ; mais les deux personnes qui occupaient la voiture étaient une lectrice et un majordome, gens essentiellement hautains et insolents par état. Ils refusèrent avec impertinence. — Vous n'êtes que des laquais mal appris, leur cria Saint-Julien en colère, et l'on voit bien que c'est vous qui êtes faits pour monter derrière la voiture des gens comme il faut.

Saint-Julien parlait haut et fort ; le chemin était montueux, et les quatre voitures marchaient lentement et sans bruit sur un sable mat et chaud. La voix de Julien et celle du postillon, qui l'insultait pour complaire aux voyageurs de la chaise, furent entendues de la personne qui occupait la berline. Elle se pencha hors de la portière pour regarder ce qui se passait derrière elle, et Saint-Julien vit avec une émotion enfantine le plus beau buste de femme qu'il eût jamais imaginé ; mais il n'eut pas le temps de l'admirer ; car dès qu'elle jeta les yeux sur lui, il baissa timidement les siens. Alors cette femme si belle, s'adressant au postillon et à ses gens d'une grosse voix de contralto et avec un accent étranger assez ronflant, les gourmanda vertement et interpella le jeune voyageur avec familiarité : — Viens çà, mon enfant, lui dit-elle, monte sur le siége de ma voiture ; accorde seulement un coin grand comme la main à ma levrette blanche qui est sur le marchepied. Va, dépêche-toi ; garde tes compliments et tes révérences pour un autre jour.

Saint-Julien ne se le fit pas dire deux fois, et, tout haletant de fatigue et d'émotion, il grimpa sur le siége et prit la levrette sur ses genoux. La voiture partit au galop en arrivant au sommet de la côte.

Au relais suivant, qui fut atteint avec une grande

rapidité, Saint-Julien descendit dans la crainte d'abuser de la permission qu'on lui avait donnée; et comme il se mêla aux postillons, aux chevaux, aux poules et aux mendiants qui encombrent toujours un relais de poste, il put regarder la belle voyageuse à son aise. Elle ne faisait aucune attention à lui et tançait tous ses laquais l'un après l'autre d'un ton demi-colère, demi-jovial. C'était une personne étrange et comme Julien n'en avait jamais vu. Elle était grande, élancée; ses épaules étaient larges; son cou blanc et dégagé avait des attitudes à la fois cavalières et majestueuses. Elle paraissait bien avoir trente ans, mais elle n'en avait peut-être que vingt-cinq ; c'était une femme un peu fatiguée; mais sa pâleur, ses joues minces et le demi-cercle bleuâtre creusé sous ses grands yeux noirs donnaient une expression de volonté pensive, d'intelligence saisissante et de fermeté mélancolique à toute cette tête, dont la beauté linéaire pouvait d'ailleurs supporter la comparaison avec les camées antiques les plus parfaits.

La richesse et la coquetterie de son costume de voyage n'étonnèrent pas moins Julien que ses manières. Elle paraissait très-vive et très-bonne, et jetait de l'argent aux pauvres à pleines mains. Il y avait dans sa voiture deux autres personnes, que Saint-Julien ne songea pas à regarder, tant il était absorbé par celle-là.

Au moment de repartir elle se pencha de nouveau ; et, cherchant des yeux Saint-Julien, elle le vit qui s'approchait le chapeau à la main pour lui faire ses remercîments. Il n'eût pas osé renouveler sa demande ; mais elle le prévint. — Eh bien ! lui dit-elle, est-ce que tu restes ici ?

— Madame, répondit Julien, je me rends à Avignon; mais je craindrais...

— Eh bien! eh bien! dit-elle avec sa voix mâle et brève, je t'y conduirai avant la nuit, moi. Allons, remonte.

Ils arrivèrent en effet avant la nuit. Saint-Julien avait eu bien envie de se retourner cent fois durant le voyage et de jeter un coup d'œil furtif dans la voiture, où il eût pu plonger en faisant un mouvement; mais il ne l'osa pas, car il sentit que sa curiosité aurait le caractère de la grossièreté et de l'ingratitude. Seulement il était descendu à tous les relais pour regarder la belle voyageuse à la dérobée, pour examiner ses actions, écouter ses paroles, scruter sa conduite, en affectant l'air indifférent et distrait. Il avait trouvé en elle ce continuel mélange du caractère impérial et du caractère bon enfant, qui ne le menait à aucune découverte. Il n'eût pas osé s'adresser aux personnes de sa suite pour exprimer la curiosité imprudente qui chauffait dans sa tête. Il était dans une très-grande anxiété en s'adressant les questions suivantes : — Est-ce une reine ou une courtisane? — Comment le savoir? — Que m'importe? Pourquoi suis-je si intrigué par une femme que j'ai vue aujourd'hui et que je ne verrai plus demain?

La voyageuse et sa suite entrèrent avec grand fracas dans la principale auberge d'Avignon. Saint-Julien se hâta de se jeter en bas de la voiture, afin de s'enfuir et de n'avoir pas l'air d'un mendiant parasite.

Mais à la vue de l'aubergiste et de ses aides-de-camp en veste blanche qui accouraient à la rencontre de la voyageuse, il s'arrêta, enchaîné par une invincible curiosité, et il entendit ces mots, qui lui ôtèrent un poids énorme de dessus le cœur, partir de la bouche du patron :

— J'attendais Votre Altesse, et j'espère qu'elle sera contente.

Saint-Julien, rassuré sur une crainte pénible, se résolut alors à faire sa première folie. Au lieu d'aller chercher, comme à l'ordinaire, un gîte obscur et frugal dans quelque faubourg de la ville, il demanda une chambre dans le même hôtel que la princesse, afin de la voir encore, ne fût-ce qu'un instant et de loin, au risque de dépenser plus d'argent en un jour qu'il n'avait fait depuis qu'il était en voyage.

Il ne rencontra que des figures accortes et des soins prévenants, parce qu'on le crut attaché au service de la princesse, et que les riches sont en vénération dans toutes les auberges du monde.

Après s'être retiré dans sa chambre pour faire un peu de toilette, il s'assit dans la cour sur un banc et attacha son regard sur les fenêtres où il supposa que pouvait se montrer la princesse. Son espérance fut promptement réalisée : les fenêtres s'ouvrirent, deux personnes apportèrent un fauteuil et un marchepied sur le balcon, et la princesse vint s'y étendre d'une façon assez nonchalante en fumant des cigarettes ambrées ; tandis qu'un petit homme sec et poudré apporta une chaise auprès d'elle, déploya lentement un papier, et se mit à lui faire d'un ton de voix respectueux la lecture d'une gazette italienne.

Tout en fumant une douzaine de cigarettes que lui présentait tout allumées une très-jolie suivante qu'à l'élégance de sa toilette Saint-Julien prit au moins pour une marquise, l'altesse ultramontaine le regarda en clignotant de l'œil d'une manière qui le fit rougir jusqu'à la racine des cheveux. Puis elle se tourna vers sa suivante, et, sans égard pour les poumons de l'abbé, qui lisait pour les murailles ;

— Ginetta, est-ce que c'est là l'enfant que nous avons ramassé ce matin sur la route?

— Oui, Altesse.

— Il a donc changé de costume?

— Altesse, il me semble que oui.

— Il loge donc ici?

— Apparemment, Altesse.

— Eh bien! l'abbé, pourquoi vous interrompez-vous?

— J'ai cru que Votre Altesse ne daignait plus entendre la lecture des journaux.

— Qu'est-ce que cela vous fait?

L'abbé reprit sa tâche. La princesse demanda quelque chose à Ginetta, qui revint avec un lorgnon. La princesse lorgna Julien.

Saint-Julien était d'une très-délicate et très-intéressante beauté : pâlie par le chagrin et la fatigue, sa figure était pleine de langueur et de tendresse.

La princesse remit le lorgnon à Ginetta en lui disant :
— *Non è troppo brutto*. Puis elle reprit le lorgnon et regarda encore Julien. L'abbé lisait toujours.

Saint-Julien n'avait pu faire une brillante toilette; il avait tiré de son petit sac de voyage une blouse de coutil, un pantalon blanc, une chemise blanche et fine; mais cette blouse, serrée autour de la taille, dessinait un corps souple et mince comme celui d'une femme; sa chemise ouverte laissait voir un cou de neige à demi caché par de longs cheveux noirs. Une barrette de velours noir posée de travers lui donnait un air de page amoureux et poète. — Maintenant qu'il n'est plus couvert de poussière, dit Ginetta, il a l'air tout à fait bien né.

— Hum! dit la princesse en jetant son cigare sur le journal que lisait l'abbé, et qui prit feu sous le nez du digne personnage, c'est quelque pauvre étudiant.

Saint-Julien n'entendait point ce que disaient ces deux femmes ; mais il vit bien qu'elles s'occupaient de lui, car elles ne se donnaient pas la moindre peine pour le cacher. Il fut un peu piqué de se voir presque montré au doigt, comme s'il n'eût pas été un homme et comme si elles eussent cru impossible de se compromettre vis-à-vis de lui. Pour échapper à cette impertinente investigation, il rentra dans la salle des voyageurs.

Il était au moment de s'asseoir à la table d'hôte lorsqu'il se sentit frapper sur l'épaule ; et, se retournant brusquement, il vit cette piètre figure et cette maigre personne d'abbé qui lui était apparue sur le balcon.

L'abbé, l'ayant attiré dans un coin et l'ayant accablé de révérences obséquieuses, lui demanda s'il voulait souper avec Son Altesse Sérénissime la princesse de Cavalcanti. Saint-Julien faillit tomber à la renverse ; puis, reprenant ses esprits, il s'imagina que sous la triste mine de l'abbé pouvait bien s'être cachée quelque humeur ironique et facétieuse ; et, s'armant de beaucoup de sang-froid : — Certainement, monsieur, répondit-il, quand elle m'aura fait l'honneur de m'inviter.

— Aussi, monsieur, reprit l'abbé en se courbant jusqu'à terre, c'est une commission que je remplis.

— Oh! cela ne suffit pas, dit Saint-Julien qui se crut joué et persiflé par la princesse elle-même. Entre gens de notre rang, madame la princesse Cavalcanti sait bien qu'on n'emploie pas un abbé en guise d'ambassadeur. Je veux traiter avec un personnage plus important que Votre Seigneurie, ou recevoir une lettre signée de l'illustre main de Son Altesse.

L'abbé ne fit pas la moindre objection à cette prétention singulière; son visage n'exprima pas la moindre opinion personnelle sur la négociation qu'il remplissait. Il salua profondément Julien, et le quitta en lui disant qu'il allait porter sa réponse à la princesse.

Saint-Julien revint s'asseoir à la table d'hôte, convaincu qu'il venait de déjouer une mystification. Il avait si peu l'usage du monde que ses étonnements n'étaient pas de longue durée. — Apparemment, se disait-il, que ces choses-là se font dans la société.

Il était retombé dans sa gravité habituelle, lorsqu'il fut réveillé par le nom de Cavalcanti, qu'il entendit prononcer confusément au bout de la table.

— Monsieur, dit-il à un commis-voyageur qui était à son côté, qu'est-ce donc que la princesse Cavalcanti?

— Bah! dit le commis en relevant sa moustache blonde et en se donnant l'air dédaigneux d'un homme qui n'a rien de neuf à apprendre dans l'univers, la princesse Quintilia Cavalcanti? Je ne m'en soucie guère; une princesse comme tant d'autres! Race italienne croisée allemande. Elle était riche; on lui a fait épouser je ne sais quel principicule d'Autriche, qui a consenti pour obtenir sa fortune à ne pas lui donner son nom. Ces choses-là se font en Italie: j'ai passé par ce pays-là, et je le connais comme mes poches. Elle vient de Paris et retourne dans ses États. C'est une principauté esclavone qui peut bien rapporter un million de rente. Bah! qu'est-ce que cela? Nous avons dans le commerce des fortunes plus belles qui font moins d'étalage.

— Mais quel est le caractère de cette princesse Cavalcanti?

— Son caractère! dit le commis-voyageur d'un ton d'ironie méprisante; qu'est-ce que vous en voulez faire, de son caractère?

Saint-Julien allait répondre lorsque le maître de l'auberge lui frappa sur l'épaule et l'engagea à sortir un instant avec lui.

— Monsieur, lui dit-il d'un air consterné, il se passe des choses bien extraordinaires entre vous et Son Altesse madame la princesse de Cavalcanti.

— Comment, monsieur?...

— Comment, monsieur ! Son Altesse vous invite à venir souper avec elle, et vous refusez ! Vous êtes cause que cet excellent abbé Scipion vient d'être sévèrement grondé. La princesse ne veut pas croire qu'il se soit acquitté convenablement de son message, et s'en prend à lui de l'affront qu'elle reçoit. Enfin elle m'a commandé de venir vous demander une explication de votre conduite.

— Ah ! par exemple, voilà qui est trop fort, dit Julien. Il plaît à cette dame de me persifler, et je n'aurais pas le droit de m'y refuser !...

— Madame la princesse est fort absolue, dit l'aubergiste à demi-voix ; mais...

— Mais madame la princesse de Cavalcanti peut être absolue tant qu'il lui plaira, s'écria Saint-Julien. Elle n'est pas ici dans ses États, et je ne sais aucune loi française qui lui donne le droit de me faire souper de force avec elle...

— Pour l'amour du ciel, monsieur, ne le prenez pas ainsi. Si madame de Cavalcanti recevait une injure dans ma maison, elle serait capable de n'y plus descendre. Une princesse qui passe ici presque tous les ans, monsieur ! et qui ne s'arrête pas deux jours sans faire moins de cinq cents francs de dépense !... Au nom de Dieu, monsieur, allez, allez souper avec elle. Le souper sera parfait. J'y ai mis la main moi-même. Il y a des faisans truffés que le roi de France ne dédaignerait pas, des gelées qui...

— Eh! monsieur, laissez-moi tranquille...

— Vraiment, dit l'aubergiste d'un air consterné en croisant ses mains sur son gros ventre, je ne sais plus comment va le monde, je n'y conçois rien. Comment! un jeune homme qui refuse de souper avec la plus belle princesse du monde dans la crainte qu'on ne se moque de lui! Ah! si madame la princesse savait que c'est là votre motif, c'est pour le coup qu'elle dirait que les Français sont bien ridicules!

— Au fait, se dit Julien, je suis peut-être un grand sot de me méfier ainsi. Quand on se moquerait de moi, après tout! je tâcherai, s'il en est ainsi, d'avoir ma revanche. Eh bien! dit-il à l'aubergiste, allez présenter mes excuses à madame la princesse, et dites-lui que j'obéis à ses ordres...

— Dieu soit loué! s'écria l'aubergiste. Vous ne vous en repentirez pas; vous mangerez les plus belles truites de Vaucluse!... Et il s'enfuit transporté de joie.

Saint-Julien, voulant lui donner le temps de faire sa commission, rentra dans la salle des voyageurs. Il remarqua un grand homme pâle, d'une assez belle figure, qui errait autour des tables et qui semblait enregistrer les paroles des autres. Saint-Julien pensa que c'était un mouchard, parce qu'il n'avait jamais vu de mouchard, et que, dans son extrême méfiance, il prenait tous les curieux pour des espions. Personne cependant n'en avait moins l'air que cet individu. Il était lent, mélancolique, distrait, et ne semblait pas manquer d'une certaine niaiserie. Au moment où il passa près de Saint-Julien, il prononça entre ses dents, à deux reprises différentes et en appuyant sur les deux premières syllabes, le nom de Quintilia Cavalcanti.

Puis il retourna auprès de la table, et fit des questions sur cette princesse Cavalcanti.

— Ma foi! monsieur, répondit une personne à laquelle il s'adressa, je ne puis pas trop vous dire ; demandez à ce jeune homme qui est auprès du poêle. C'est un de ses domestiques.

Saint-Julien rougit jusqu'aux yeux, et, tournant brusquement le dos, il s'apprêtait à sortir de la salle ; mais l'étranger, avec une singulière insistance, l'arrêta par le bras, et le saluant avec la politesse d'un homme qui croit faire une grande concession à la nécessité : — Monsieur, lui dit-il, auriez-vous la bonté de me dire si madame la princesse de Cavalcanti arrive directement de Paris?

— Je n'en sais rien, monsieur, répondit Saint-Julien sèchement. Je ne la connais pas du tout.

— Ah! monsieur, je vous demande mille pardons. On m'avait dit...

Saint-Julien le salua brusquement et s'éloigna. Le voyageur pâle revint auprès de la table.

— Eh bien? lui dit le commis-voyageur qui avait observé sa méprise.

— Vous m'avez fait faire une bévue, dit le voyageur pâle à la personne qui l'avait d'abord adressé à Saint-Julien.

— Je vous en demande pardon, dit celui-ci. Je croyais avoir vu ce jeune homme sur le siége de la voiture.

Le commis-voyageur, qui était facétieux comme tous les commis-voyageurs du monde, crut que l'occasion était bien trouvée de faire ce qu'il appelait une farce.

Il savait fort bien que Saint-Julien ne connaissait pas la princesse, puisque c'était précisément à lui qu'il avait adressé une question semblable à celle du voyageur pâle; mais il lui sembla plaisant de faire durer la méprise de ce dernier.

— Parbleu! monsieur, dit-il, je suis sûr, moi, que vous ne vous êtes pas trompé. Je connais très-bien la figure de ce garçon-là : c'est le valet de chambre de madame de Cavalcanti. Si vous connaissiez le caractère de ces valets italiens, vous sauriez qu'ils ne disent pas une parole gratis; vous lui auriez offert cent sous...

— En effet, pensa le voyageur qui tenait extraordinairement à satisfaire sa curiosité. Il prit un louis dans sa bourse et courut après Saint-Julien.

Celui-ci attendait sous le péristyle que l'hôte vînt le chercher pour l'introduire chez la princesse. Le voyageur pâle l'accosta de nouveau, mais plus hardiment que la première fois, et, cherchant sa main, il y glissa la pièce de vingt francs.

Saint-Julien, qui ne comprenait rien à ce geste, prit l'argent, et le regarda en tenant sa main ouverte dans l'attitude d'un homme stupéfait.

— Maintenant, mon ami, répondez-moi, dit le voyageur pâle. Combien de temps madame la princesse Cavalcanti a-t-elle passé à Paris?

— Comment! encore? s'écria Julien furieux en jetant la pièce d'or par terre. Décidément ces gens sont fous avec leur princesse Cavalcanti.

Il s'enfuit dans la cour, et dans sa colère il faillit s'enfuir de la maison, pensant que tout le monde était d'accord pour le persifler. En ce moment, l'aubergiste lui prit le bras en lui disant d'un air empressé : — Venez, venez, monsieur, tout est arrangé; l'abbé a été grondé; la princesse vous attend.

II.

Au moment d'entrer dans l'appartement de la princesse, Saint-Julien retrouva cette assurance à laquelle nous atteignons quand les circonstances forcent notre timidité dans ses derniers retranchements. Il serra la boucle de sa ceinture, prit d'une main sa barrette, passa l'autre dans ses cheveux, et entra tout résolu à s'asseoir en blouse de coutil à la table de madame de Cavalcanti, fût-elle princesse ou comédienne.

Elle était debout, et marchait dans sa chambre tout en causant avec ses compagnons de voyage. Lorsqu'elle vit Saint-Julien, elle fit deux pas vers lui, et lui dit :

—Allons donc, monsieur, vous vous êtes fait bien prier! Est-ce que vous craignez de compromettre votre généalogie en vous asseyant à notre table? Il n'y a pas de noblesse qui n'ait eu son commencement, monsieur, et la vôtre elle-même...

— La mienne, madame! répondit Saint-Julien en l'interrompant sans façon, date de l'an mil cent sept.

La princesse, qui ne se doutait guère des méfiances de Saint-Julien, partit d'un grand éclat de rire. L'espiègle Ginetta, qui était en train d'emporter quelques chiffons de sa maîtresse, ne put s'empêcher d'en faire autant; l'abbé, voyant rire la princesse, se mit à rire sans savoir de quoi il était question. Le seul personnage qui ne parût pas prendre part à cette gaieté fut un grand officier en habit de fantaisie chocolat, sanglé d'or sur la poitrine, emmoustaché jusqu'aux tempes, cambré comme une danseuse, éperonné comme un coq de combat. Il roulait des yeux de faucon en voyant l'aplomb de Saint-Julien et la bonne humeur de la princesse ; mais Saint-Julien se fiait si peu à tout ce qu'il voyait qu'il s'imagina les voir échanger des regards d'intelligence.

— Allons, mettons-nous à table, dit la princesse en voyant fumer le potage. Quand la première faim sera apaisée, nous prierons monsieur de nous raconter les faits et gestes de ses ancêtres. En vérité, il est bien fâcheux, pour nous autres souverains légitimes, que tous les Français ne soient pas dans les idées de celui-ci. Il nous viendrait de par-delà les Alpes moins d'*influenza* contre la santé de nos aristocraties.

Saint-Julien se mit à manger avec assurance et à regarder avec une apparente liberté d'esprit les personnes qui l'entouraient. — Si je suis assis, en effet, à la table d'une Altesse Sérénissime, se dit-il, l'honneur est moins grand que je ne l'imaginais ; car voici des gens qu'elle a traités comme des laquais toute la journée et qui sont tout aussi bien assis que moi devant son souper.

La princesse avait coutume, en effet, de faire manger à sa table, lorsqu'elle était en voyage seulement, ses principaux serviteurs : l'abbé, qui était son secrétaire ; la lectrice, duègne silencieuse qui découpait le gibier ; l'intendant de sa maison, et même la Ginetta, sa favorite ; deux autres domestiques d'un rang inférieur servaient le repas, deux autres encore aidaient l'aubergiste à monter le souper. — C'est au moins la maîtresse d'un prince, pensa Saint-Julien ; elle est assez belle pour cela. Et il la regarda encore, quoiqu'il fût bien désenchanté par cette supposition.

Elle était admirablement belle à la clarté des bougies ; le ton de sa peau, un peu bilieux dans le jour, devenait le soir d'une blancheur mate qui était admirable. A mesure que le souper avançait, ses yeux prenaient un éclat éblouissant ; sa parole était plus brève, plus incisive ; sa conversation étincelait d'esprit ; mais à l'exception de la Ginetta, qui en qualité d'enfant gâté mettait son mot partout et singeait assez bien les airs et le ton de sa maîtresse, tous les autres convives la secondaient fort mal. La lectrice et l'abbé approuvaient de l'œil et du sourire toutes ses opinions et n'osaient ouvrir la bouche. Le premier écuyer d'honneur paraissait joindre à une très-maussade disposition accidentelle une nullité d'esprit passée à l'état chronique. La princesse semblait être en humeur de causer ; mais elle faisait de vains efforts pour tirer quelque chose de ce mannequin brodé sur toutes les coutures. Saint-Julien se sentait bien la force de parler avec elle, mais il n'osait pas se livrer. Enfin il prit son parti, et, affrontant ce regard curieusement glacial que chacun laisse tomber en pareille circonstance sur celui qui n'a pas encore parlé, il débuta par une franche et hardie contradiction à un aphorisme moqueur de madame Cavalcanti. Sans s'apercevoir qu'il inquiétait l'écuyer d'honneur, qui n'entendait pas bien le français, il s'exprima dans cette langue. La princesse, qui la possédait parfaitement, lui répondit de même, et, pendant un quart d'heure, toute la table écouta leur dialogue dans un religieux silence.

A vingt ans on passe rapidement du mépris à l'enthousiasme. On est si porté à augurer favorablement des hommes, qu'on fait immense, exagérée, la réparation qu'on leur accorde à la moindre apparence de sagesse. Saint-Julien, frappé du grand sens que la princesse déploya dans la discussion, était bien près de tomber dans cet excès, quoiqu'il y eût des instants encore où l'idée d'une scène habilement jouée pour le railler venait faire danser des fantômes devant ses yeux éblouis. Il était tenté de prendre toute cette cour italienne pour une troupe de comédiens ambulants. — La prima donna, se disait-il, joue le rôle de cette princesse au nom précieux ; l'aide-de-camp n'est qu'un ténor sans voix et sans âme ; cet intendant sourd et muet est peut-être habitué au rôle de la statue du Commandeur ; la Ginetta est une vraie Zerlina ; et quant à cet abbé stupide, c'est sans doute quelque banquier juif que la prima donna traîne à sa suite et qui défraie toute la troupe.

Après le dîner, la princesse, s'adressant à son premier écuyer, lui dit en italien : — Lucioli, allez de ma part rendre visite à mon ami le maréchal-de-camp *** qui réside dans cette ville. Informez-vous de son adresse, dites-lui que l'empressement et la fatigue du voyage m'ont empêchée de l'inviter à souper, mais que je vous ai chargé de lui exprimer mes sentiments. Allez.

Lucioli, assez mécontent d'une mission qui pouvait bien n'être qu'un prétexte pour l'éloigner, n'osa résister et sortit.

Dès qu'il fut dehors, l'abbé vint demander à son Altesse si elle n'avait rien à lui commander, et, sur sa réponse négative, il se retira.

Saint-Julien, ne sachant quelle contenance faire, allait se retirer aussi ; mais elle le rappela en lui disant qu'elle avait pris plaisir à sa conversation, et qu'elle désirait causer encore avec lui.

Saint-Julien trembla de la tête aux pieds. Un sentiment de répugnance qui allait jusqu'à l'horreur était le seul qui pût s'allier à l'idée d'une femme d'un rang auguste livrée à la galanterie. Il trouvait une telle femme d'autant plus haïssable qu'elle était plus à craindre, entourée de moyens de séduction, et l'âme remplie de traîtrise et d'habileté. Il regarda fixement la princesse italienne, et se tint debout auprès de la porte, dans une attitude hautaine et froide.

La princesse Cavalcanti ne parut pas y faire attention ; elle fit un signe à Ginetta et remit un volume à la lectrice. Aussitôt la soubrette reparut avec une toilette portative en laque japonaise qu'elle dressa sur une table. Elle tira d'un sac de velours brodé un énorme peigne d'écaille blonde incrusté d'or ; et, détachant la résille de soie qui retenait les cheveux de sa maîtresse, elle se mit à la peigner, mais lentement, et d'une façon insolente et coquette, qui semblait n'avoir pas d'autre but que d'étaler aux yeux de Saint-Julien le luxe de cette magnifique chevelure.

Au fait, il n'en existait peut-être pas de plus belle en Europe. Elle était d'un noir de corbeau, lisse, égale, si luisante sur les tempes qu'on en eût pris le double bandeau pour un satin brillant ; si longue et si épaisse qu'elle tombait jusqu'à terre et couvrait toute la taille comme un manteau. Saint-Julien n'avait rien vu de semblable, si ce n'est dans ses élucubrations fantastiques. Le peigne doré de la Ginetta se jouait en éclairs dans ce fleuve d'ébène, tantôt faisant voltiger de légères tresses sur les épaules de la princesse, tantôt posant sur sa poitrine de grandes masses semblables à des écharpes de jais ; et puis, rassemblant tout ce trésor sous son peigne immense, elle le faisait ruisseler aux lumières comme un flot d'encre.

Avec sa tunique de damas jaune, brodée tout autour

de laine rouge, sa jupe et son pantalon de mousseline blanche, sa ceinture en torsade de soie, liée autour des reins et tombant jusqu'aux genoux ; avec ses babouches brodées, ses larges manches ouvertes et sa chevelure flottante, la riche Quintilia ressemblait à une princesse grecque. Ianthé, Haïdé n'eussent pas été des noms trop poétiques pour cette beauté orientale du type le plus pur.

Pendant cette toilette inutile et voluptueuse, la duègne lisait, et la princesse semblait ne pas écouter, occupée qu'elle était d'ôter et de remettre ses bagues, de nettoyer ses ongles avec une crème parfumée et de les essuyer avec une batiste garnie de dentelles.

Saint-Julien ne pouvait pas la regarder sans une admiration qu'il combattait en vain. Pour conjurer l'enchanteresse, il eût voulu écouter la lecture. C'était un livre allemand qu'il n'entendait pas.

— Fanciullo, lui dit la princesse sans lever les yeux sur lui, comprends-tu cela ?

— Pas un mot, madame.

— Mistress White, dit-elle en anglais à la lectrice, lisez le texte latin qui est en regard. Je présume, ajouta-t-elle en regardant Saint-Julien, que vous avez fait vos études, monsieur le gentilhomme ?

Louis ne répondit que par un signe de tête ; la lectrice lut le texte en latin.

C'était un ouvrage de métaphysique allemande, la plus propre à donner des vertiges.

La princesse interrompait de temps en temps la lecture, et, tout en continuant ses féminines recherches de toilette, contredisait et redressait la logique du livre avec une supériorité si mâle, avec une intelligence si pénétrante ; elle jetait un coup d'œil si net, si hardi sur les subtilités de cette mystérieuse analyse, que Julien ne savait plus à quelle opinion s'arrêter. Pressé par elle de donner son avis sur les rêveries de l'ascétique Allemand, il déploya tout son petit savoir; mais il vit bientôt que c'était peu de chose en comparaison de celui de madame de Cavalcanti. Elle le critiqua doucement, le battit avec bienveillance, et finit par l'écouter avec plus d'attention, lorsque, abandonnant la controverse ergoteuse, il se fia davantage aux lumières naturelles de sa raison et aux inspirations de sa conscience. Quintilia, le voyant dans une bonne voie, l'écoutait parler. Insensiblement il se livra à ce bien-être intellectuel qu'on éprouve à se rendre un compte lumineux de ses propres idées.

Il quitta peu à peu la place éloignée et l'attitude contrainte où la honte l'avait retenu. Il était embarqué dans la plus belle de ses argumentations lorsqu'il s'aperçut qu'il était appuyé sur la toilette de madame Cavalcanti, vis-à-vis d'elle, et sous le feu immédiat de ses grands yeux noirs. Elle avait quitté ses brosses à ongles et repoussé le peigne de Ginetta; toute enveloppée de ses longs cheveux, elle avait croisé sa jambe droite sur son genou gauche, et ses mains autour de son genou droit. Dans cette attitude d'une grâce tout orientale, elle le regardait avec un sourire de douceur angélique, mêlé à une certaine contraction de sourcil qui exprimait un sérieux intérêt.

Saint-Julien, tout épouvanté du danger qu'il courait, s'arrêta d'un air effaré au milieu d'une phrase; mais il voulut en vain donner une expression farouche à son regard, malgré lui il en laissa jaillir une flamme amoureuse et chaste qui fit sourire la princesse.

— C'est assez, dit-elle à sa lectrice; mistress White, vous pouvez vous retirer.

Louis n'y comprit rien, la tête lui tournait. Il voyait approcher le moment décisif avec terreur ; il pensait au rôle ridicule qu'il allait jouer en repoussant les avances de la plus belle personne du monde. Pourtant il se jurait à lui-même de ne jamais servir aux méprisants plaisirs d'une femme, fût-il devenu lui-même le plus roué des hommes.

Tout à coup la princesse lui dit avec aisance :

— Bonsoir, mon cher enfant ; je suppose que vous avez besoin de repos, et je sens le sommeil me gagner aussi. Ce n'est pas que votre conversation soit faite pour endormir ; elle m'a été infiniment agréable, et je désirerais prolonger le plaisir de cette rencontre. Si vos projets de voyage s'accordaient avec les miens, je vous offrirais une place dans ma voiture... Voyons, où allez-vous ?

— Je l'ignore, madame ; je suis un aventurier sans fortune et sans asile ; mais, quelque misérable que je sois, je ne consentirai jamais à être à charge à personne.

— Je le crois, dit la princesse avec une bonté grave ; mais entre des personnes qui s'estiment, il peut y avoir un échange de services profitable et honorable à toutes deux. Vous avez des talents, j'ai besoin des talents d'autrui ; nous pouvons être utiles l'un à l'autre. Venez me voir demain matin ; peut-être pourrons-nous ne pas nous séparer sitôt, après nous être entendus si vite et si bien. »

En achevant ces mots, elle lui tendit la main et la lui serra avec l'honnête familiarité d'un jeune homme. Saint-Julien, en descendant l'escalier, entendit les verrous de l'appartement se tirer derrière lui.

— Allons, dit-il, j'étais un fou et un niais ; madame

Cavalcanti est la plus belle, la plus noble, la meilleure des femmes.

III.

Julien eut bien de la peine à s'endormir. Toute cette journée se présentait à sa mémoire comme un chapitre de roman; et lorsqu'il s'éveilla le lendemain, il eut peine à croire que ce ne fût pas un rêve. Empressé d'aller trouver la princesse, qui devait partir de bonne heure, il s'habilla à la hâte et se rendit chez elle le cœur joyeux, l'esprit tout allégé des doutes injustes de la veille. Il trouva madame Cavalcanti déjà prête à partir. Ginetta lui préparait son chocolat tandis qu'elle parcourait une brochure sur l'économie politique.

— Mon enfant, dit-elle à Julien, j'ai pensé à vous; je sais à quelle force vous avez atteint dans vos études; ce n'est ni trop ni trop peu. Avez-vous étudié en particulier quelque chose dont nous n'ayons pas parlé hier?

— Non pas, que je sache. Votre Altesse m'a prouvé qu'elle en savait beaucoup plus que moi sur toutes choses; c'est pourquoi je ne vois pas comment je pourrais lui être utile.

— Vous êtes précisément l'homme que je cherchais: je veux réduire le nombre des personnes qui me sont attachées et en épurer le choix; je veux réunir en une seule les fonctions de ma lectrice et celles de mon secrétaire. Je marie l'une avantageusement à un homme dont j'ai besoin de me divertir; l'autre est un sot dont je ferai un excellent chanoine avec mille écus de rente.

— Tous deux seront contents, et vous les remplacerez auprès de moi. Vous cumulerez les appointements dont ils jouissaient, mille écus d'une part et quatre mille francs de l'autre ; de plus l'entretien complet, le logement, la table, etc.

Cette offre, éblouissante pour un homme sans ressource comme l'était alors Saint-Julien, l'effraya plus qu'elle ne le séduisit.

— Excusez ma franchise, dit-il après un moment d'hésitation; mais j'ai de l'orgueil : je suis le seul rejeton d'une noble famille ; je ne rougis point de travailler pour vivre, mais je craindrais de porter une livrée en acceptant les bienfaits d'un prince.

— Il n'est question ni de livrée ni de bienfaits, dit la princesse ; les fonctions dont je vous charge vous placent dans mon intimité.

— C'est un grand bonheur sans doute, reprit Julien embarrassé ; mais, ajouta-t-il en baissant la voix, mademoiselle Ginetta est admise aussi à l'intimité de Votre Altesse....

— J'entends, reprit-elle ; vous craignez d'être mon laquais. Rassurez-vous, monsieur, j'estime les âmes fières et ne les blesse jamais. Si vous m'avez vue traiter en esclave le pauvre abbé Scipione, c'est qu'il a été au-devant d'un rôle que je ne lui avais pas destiné. Essayez de ma proposition ; si vous ne vous fiez à ma délicatesse, le jour où je cesserai de vous traiter honorablement, ne serez-vous pas libre de me quitter ?

— Je n'ai pas d'autre réponse à vous faire, madame, répondit Saint-Julien entraîné, que de mettre à vos pieds mon dévouement et ma reconnaissance.

— Je les accepte avec amitié, reprit Quintilia en ouvrant un grand livre à fermoir d'or; veuillez écrire vous-

17

même sur cette feuille nos conventions, avec votre nom, votre âge, votre pays. Je signerai.

Quand la princesse eut signé ce feuillet et un double que Julien mit dans son portefeuille, elle fit appeler tous ses gens, depuis l'aide-de-camp jusqu'au jockey, et, tout en prenant son chocolat, elle leur dit avec lenteur et d'un ton absolu :

— M. l'abbé Scipione et mistress White cessent de faire partie de ma maison. C'est M. le comte de Saint-Julien qui les remplace. White et Scipione ne cessent pas d'être mes amis, et savent qu'il ne s'agit pas pour eux de disgrâce, mais de récompense. Voici M. de Saint-Julien. Qu'il soit traité avec respect, et qu'on ne l'appelle jamais autrement que M. le comte. Que tous mes serviteurs me restent attachés et soumis ; ils savent que je ne leur manquerai pas dans leurs vieux jours. Ne tirez pas vos mouchoirs et ne faites pas semblant de pleurer de tendresse. Je sais que vous m'aimez ; il est inutile d'en exagérer le témoignage. Je vous salue. Allez-vous-en.

Elle tira sa montre de sa ceinture et ajouta :
— Je veux être partie dans une demi-heure.

L'auditoire s'inclina et disparut dans un profond silence. Les ordres de la princesse n'avaient pas rencontré la moindre apparence de blâme ou même d'étonnement sur ces figures prosternées. L'exercice ferme d'une autorité absolue a un caractère de grandeur dont il est difficile de ne pas être séduit ; même lorsqu'il se renferme dans d'étroites limites. Saint-Julien s'étonna de sentir le respect s'installer pour ainsi dire dans son âme sans répugnance et sans effort.

Il retourna dans sa chambre pour prendre quelques effets, et il redescendait l'escalier avec son petit sac de voyage sous le bras, lorsque le grand voyageur pâle qui lui avait montré la veille une si étrange curiosité accourut vers lui et le salua en lui adressant mille excuses obséquieuses sur son impertinente méprise. Saint-Julien eût bien voulu l'éviter, mais cela fut impossible. Il fut forcé d'échanger quelques phrases de politesse avec lui, espérant en être quitte de la sorte. Il se flattait d'un vain espoir; le voyageur pâle, saisissant son bras, lui dit du ton pathétique et solennel d'un homme qui vous inviterait à son enterrement, qu'il avait quelque chose d'important à lui dire, un service immense à lui demander. Saint-Julien, qui, malgré ses méfiances continuelles, était bon et obligeant, se résigna à écouter les confidences du voyageur pâle.

— Monsieur, lui dit celui-ci, prenez-moi pour un fou, j'y consens; mais, au nom du ciel! ne me prenez pas pour un insolent, et répondez à la question que je vous ai adressée hier soir : Qu'est-ce que la princesse Quintilia Cavalcanti?

— Je vous jure, monsieur, que je ne le sais guère plus que vous, répondit Saint-Julien; et, pour vous le prouver, je vais vous dire de quelle manière j'ai fait connaissance avec elle.

Quand il eut terminé son récit, que le voyageur écouta d'un air attentif, celui-ci s'écria :

— Ceci est romanesque et bizarre, et me confirme dans l'opinion où je suis que cette étrange personne est ma belle inconnue du bal de l'Opéra.

— Qu'est-ce que vous voulez dire? demanda Saint-Julien en ouvrant de grands yeux.

— Puisque vous avez eu la bonté de me conter votre aventure, répliqua le voyageur, je vais vous dire la mienne. J'étais, il y a six semaines, au bal de l'Opéra, à Paris; je fus agacé par un domino si plein d'extravagance, de gentillesse et de grâce, que j'en fus *absolument* enivré. Je l'entraînai dans une loge, et *elle* me montra son visage : c'était le plus beau, le plus expressif que j'aie vu de ma vie. Je la suivis tout le temps du bal, bien qu'après m'avoir fait mille coquetteries elle semblât faire tous ses efforts pour m'échapper. Elle réussit un instant à s'éclipser; mais, guidé par cette seconde vue que l'amour nous donne, je la rejoignis sous le péristyle, au moment où elle montait dans une voiture élégante qui n'avait ni chiffre ni livrée. Je la suppliai de m'écouter; alors elle me dit qu'elle occupait un rang élevé dans le monde, qu'elle avait des convenances à garder, et qu'elle mettait des conditions à mon bonheur. Je jurai de les accepter toutes. Elle me dit que la première serait de me laisser bander les yeux. J'y consentis; et, dès que nous fûmes assis dans la voiture, elle m'attacha son mouchoir sur les yeux en riant comme une folle. Lorsque la voiture s'arrêta, elle me prit le bras d'une main ferme, me fit descendre, et me conduisit si lestement que j'eus de la peine à ne pas tomber plusieurs fois en chemin. Enfin elle me poussa rudement, et je tombai avec effroi sur un excellent sofa. En même temps elle fit sauter le bandeau, et je me trouvai dans un riche cabinet où tout annonçait le goût des arts et l'élévation des idées. Elle me laissa examiner tout avec curiosité : c'était, comme je m'en aperçus en regardant ses livres, une personne savante, lisant le grec, le latin et le français. Elle était Italienne, et semblait avoir vécu parmi ce qu'il y a de plus élevé dans la société, tant elle avait de noblesse dans les manières et d'élégance dans la conversation. Je vous avouerai que je faillis d'abord en devenir fou d'orgueil et de joie, et qu'ensuite je fus ébloui et effrayé de la distance qui existait sous tous les rapports entre une telle femme et moi. Autant j'avais été confiant et fat durant le bal, autant je devins humble et craintif quand je fus bien convaincu que je n'avais point affaire à une intrigante, mais à une personne d'un rang et d'un esprit supérieurs. Ma timidité lui plut sans doute; car elle redevint folâtre et même provocante.

Saint-Julien rougit, et le voyageur, s'en apercevant, lui dit avec un air plus grave et un visage plus pâle que de coutume :

— Vous me trouvez peut-être fat, monsieur, et pourtant ce que je vous disais en confidence est de la plus exacte vérité. Je n'ai l'air ni fanfaron, ni mauvais plaisant, n'est-il pas vrai ?

— Non certainement, répliqua Julien. Je vous écoute, veuillez continuer.

— C'était une étrange créature, grave, diserte, railleuse, haute et digne, insolente, et, vous dirai-je tout? un peu effrontée. Après m'avoir imposé silence avec autorité pour un mot hasardé, elle disait les choses les plus comiques et les moins chastes du monde.

— En vérité? dit Julien saisi de dégoût.

— Il n'est que trop vrai, poursuivit le voyageur. Eh bien ! malgré ces bizarreries, et peut-être à cause de ces bizarreries, j'en devins éperdument amoureux, non de cet amour idéal et pur dont votre âge est capable, mais d'un amour inquiet, dévorant comme un désir. Enfin, monsieur, je fus, ce soir-là, le plus heureux des hommes, et je sollicitai avec ardeur la faveur de la voir le lendemain; elle me le promit, à la condition que je ne chercherais à savoir ni son nom, ni sa demeure. Je jurai de respecter ses volontés. Elle me banda de nouveau les yeux, me conduisit dehors, et me fit remonter en voiture. Au bout d'une demi-heure on m'en fit descendre. Au moment où j'étais sur le marchepied, une joue douce et parfumée, que je reconnus bien, effleura la mienne, et une voix que je ne pourrai jamais oublier me glissa ces mots dans l'oreille : *A demain.* J'arrachai le bandeau ; mais on me poussa sur le pavé, et la portière se referma précipitamment derrière moi. La voiture n'avait point de lanternes et partit comme un trait. J'étais dans une des plus sombres allées des Champs-Élysées. Je ne vis rien, et j'eus bientôt cessé d'entendre le bruit de la voiture, quelques efforts que je fisse pour la suivre. Il faisait un verglas affreux ; je tombais à chaque pas, et je pris le parti de rentrer chez moi.

— Et le lendemain ? dit Julien.

— Je n'ai jamais revu mon inconnue, si ce n'est tout à l'heure, à une des fenêtres qui donnent sur la cour de cette auberge ; et c'est la princesse Quintilia Cavalcanti.

— Vous en êtes sûr, monsieur ? dit Julien triste et consterné.

— J'en ai une autre preuve, dit le voyageur en tirant de son sein une montre fort élégante et en l'ouvrant : regardez ce chiffre ; n'est-ce pas celui de Quintilia Cavalcanti, avec cette abréviation PRA, c'est-à-dire principessa ? Maudite abréviation qui m'a tant fait chercher !

— Comment avez-vous cette montre ? dit Julien.

— Par un hasard étrange, j'en avais une absolument semblable, et je l'avais posée sur la cheminée du boudoir où je fus conduit par mon masque. La cherchant précipitamment, je pris celle-ci qui était suspendue à côté, et ce ne fut qu'au bout de quelques jours que je m'aperçus du chiffre gravé dans l'intérieur.

— Je ne sais si je rêve, dit Saint-Julien en regardant la montre; mais il me semble que j'en ai vu tout à l'heure une semblable dans les mains de cette femme.

— Une montre de platine russe, travaillée en Orient, dit le voyageur, avec des incrustations d'or émaillé !

— Je crois que oui, dit Julien.

— Eh bien ! ouvrez-la, monsieur, et vous y trouverez le nom de Charles de Dortan; faites-le, au nom du ciel !

— Comment voulez-vous que j'aille demander à la princesse de voir sa montre? et d'ailleurs qu'y gagnerez-vous?

— Oh ! je veux lui reprocher son effronterie; on ne se joue pas ainsi d'un homme de bonne foi qui s'est soumis à tant de précautions mystérieuses. Il faut démasquer une infâme coquette, ou bien il faut qu'elle me tienne ses promesses, et je garderai à jamais le silence sur cette aventure; car, après tout, monsieur, je suis encore capable d'en être amoureux comme un fou.

— Je vous en fais mon compliment, dit froidement Saint-Julien; pour moi, je hais cette sorte de femmes, et je...

— Voici la voiture qui va partir, s'écria le voyageur; je veux l'attendre au passage, lui crier mon nom aux oreilles, la terrasser de mon regard.... Mais de grâce, monsieur, allez d'abord lui dire que je veux lui parler, que je suis Charles de Dortan; elle sait très-bien mon nom, elle me l'a demandé. Et d'ailleurs elle a ma montre...

Le majordome de la princesse vint appeler Julien;

celui-ci obéit, et trouva le page, la duègne et les autres installés dans les voitures de suite et prêts à partir. La princesse parut bientôt avec la Ginetta; elles étaient coiffées de grands voiles noirs pour se préserver de la poussière de la route. La princesse avait levé le sien; mais quand elle vit sa voiture entourée de curieux, elle sembla éprouver un sentiment d'impatience et d'ennui, et baissa son voile sur son visage. En ce moment le voyageur pâle s'élançait pour la voir; il s'élança trop tard et ne la vit pas.

Alors, n'osant adresser la parole à cette femme dont il ne distinguait pas les traits, il prit le bras de Saint-Julien et dit d'un ton d'instance :

— De grâce, dites mon nom.

Saint-Julien céda machinalement et dit à la princesse :
— Madame, voici M. Charles de Dortan.

— Je n'ai pas l'honneur de le connaître, répondit la princesse, et je le salue. Allons, messieurs, en voiture; dépêchons-nous!

A ce ton absolu, les serviteurs de la princesse écartèrent précipitamment les curieux, et Quintilia monta en voiture sans que le voyageur pâle osât lui parler. Saint-Julien le vit serrer les poings et s'élancer avec anxiété sur un banc pour regarder dans la voiture.

— Qu'est-ce que c'est que cet homme-là qui nous regarde tant? dit nonchalamment la princesse en s'étendant à demi au fond de la voiture, dont Saint-Julien et la Ginetta occupaient le devant.

— Je ne sais pas, madame, répondit la Ginetta avec candeur en relevant son voile.

— C'est M. Charles de Dortan, dit Saint-Julien indigné.

— N'est-ce pas un horloger? dit la princesse avec

tant de calme que Saint-Julien ne put savoir si c'était une question de bonne foi ou une plaisanterie effrontée.

La princesse releva aussi son voile, se tourna vers Dortan, et lui dit d'un ton froid et impératif :

— Monsieur, reculez-vous; on ne regarde pas ainsi une femme.

Dortan devint pâle comme la lune et resta fasciné à sa place.

La voiture partit au galop.

— Ces Français sont insolents! dit la Ginetta au bout d'un instant.

— Pourquoi? dit la princesse qui avait déjà oublié l'incident.

— Il faut, pensa Julien, que ce Dortan soit un imbécile ou un fou.

Les manières tranquilles de la princesse le subjuguèrent bientôt, et il lui sembla avoir rêvé l'histoire de Dortan. Pendant ce temps le chemin se dérobait sous les pieds des chevaux, et Avignon s'effaçait dans la poussière de l'horizon.

IV.

Les journées de ce voyage passèrent comme un songe pour Julien. La princesse s'était faite homme pour lui parler. Elle avait un art infini pour tirer de chaque question tout le parti possible, pour la simplifier, l'éclaircir et la revêtir ensuite de tout l'éclat de sa pensée vaste et brillante. Toutes ses opinions révélaient une âme forte, une volonté implacable, une logique âpre et serrée. Ce caractère viril éblouissait le jeune comte.

Une seule chose l'affligeait, c'était de n'y pas voir percer plus de sensibilité ; un peu plus d'entraînement, un peu moins de raison l'eussent rendu plus séduisant sans lui ôter peut-être sa puissance. Mais Saint-Julien ne savait pas encore précisément s'il se trompait en augurant de la beauté de l'intelligence plus que de la bonté du cœur. Peut-être cette âme si vaste avait-elle encore plus d'une face à lui montrer, plus d'un trésor à lui révéler. Seulement il s'effrayait de la trouver plus disposée à la critique qu'à la sympathie lorsqu'il s'écartait de la réalité positive pour s'égarer à la suite de quelque rêverie sentimentale.

Et d'un autre côté pourtant il aimait cette froideur d'imagination qui, selon lui, devait prendre sa source dans une habitude de mœurs rigides et sages. La familiarité chaste des manières et du langage achevait d'effacer la fâcheuse impression qu'il avait reçue d'abord des manières hardies et de la brusque familiarité de la princesse. Comment accorder d'ailleurs les principes d'ordre et de noble harmonie qu'elle émettait si nettement à tout propos avec des habitudes de désordre et d'effronterie ? La dépravation dans une âme si élevée eût été une monstruosité.

Peu après il lui sembla que cette femme cachait sa bonté comme une faiblesse, mais qu'un foyer de charité brûlait dans son âme. Elle n'était occupée que de théories philanthropiques, et s'indignait de voir sur sa route tant de misère sans soulagement. Elle imaginait alors des moyens pour y remédier et s'étonnait qu'on ne s'en avisât pas.

— Mais, disait-elle avec colère, ces méprisables bâtards qui gouvernent le monde à titre de rois ont bien autre chose à faire que de secourir ceux qui souffrent.

Occupés de leurs fades plaisirs, ils s'amusent puérilement et mesquinement jusqu'à ce que la voix des peuples fasse crouler leurs trônes trop long-temps sourds à la plainte.

Alors elle parlait de la difficulté de maintenir l'intelligence entre les gouvernements et les peuples. Elle ne la trouvait pas insurmontable. — Mais que peuvent faire, ajoutait-elle, tous ces idiots couronnés? Et après avoir lumineusement examiné et critiqué le système de tous les cabinets de l'Europe, dont son œil pénétrant semblait avoir surpris tous les secrets, elle élevait sur des bases philosophiques son système de gouvernement absolu.

— Les grands rois font les grands peuples, disait-elle; tout se réduit à cet aphorisme banal; mais il n'y a pas encore eu de grands rois sur la terre, il n'y a eu que de grands capitaines, des héros d'ambition, d'intelligence et de bravoure; pas un seul prince à la fois hardi, loyal, éclairé, froid, persévérant. Dans toutes les biographies illustres, la nature infirme perce toujours. Ce n'est pourtant pas à dire qu'il faille abandonner l'œuvre et désespérer de l'avenir du monde. L'esprit humain n'a pas encore atteint la limite où il doit s'arrêter : tout ce qui est nettement concevable est exécutable.

Après avoir parlé ainsi, elle tombait dans de profondes rêveries; ses sourcils se fronçaient légèrement. Son grand œil sombre semblait s'enfoncer dans ses orbites; l'ambition agrandissait son front brûlant. On l'eût prise pour la fille de Napoléon.

Dans ces instants-là Saint-Julien avait peur d'elle.

— Qu'est-ce que la charité? qu'est-ce que l'amour? se disait-il; que sont toutes les vertus et toutes les poésies, et tous les sentiments pieux et tendres pour une âme brûlée de ces ambitions immenses?

Mais s'il la voyait jeter aux pauvres l'or de sa bourse et jusqu'aux pièces de son vêtement; s'il l'entendait, d'une voix amicale et presque maternelle, interroger les malades et consoler les affligés, il était plus touché de ces marques de bonté familière qu'il ne l'eût été d'actions plus grandes faites par une autre femme.

Un jour un postillon tomba sous ses chevaux et fut grièvement blessé. La princesse s'élança la première à son secours; et, sans craindre de souiller son vêtement dans le sang et dans la poussière, sans craindre d'être atteinte et blessée elle-même par les pieds des chevaux, au milieu desquels elle se jeta, elle le secourut et le pansa de ses propres mains. Elle le fit avec tant de zèle et de soin que Saint-Julien aurait cru qu'elle y mettait de l'affectation s'il ne l'eût vue tancer sérieusement son page qui criait pour une égratignure, repousser avec colère les mendiants qui étalaient sous ses yeux de fausses plaies, négliger, en un mot, toutes les occasions de déployer une compassion inutile et crédule.

Enfin on arriva à Monteregale, et la princesse, ayant fait ouvrir sa voiture, montra de loin à Saint-Julien les tours d'une jolie forteresse en miniature qui dominait sa capitale. La capitale blanche et mignonne parut bientôt elle-même au milieu d'une vallée délicieuse. La garnison, composée de cinq cents hommes, arriva à la rencontre de sa gracieuse souveraine. Les douze pièces de canon des forts firent le plus beau bruit qu'elles purent, et l'inévitable harangue des magistrats fut prononcée aux portes de la ville.

Quintilia parut recevoir ces honneurs avec un peu de hauteur et d'ironie. Peut-être en eût-elle mieux supporté l'ennui si l'éclat d'une plus vaste puissance les eût rehaussés au gré de son orgueil. Cependant elle se donna la peine de faire à Saint-Julien les honneurs de sa petite principauté avec beaucoup de gaieté. Elle eut l'esprit de ne point trop souffrir du ridicule de ses magistrats, de la mesquinerie de ses forces militaires et de l'exiguïté de ses domaines. Elle s'exécuta de bonne grâce pour en rire, et ne perdit néanmoins aucune occasion de lui faire adroitement remarquer les effets d'une sage administration.

Au reste elle prenait trop de peine. Saint-Julien, qui n'avait jamais vu que les tourelles lézardées du manoir héréditaire et leurs rustiques alentours, était rempli d'une naïve admiration pour cet appareil de royauté domestique. La beauté du ciel, les riches couleurs du paysage, l'élégance coquette du palais, construit dans le goût oriental sur les dessins de la princesse, les grands airs des seigneurs de sa petite cour, les costumes un peu surannés, mais riches, des dignitaires de sa maison, tout prenait aux yeux du jeune campagnard un aspect de splendeur et de majesté qui lui faisait envisager sa destinée comme un rêve.

Arrivée dans son palais, Quintilia fut tellement obsédée de révérences et de compliments qu'elle ne put songer à installer son nouveau secrétaire. Lorsque Saint-Julien voulut aller prendre du repos, les valets, mesurant leur considération à la magnificence de son costume, l'envoyèrent dans une mansarde. Il y fit peu d'attention. Délicat de complexion et peu habitué à la fatigue, il s'y endormit profondément.

Le lendemain matin il fut éveillé par la Ginetta.

— Monsieur le comte, lui dit-elle avec l'aplomb d'une personne qui sent toute la dignité de son personnage, vous êtes mal ici. Son Altesse ne sait pas où l'on vous a logé; mais, comme elle n'a pas eu le temps de s'occuper de vous hier, elle vous prie d'attendre ici un jour ou deux, d'y prendre vos repas, d'en sortir le moins possible, de ne point vous montrer à beaucoup de personnes, de ne parler à aucune, et d'être assuré qu'elle s'occupe de vous installer d'une manière dont vous serez content.

Après ce discours la Ginetta le salua et sortit d'un air majestueux. Saint-Julien se conforma religieusement aux intentions de sa souveraine. Un vieux valet de chambre lui apporta des aliments très-choisis, le servit respectueusement sans lui adresser un mot et lui remit quelques livres. Ce fut le seul souvenir qu'il eut de la princesse durant trois jours.

Le soir de cette troisième journée, comme il commençait à s'impatienter et à s'inquiéter un peu de cet abandon, il entendit, en même temps que l'horloge qui sonnait minuit, les pas légers d'une femme, et la Ginetta reparut.

— Venez, monsieur, lui dit-elle d'un ton respectueux, mais avec un regard assez moqueur. Son Altesse Sérénissime m'ordonne de vous conduire à votre nouveau domicile.

Saint-Julien la suivit à travers les combles du palais. Après de nombreux détours elle ouvrit une porte dont elle avait la clef sur elle ; mais, comme Julien allait la franchir à son tour, une figure allumée par la colère s'élança au-devant d'eux en s'écriant :

— Où allez-vous ?

— Que vous importe ? répondit hardiment la Ginetta.

A la clarté vacillante du flambeau que portait la soubrette, Saint-Julien reconnut l'écuyer ou l'aide-de-camp Lucioli, qui jetait sur lui des regards furieux.

— J'ai le commandement de cette partie du château,

dit-il : vous ne passerez point sans ma permission.

— En voici une qui vaut bien la vôtre, dit-elle en lui exhibant un papier.

Lucioli y jeta les yeux, le froissa dans ses mains avec exaspération et le jeta sur les marches de l'escalier en proférant un horrible jurement. Puis il disparut après avoir lancé à Julien un nouveau regard de haine et de vengeance.

Cette rapide scène réveilla tous les doutes du jeune homme.

— Ou je n'ai aucune espèce de jugement, se dit-il, ou cette conduite est celle d'un amant disgracié qui voit en moi son successeur.

Cette idée le troubla tellement qu'il arriva tout tremblant au bas de l'escalier. Lorsque Ginetta se retourna pour lui remettre la clef de l'appartement, il était pâle, et ses genoux se dérobaient sous lui.

— Eh bien ! lui dit la soubrette à l'œil brillant, vous avez peur ?

— Non pas de Lucioli, mademoiselle, répondit froidement Saint-Julien.

— Et de quoi donc alors ? dit-elle avec ingénuité. Tenez, monsieur, vous êtes chez vous. La princesse vous fera avertir demain quand elle pourra vous recevoir. Un serviteur particulier répondra à votre sonnette. Bonne nuit, monsieur le comte.

Elle lui lança un regard équivoque, où Saint-Julien ne put distinguer la malice ingénue d'un enfant de la raillerie agaçante d'une coquette. Il entra chez lui tout confus de ses vaines agitations et craignant de jouer vis-à-vis de lui-même le rôle d'un fat.

L'appartement était décoré avec un goût exquis. Les draperies en étaient si fraîches que Saint-Julien ne put s'empêcher de penser, malgré ses scrupules, que ce logement avait été préparé pour lui tout exprès. La simplicité austère des ornements, la sobriété des choses de luxe, le choix des objets d'art, semblaient avoir une destination expresse pour ses goûts et son caractère. Les gravures représentaient les poètes que Julien aimait, ses livres favoris garnissaient les armoires de glace. Il y avait même une grande Bible entr'ouverte à un psaume qu'il avait souvent cité avec admiration durant le voyage.

— Il est impossible que ces choses soient l'effet du hasard, dit-il; mais que suis-je pour qu'elle s'occupe ainsi de moi, pour qu'elle m'honore d'une amitié si délicate? Quintilia! dût le monde me couvrir de sa sanglante moquerie, je m'estimerais bien malheureux s'il me fallait échanger le trésor de cette sainte affection contre une nuit de ton plaisir!... Et pourtant quel orgueil serait donc le mien si j'aspirais à être le seul amant d'une femme comme elle? Suis-je fou? suis-je sot?

Le lendemain matin, il se hasarda à tirer la tresse de soie de sa sonnette, moins par le besoin qu'il avait d'un domestique que par un sentiment de curiosité inquiète et vague appliqué à toutes les choses qui l'entouraient. Deux minutes après, il vit entrer le page de la princesse. C'était un enfant de seize ans, si fluet et si petit qu'il paraissait en avoir douze. Sa physionomie fine et mobile, son air enjoué, hardi et pétulant, son costume théâtral, sa chevelure blonde et frisée, réalisaient le plus beau type de page espiègle et d'enfant gâté qui ait jamais porté l'éventail d'une reine.

— Eh quoi! c'est toi, Galeotto? dit le jeune comte avec surprise.

— Oui, c'est moi, répondit le page avec fierté : la princesse me met à vos ordres ; mais écoutez. Vous ne devez jamais oublier que je me nomme Galeotto *degli Stratigopoli*, descendant de princes esclavons, et que je suis votre égal en toutes choses. Si la pauvreté a fait de moi un aventurier, elle n'en pourra jamais faire un valet. Sachez donc que je suis ici ami et compagnon. J'obéis à la princesse ; je la servirai à genoux, parce qu'elle est femme et belle ; mais vous, je ne consentirai jamais qu'à vous obliger... Est-ce convenu ?

— Je n'ai pas besoin d'un serviteur, répondit Saint-Julien, et j'ai besoin d'un ami. Vous voyez que le hasard me sert bien, n'est-il pas vrai ?

Galeotto lui tendit la main, et un sourire amical entr'ouvrit sa bouche vermeille.

— Son Altesse, reprit-il, m'avait bien dit que nous nous entendrions et que nous serions frères. Elle désire que nous n'ayons point de rapports avec les laquais. Jeunes comme nous voici, pauvres comme nous l'étions hier, nous n'avons pas besoin de valets de chambre ; mais nous avons besoin mutuellement de conseil et de société. C'est pourquoi nos gentilles cellules sont voisines l'une de l'autre, une sonnette communique de vous à moi ; mais prenez-y bien garde, la même communication existe de moi à vous, et pour commencer vous allez voir.

Le page sortit, et peu après une sonnette cachée dans les draperies du lit de Saint-Julien fut ébranlée avec autorité. Le jeune comte comprit et se hâta de sortir de sa chambre. Au bout de quelques pas il vit Galeotto sur le seuil de la sienne.

— Mon jeune maître, dit Saint-Julien, me voici, j'ai entendu votre appel.

18.

— C'est bien, dit le page; maintenant retournons chez vous, je vais vous aider à vous habiller. Cela est d'une haute importance, ajouta-t-il, voyant que Julien faisait quelque cérémonie; j'accomplis ma mission, laissez-moi faire.

Alors Galeotto tira de sa poche une clef de vermeil dont il se servit pour ouvrir les tiroirs d'un grand coffre de cèdre qui servait de commode dans la chambre de Saint-Julien. Il y prit des vêtements d'une forme étrange, devant lesquels le jeune Français se récria, saisi de répugnance.

— Vous êtes un niais, mon bon ami, lui dit le page; vous craignez d'être ridicule en vous affublant d'un costume de comédie. Il ne fallait pas vous mettre sous la domination d'une femme. Vous oubliez donc que nous jouons ici les premiers rôles après le singe et le perroquet? J'ai fait comme vous la première fois qu'on m'ôta ma petite soutane râpée (car je m'étais enfui du séminaire par-dessus les murs), pour me mettre ce justaucorps de soie, ces bas brodés et ces plumes qui me donnent l'air d'un kakatoès. Je pleurai, je criai (j'avais douze ans alors); je voulus déchirer mes manchettes et jeter mon bonnet sur les toits; mais la Ginetta, qui est une fille d'esprit, me fit la leçon, et je vous assure que je me trouve aujourd'hui fort à mon avantage.

— Voyez, ajouta le malin page en se promenant devant une glace où il se répétait de la tête aux pieds; cette petite jambe fine et ce pied de femme ne seraient-ils pas perdus sous un pantalon de soldat et sous une botte hongroise? croyez-vous que ma taille fût aussi souple et mes mouvements aussi gracieux sous les tresses d'un dolman ou sous le drap de votre frac grossier?

Quant à mes dentelles, elles ne sont pas beaucoup plus blanches que mes mains, c'est en dire assez ; et mes cheveux que vous trouvez peut-être un peu efféminés, monsieur, c'est la Ginetta qui les frise et les parfume. Allez, mon cher, fiez-vous aux femmes pour savoir ce qui nous sied ; là où elles règnent, nous ne sommes pas trop malheureux.

— Galeotto, dit Saint-Julien en cédant d'un air tout rêveur à ses instigations, je vous avoue que, s'il en est ainsi, cette cour n'est pas trop de mon goût. Vous êtes spirituel, brillant ; cette vie doit vous plaire. D'ailleurs vous n'avez pas encore atteint l'âge où la nécessité d'un rôle plus sérieux se fait sentir. Vous avez bien déjà la fierté d'un homme ; mais vous avez encore l'heureuse légèreté d'un enfant. Pour moi, je suis déjà vieux ; car j'ai l'humeur mélancolique, le caractère nonchalant. Une vie de fêtes ne me convient guère ; je ne sais pas plaire aux femmes ; j'aimerais mieux vivre à la manière d'un homme.

— Admirable princesse ! s'écria Galeotto en lui boutonnant son pourpoint de velours noir.

— Je ne voudrais pas plus que vous porter un mousquet sur un bastion et fumer dans un corps-de-garde, continua Julien ; je ne me sens pas fait pour cette vie rude, ennemie du développement de l'intelligence.

— Sublime bon sens de son Altesse ! reprit le page en lui attachant au-dessus du genou une jarretière d'argent ciselé.

— Mais je voudrais, continua Saint-Julien, pouvoir accomplir ici quelque travail utile, et avoir le droit de consacrer à l'étude mes heures de loisir.

— Vive son Altesse Sérénissime ! s'écria le page.

— Qu'avez-vous donc à plaisanter ainsi? dit Julien. Vous ne m'écoutez pas.

— Parfaitement, au contraire, répondit l'enfant; et si je me récrie en vous écoutant, c'est de voir que son Altesse vous connaisse déjà si bien. Tout ce que vous me dites là, elle me l'a dit hier soir; et vous pensez bien qu'après vous avoir si nettement jugé, elle a trop d'esprit pour vous détourner de votre vocation. Tout ce que vous désirez, elle vous l'a préparé; elle est entrée dans le fond de votre cerveau par la prunelle de vos yeux, elle a saisi votre âme dans le son de votre voix. Attendez quelques jours, et si vous n'êtes pas content de votre sort, il faudra vous aller pendre, car c'est que vous aurez le spleen. En attendant, regardez-vous, et dites-moi si le choix de ce vêtement ne révèle pas chez notre souveraine le sentiment de l'art et l'intelligence du cœur.

— Je vois que vous êtes très-ironique, dit Julien en se regardant sans se voir; moi, ce n'est pas mon humeur.

— Seriez-vous susceptible?

— Peut-être un peu, je l'avoue à ma honte.

— Vous auriez tort; mais, sur mon honneur! je ne raille pas. Regardez-vous, je sors pour ne pas vous intimider.

Le nonchalant Julien resta debout devant sa glace, sans penser à suivre le conseil du page. Peu à peu il s'examina avec répugnance d'abord, puis avec étonnement, et enfin avec un certain plaisir. Ce pourpoint noir, cette large fraise blanche, ces longs cheveux lisses et tombant sur les tempes, allaient si parfaitement à la figure pâle, à la démarche timide, à l'air doux et un peu méfiant du jeune philosophe, qu'on ne pouvait plus le concevoir autrement après l'avoir vu vêtu ainsi. Saint-Julien ne s'était jamais aperçu de sa beauté. Aucun des rustiques amis qui avaient entouré son enfance ne s'en était avisé ; on l'avait, au contraire, habitué à regarder la délicatesse de sa personne comme une disgrâce de la nature, et comme une organisation assez méprisable. Pour la première fois, en se voyant semblable à un type qu'il avait souvent admiré dans les copies gravées des anciens tableaux, il s'étonna de ne point trouver sa ténuité ridicule et sa gaucherie disgracieuse. Une satisfaction ingénue se répandit sur sa figure et l'absorba tellement qu'il resta près d'un quart d'heure en extase devant lui-même, s'oubliant complétement, et prenant la glace où il se regardait, dans son immobilité contemplative, pour un beau tableau suspendu devant lui.

Deux figures épanouies qui se montrèrent au second plan détruisirent son illusion. Il s'éveilla comme d'un songe, et vit derrière lui le page et la Ginetta qui l'applaudissaient en riant de toute leur âme. Un peu confus d'être surpris ainsi, le jeune comte s'adossa à la boiserie de sa chambre, et, se croisant les bras, attendit que leur gaieté se fût exhalée ; mais son regard triste et un peu méprisant ne put en réprimer l'élan. Le page sauta sur le lit en se tenant les flancs, et la Ginetta se laissa tomber sur un carreau avec la grâce d'une chatte qui joue.

Mais, se levant tout à coup et croisant ses bras sur sa poitrine, elle s'adossa à la boiserie, précisément en face de Julien, et dans la même attitude que lui. Puis elle le regarda du haut en bas avec une attention sérieuse.

Se tournant ensuite vers le page, elle lui dit d'un ton grave : « Seulement la jambe un peu grêle et les genoux un peu rapprochés ; mais ce n'est pas disgracieux, tant s'en faut. »

Saint-Julien, très-piqué de leurs manières, se sentait rougir de honte et de colère lorsqu'on entendit sonner onze heures. Le page et la soubrette, tressaillant comme des levriers au son du cor, le saisirent chacun par un bras en s'écriant : — Vite, vite, à notre poste ; et avant qu'il eût eu le temps de se reconnaître, il se trouva dans la chambre de la princesse.

V.

QUINTILIA était étendue sur de riches tapis et fumait du latakié dans une longue chibouque couverte de pierreries. Elle portait toujours ce costume grec qu'elle semblait affectionner, mais dont l'éclat, cette fois, était éblouissant. Les étoffes de soie des Indes à fond blanc semé de fleurs étaient bordées d'ornements en pierres précieuses ; les diamants étincelaient sur ses épaules et sur ses bras. Sa calotte de velours bleu de ciel, posée sur ses longs cheveux flottants, était brodée de perles fines avec une rare perfection. Un riche poignard brillait dans sa ceinture de cachemire. Un jeune axis apprivoisé dormait à ses pieds, le nez allongé sur une de ses pattes fluettes. Appuyée sur le coude, et s'entourant des nuages odorants du latakié, la princesse, fermant les yeux à demi, semblait plongée dans une de ces molles extases dont les peuples du Levant savent si bien savourer la paisible béatitude. La Ginetta se mit à lui préparer du café, et le page à remplir sa pipe qu'elle lui tendit d'un air nonchalant, après lui avoir fait un très-petit signe de tête amical. Julien restait debout au milieu de la chambre, éperdu d'admiration, mais singulièrement embarrassé de sa personne.

Quintilia, soufflant au milieu du nuage d'opale qui flottait autour d'elle, distingua enfin son secrétaire intime, qui attendait craintivement ses ordres. — Ah! c'est toi, Giuliano? dit-elle en lui tendant sa belle main ; es-tu bien dans ton nouvel appartement? Trouves-tu que j'aie été un bon factotum dans ton petit palais? A ton tour, tu auras bien des choses à faire dans le mien : mais nous parlerons de cela demain. Aujourd'hui je te présente à mes courtisans; songe à faire bonne contenance. Voyons; ton costume? marche un peu. Comment le trouves-tu, Ginetta?

— Je suis absolument de l'avis de Votre Altesse.

— Et toi, Galeotto?

— Si mademoiselle n'avait rien dit, j'aurais dit quelque chose; mais je ne trouve rien de plus spirituel à répondre que ce qu'elle a trouvé.

— Ginetta, dit la princesse, je vous défends de tourmenter Galeotto. D'ailleurs, ajouta-t-elle en voyant l'air triste et contraint de Saint-Julien, ces enfantillages ne sont pas du goût de M. le comte, et il vous faudra, avec lui, brider un peu votre folle humeur.

— Madame, dit Julien qui craignait de jouer le rôle d'un pédant, laissez, je vous en prie, leur gaieté s'exercer à mes dépens; je suis un paysan sans grâce et sans esprit; leurs sarcasmes me formeront peut-être.

— C'est notre amitié qui prendra ce soin, dit Quintilia. Mais, dis-moi, enfant, tu ne m'as pas conté ton histoire, et je ne sais pas encore par quelle bizarrerie du destin monsieur le comte de Saint-Julien m'a fait l'honneur de me suivre en Illyrie. Je gagerais qu'il y a là-dessous quelque aventure d'amour, quelque grande passion de roman, contrariée par des parents inflexibles; tu m'as bien l'air d'être venu à moi par-dessus les murs. Voyons, Ragazzo, quelle escapade avez-vous faite? pour quelle dette de jeu, pour quel grand coup d'épée, pour quelle fille enlevée ou séduite avez-vous pris votre pays par pointe?

En parlant ainsi, elle posa son pied chaussé d'un bas de soie bleuâtre lamé d'argent sur le flanc de sa biche tachetée, et, tout en prenant sa chibouque des mains du page, elle le baisa au front avec indolence.

Cette familiarité ne troubla nullement Galeotto, qui semblait tout à fait dévoué à son rôle d'enfant; mais elle fit monter le sang au visage du timide Julien.

— Voyons, dit la princesse sans y faire attention; nous avons encore une heure à attendre l'ouverture du cérémonial; veux-tu nous raconter tes aventures?

— Hélas! madame, répondit Julien, il vaudrait mieux m'ordonner de vous lire un conte des *Mille et une Nuits* ou un des romanesques épisodes de Cervantès; ce serait plus amusant pour Votre Altesse que les obscures souffrances d'un héros aussi vulgaire et d'un conteur aussi médiocre que je le suis.

— Je crois comprendre ta répugnance, Giuliano, reprit la princesse; tu crains d'être écouté avec indifférence : tu te trompes; il ne s'agit pas pour moi de satisfaire une curiosité oisive; je voudrais lire jusqu'au fond de ton cœur, afin d'éclairer mon amitié sur les moyens de te rendre heureux. Si tu doutes de l'intérêt avec lequel nous allons t'entendre, attends que la confiance te vienne. C'est à nous de savoir la mériter.

— Je serais un sot et un ingrat, répondit Julien, si je doutais de la bienveillance de Votre Altesse après les bontés dont elle m'a comblé ; je crois aussi à l'amitié de mon jeune confrère, à la discrétion de la signora Gina. D'ailleurs il n'y a point de piquants mystères dans mon histoire, et les malheurs domestiques dont j'ai souffert ne peuvent être aggravés ni adoucis par la publicité.

Galeotto prit la main de Julien et le fit asseoir sur le tapis, entre lui et l'axis favori. Le jeune comte raconta son histoire en ces termes :

— Je suis né en Normandie, de parents nobles, mais ruinés par la révolution du siècle dernier. Ma mère, en partant pour l'étranger, fut heureuse de pouvoir confier mon éducation à un prêtre à qui elle avait rendu d'importants services dans des temps meilleurs, et qui, par reconnaissance, se chargea de moi. J'avais six ans quand on m'installa au presbytère dans un riant village de ma patrie. Le curé était encore jeune, mais c'était un homme austère et fervent comme un chrétien des anciens jours. Intelligent et instruit, il se plut à étendre le cercle de mes idées aussi loin qu'il est possible de le faire sans dépasser les limites sacrées de la foi. Il jugeait toutes les choses humaines avec sévérité, mais avec calme. Ses principes étaient inflexibles, et l'extrême pureté de sa conscience lui donnait le droit d'être ferme et absolu avec les méchants. Il était peu susceptible d'enthousiasme, si ce n'est lorsqu'il s'agissait de flétrir le vice par des paroles véhémentes et de repousser l'hypocrite ostentation des faux dévots.

Malgré cette noble sincérité et l'horreur qu'il éprouvait pour tout machiavélisme religieux, cet homme respectable était peu compris et peu aimé. On l'accusait de manquer de tolérance, et on le confondait avec les fanatiques qui, sous la robe du lévite, recèlent la haine et l'aigreur jalouse des cœurs froissés. Mais on était injuste envers lui, je puis l'affirmer. C'était le plus chaste et en même temps le moins chagrin des prêtres. La fermeté, l'esprit d'ordre et l'amour de la justice, qui étaient les principaux traits de son caractère, entretenaient dans ses manières et dans ses mœurs une sérénité patriarcale. Sa maison était rigoureusement bien tenue ; sa sœur, digne et excellente ménagère, distribuait ses aumônes avec discernement, et il avait si bien surveillé sa paroisse qu'on n'y voyait plus aucun malfaiteur ni aucun vagabond troubler le repos ou effaroucher la conscience des honnêtes gens.

C'est là ce qui faisait dire à des philanthropes imprudents qu'il se conduisait plutôt en justicier inflexible qu'en apôtre miséricordieux. Ces gens-là ne voulaient pas comprendre qu'il faisait la guerre au vice, et ne haïssait dans les hommes que la souillure de leurs péchés.

Pour moi, j'aimais en lui toutes choses, mais principalement cette vertueuse rigueur, qui éclairait tous les doutes de ma conscience et qui aplanissait toutes les difficultés de mon chemin. Guidé par lui, je me sentais capable d'être vertueux comme lui. Ses conseils, ses encouragements et ses éloges m'inondaient d'une joie céleste, et je ne craignais point de chercher dans un noble orgueil la force dont l'homme a besoin pour traverser les séductions coupables. Il m'exhortait à ce sentiment d'estime envers moi-même, et me le faisait envisager comme la plus sûre garantie contre la dépravation d'un siècle sans croyance.

A cet endroit du récit de Julien, la Ginetta laissa tomber son éventail, et ses regards vagues, qui tenaient le milieu entre le sommeil et la préoccupation, troublèrent un peu le narrateur. Galeotto sourit à demi et lui dit : — Prenez courage, mon cher monsieur de Fénelon ; cette frivole Cidalise n'est bonne qu'à découper du papier et à friser des petits chiens. La princesse lui imposa silence et pria Saint-Julien de continuer.

— Lorsque j'entrai dans l'adolescence, un trouble inconnu vint porter l'épouvante dans mes rêves et dans mes prières. Je m'en confessai à mon instituteur, non comme à un prêtre, mais comme à un ami. Il me répondit avec franchise et me révéla hardiment tous les secrets de la vie. Si vous étiez destiné à la virginité du sacerdoce, me dit-il, j'essaierais de prolonger votre ignorance ou d'éteindre par la crainte les ardeurs de votre jeune imagination ; mais le germe des passions se révèle chez vous avec trop de vivacité pour que j'essaie jamais de vous retirer du monde, où votre place est marquée. Il ne s'agit que de bien diriger les passions pour qu'elles soient fertiles en nobles pensées et en belles actions.

Alors il essaya de me peindre les deux sortes d'amours qui souillent ou purifient les âmes : l'attrait du plaisir qui, sans l'autre amour, ne conduit qu'à l'abrutissement de l'esprit ; et l'amour du cœur, qui rapproche les êtres vertueux et produit l'union sainte de l'homme et de la femme. Il me parla de cette compagne d'Adam, de ce rayon du ciel envoyé au sommeil du premier homme, comme le plus beau don que Dieu eût mis en réserve pour couronner l'œuvre de la création. Il me parla aussi de cet être dégénéré qui, dans notre société corrompue, dément sa céleste origine et enivre l'homme des poisons de la luxure ; fruit amer et impérissable de l'arbre de la science. Les portraits qu'il me fit de la femme pure et de la femme vicieuse imprimèrent dans mon cœur, encore enfant, deux images ineffaçables : l'une, divine et couronnée comme les vierges de nos églises d'une sainte auréole ; l'autre, hideuse et grimaçante comme un rêve funeste. Que cette idée fût erronée dans sa candeur, cela est hors de doute pour moi aujourd'hui, et pourtant je n'ai pu perdre entièrement cette impression obstinée de ma première jeunesse. La laideur du corps et celle de l'âme me semblent toujours inséparables au premier abord ; et quand je vois la beauté du visage servir de masque à la corruption du cœur, j'en suis révolté comme d'une double imposture, et je suis saisi de terreur comme à l'aspect d'un bouleversement dans l'ordre éternel de l'univers.

Au retour des Bourbons en France, mes parents revinrent de l'émigration, et je quittai avec regret le presbytère pour aller vivre dans le château délabré de mes ancêtres. Mon père sacrifia ses dernières ressources pour rentrer en possession du manoir qui portait son nom ; mais il ne put racheter qu'une très-petite partie des terres environnantes, et l'entretien d'une vaste maison et d'un parc sans rapport achevèrent de rendre notre existence précaire et triste. Néanmoins je me flattais, dans les commencements, de goûter un bonheur nouveau pour moi dans l'intimité de ma mère, dont je me rappelais avec amour les caresses et les premiers soins. Elle était encore belle malgré ses cinquante ans, et à un esprit naturel et enjoué elle joignait assez d'instruction et de jugement ; mais, par une inconcevable fatalité, nos opinions différaient sur beaucoup de points. Il est vrai que ma mère, douce et facile dans son humeur railleuse, attachait peu d'importance à nos discussions et semblait ne pas s'apercevoir de l'impression pénible que j'en recevais ; mais il m'était cruel de trouver dans une femme que j'aurais voulu entourer du plus saint respect une légèreté de principes si différente de ce que j'en attendais. Peu à peu la frivolité avec laquelle ma mère traitait mes plus chères croyances, l'espèce de pitié moqueuse qu'elle avait pour mon caractère, me rendirent plus hardi, et j'essayai de l'amener à mes idées; mais alors elle m'imposa silence avec hauteur, et me reprocha aigrement ce qu'elle appelait le pédantisme de l'intolérance. Mon père ne se mêlait jamais à nos contestations; presque toujours endormi dans son fauteuil, il ne prenait intérêt qu'à sa partie de piquet, que ma mère faisait, il est vrai, avec une obligeance infatigable; et, pourvu que rien ne gênât ses habitudes paresseuses, il s'accommodait de tous les visages et de tous les caractères. Un ami subalterne de la maison me rendit, presque malgré moi, le triste service de m'apprendre que ma mère avait souvent trompé autrefois ce débonnaire mari, et me conseilla de heurter moins imprudemment ses souvenirs, et peut-être les reproches secrets de sa conscience, par la rigidité de mes principes. Je le remerciai de son avis et j'en profitai. Je compris que je n'avais plus le droit de discuter, puisque c'était m'arroger celui de censurer la conduite de ma mère; mais en rentrant dans la voie d'un froid respect, je sentis s'évanouir en moi cette sainte affection dont j'avais conçu l'espoir.

Je me retirai en moi-même; je devins mélancolique, souffrant, et l'ennui s'empara de moi. Je pris dans cet isolement de l'âme une habitude de réserve qui acheva de m'aliéner le cœur de mes parents. Ils me le témoignèrent cruellement quatre ou cinq fois, et à la dernière je pris mon parti. Je partis dans la nuit, leur laissant une lettre d'humbles excuses, et leur promettant que, quelle que fût ma fortune, ils n'auraient jamais à rougir de moi. Je me mis donc en route, au hasard, tristement, et presque sans ressources, la gêne où vivaient mes parents m'interdisant de leur demander le moindre sacrifice; j'espérai en la Providence et un peu en mon courage. Votre Altesse sait le reste, et, grâce à sa bonté, je n'ai pas eu long-temps à supporter les fatigues et les privations de mon voyage.

— Je te remercie, mon cher Julien, dit la princesse. Je vois que tu es un honnête homme et un noble cœur ; mais laisse-moi te parler en amie et remplacer la mère que tu as abandonnée. Je crains que tu ne sois un peu entaché, à ton insu et malgré toi, de l'esprit d'obstination et d'orgueil que l'on reproche avec raison au clergé de France. Tu as subi l'influence des prêtres dans ce qu'elle a de bon principalement, mais aussi un peu dans ce qu'elle a de dangereux. Ton curé de village est sans doute un homme vertueux et franc ; mais peut-être ceux qui lui reprochaient de manquer d'indulgence et de miséricorde n'avaient-ils pas absolument tort. Je n'aime pas qu'on chasse d'un pays les vagabonds et les malfaiteurs ; c'est se défaire de la peste en faveur de son prochain. Il vaudrait mieux essayer de fixer et d'employer les uns, de corriger ou de contenir les autres. Ta mère me paraît une bonne femme que tu aurais mieux fait d'accepter avec ses qualités et ses défauts, et je t'estimerais encore mieux si tu avais ignoré ou enseveli dans un éternel oubli les fautes de sa jeunesse. Prends-y garde, mon enfant : ce caractère absolu, cette froide habitude de condamner en silence et de fuir sans retour et sans pardon tout ce qui ne nous ressemble pas, peut bien nous rendre coupables, dangereux aux autres et à nous-mêmes. Tu vois déjà que tu t'es fait souffrir, que tu as gâté le bonheur possible de ta vie de famille; et sans doute ta mère, quelque frivole qu'elle soit, doit avoir pleuré ton départ et ses motifs. Lui donnes-tu quelquefois de tes nouvelles au moins?

— Oui, madame, répondit Saint-Julien.

— Eh bien! fais-le toujours, reprit-elle, et que le ton de tes lettres lui fasse oublier ce que ton absence a de cruel et de mortifiant.

Au reste, ajouta la princesse en se levant et en lui tendant la main, vous avez bien fait de nous dire toutes ces choses, monsieur le comte; nous saurons mieux le respect que nous devons à vos chagrins. Mes enfants, dit-elle aux deux autres, vous avez trop d'esprit et de délicatesse pour ne pas le comprendre, le cœur de San-Giuliano n'est pas du même âge que le vôtre. Il ne faut pas le traiter comme un camarade d'enfance. Et toi, mon ami, dit-elle au jeune comte, il faut faire aussi quelque concession à leur jeunesse et tâcher de te distraire avec eux. Nous réunirons tous nos efforts pour te faire l'avenir meilleur que le passé; si nous échouons, c'est que l'amitié est sans puissance et ton âme sans oubli.

L'heure étant venue où la princesse devait se montrer pour la première fois depuis son retour à toute sa cour assemblée, elle prit le bras de Julien pour se lever; puis elle passa sur sa robe de soie une pelisse de velours brodée d'or et fourrée de zibeline. Le page prit son éventail de plumes de paon. On remit à Julien un livre à riches fermoirs sur lequel il devait inscrire les demandes présentées à la souveraine. La Ginetta, qui avait des priviléges particuliers, se mêla à trois grandes dames autrichiennes qui, par droit de noblesse, avaient la charge honorifique de paraître en public les suivantes de la princesse. Elles n'étaient guère flattées de voir une Vénitienne sans naissance et, disaient-elles, sans conduite, marcher du même pas et leur ôter sans façon des mains la queue du manteau ducal ; mais la princesse avait des volontés absolues. Elle eût chassé ces douairières plutôt que de contrarier sa jeune favorite, et aucun homme de cour ne trouvait à redire à l'admission d'une si belle personne dans les salles de réception.

Quand la princesse eut agréé les hommages de ses flatteurs, elle leur présenta son secrétaire intime, le comte de Saint-Julien. Au ton de sa voix tous comprirent que ce n'était pas à la lettre un successeur de l'abbé Scipione, et qu'il fallait se conduire autrement avec lui. Saint-Julien fut donc étourdi et presque effrayé des protestations et des avances qui lui furent faites de tous côtés. Il était bien loin d'avoir conçu une si haute idée de son rôle. — Eh ! mon Dieu ! se disait-il, si j'étais l'époux de la princesse, on ne me traiterait pas mieux. Tous ces gens-là doivent pourtant bien savoir dans quel costume je suis arrivé ici. En voyant combien les hommes sont rampants et souples devant tout ce qui semble accaparer la faveur du maître, il s'étonna d'avoir été si craintif. — Qu'est-ce donc que cette grandeur que j'avais rêvée ? se dit-il ; où sont ces hommes élevés qui soutiennent la dignité de leur rang par de nobles actions, et qui ont le cœur fier et hardi comme la devise de leurs ancêtres ? Les vrais nobles sont-ils aussi rares que les vrais talents ?

Le jour même on célébra le mariage de l'aide-de-camp Lucioli avec la lectrice mistress White. Ce fut un grand sujet d'étonnement pour Julien de voir ce beau jeune homme épouser une vieille fille d'un rang obscur et d'un esprit médiocre. Personne ne songea à partager la surprise de Julien. La duègne était richement dotée par la princesse, et Lucioli pourrait désormais satisfaire ses étroites vanités et déployer un luxe insolent. Il était réconcilié avec sa situation, et trouvait dans le maintien grave de Quintilia plus d'indulgence pour son amour-propre qu'il ne l'avait espéré.

En effet, la princesse présida cette cérémonie avec un sang-froid imperturbable. Il était impossible de se douter, à son air austère et maternel, qu'elle fût occupée à se divertir sérieusement d'une victime insolente et lâche. Dans aucun recoin de la chapelle on n'osa échanger le plus furtif sourire. Les lèvres de Quintilia étaient immobiles et serrées comme celles d'un mathématicien qui résout intérieurement un problème. Julien se méfia néanmoins de cette affectation, et quand vers minuit la princesse se retrouva dans son appartement avec lui, Ginetta et Galeotto, il ne s'étonna guère de la scène qui eut lieu devant lui. La Ginetta, mettant son mouchoir sur sa bouche, semblait attendre dans une impatience douloureuse le signal de sa délivrance, lorsque Quintilia, se laissant tomber tout de son long sur le tapis, lui donna l'exemple d'un rire inextinguible et presque convulsif. Le page fit la troisième partie, et Julien resta ébahi à les contempler jusqu'à ce que, les rires un peu apaisés, un feu roulant et croisé de sarcasmes amers et d'observations caustiques lui fit comprendre qu'on venait de jouer la plus majestueuse des farces dont un amant rebuté ou disgracié pût être la victime ou le bouffon.

— Je n'aime pas cela, dit-il au page lorsqu'ils se retrouvèrent ensemble dans leur appartement. Ou Lucioli est un pauvre niais qu'on mystifie sans pitié, ou c'est un misérable qui se console avec de l'argent et qu'il faudrait plutôt chasser.

— Vous avez l'air, dit le page d'un ton assez sec et sérieux, de critiquer la conduite de notre bienfaitrice; je vous dirai, moi aussi, monsieur de Saint-Julien, je n'aime pas cela.

— Mettez-vous à ma place, répondit Julien un peu confus; ne penseriez-vous pas, en voyant des choses si étranges, que la princesse est bien cruelle envers ceux qui osent s'élever jusqu'à elle, ou bien inconstante envers ceux qu'elle y fait monter un instant?

Le page ne répondit que par un grand éclat de rire; puis, reprenant aussitôt son sérieux, il quitta Saint-Julien en lui disant : — Mon ami, ni le dévouement ni la prudence n'admettent l'esprit d'analyse.

VI.

Le lendemain, la princesse appela Saint-Julien et s'enferma avec lui dans son cabinet. Elle était occupée de mille projets; elle voulait apporter de notables économies à son luxe, fonder un nouvel hôpital, réduire les richesses d'un chapitre religieux, écrire un traité sur l'économie politique, et mille autres choses encore. Saint-Julien fut épouvanté de tout ce qu'elle voulait réaliser, et il pensa un instant que la vie d'un homme ne suffirait pas à en faire le détail. Néanmoins elle lui posa si nettement les points principaux, elle le seconda par des explications si précises et si lucides, qu'il commença bientôt à voir clair dans ce qu'il avait pris à l'abord pour le chaos d'une tête de femme. Lorsqu'elle le renvoya, elle lui confia une besogne assez considérable, qu'il eut à lui rendre le lendemain et dont elle fut contente, bien qu'elle y fît de nombreuses annotations.

Plusieurs mois furent employés à dresser et à préparer ce travail. Durant tout ce temps la princesse fut enfermée dans son palais ; les fêtes et les réceptions furent suspendues ; les rues furent silencieuses, et les façades ne s'illuminèrent plus de l'éclat des flambeaux. Quintilia, vêtue d'une longue robe de velours noir et relevant ses beaux cheveux sous un voile, sembla oublier la parure, le bruit et le faste dont elle était ordinairement avide. Plongée dans de sérieuses études et dans d'utiles réflexions, elle ne se permettait pas d'autre délassement que de fumer, le soir, sur une terrasse avec ses intimes confidents, à savoir : le page, le secrétaire intime et la Ginetta. Quelquefois elle se promenait avec eux en gondole sur la jolie petite rivière appelée Célina, qui traversait la principauté ; mais la gaieté folâtre était bannie de leurs entretiens. Ses projets du lendemain, ses travaux de la veille la mettaient dans un rapport immédiat et continuel avec Saint-Julien. La familiarité qui en résulta avait quelque chose de paisible et de fraternel, qui était mieux que de l'amitié, et qui cependant ne ressemblait pas à l'amour. Du moins Julien le croyait ; mais son âme était dominée, toutes ses facultés absorbées par une seule pensée. Si les heures où la princesse l'exilait de sa présence n'eussent été assidûment remplies par le travail qu'elle lui imposait et par les courts instants de repos qu'il était forcé de prendre, elles lui eussent semblé insupportables.

Mais dès son réveil il se rendait près d'elle et ne la quittait plus que le soir. Elle prenait ses repas avec lui, des repas courts et presque napoléoniens. Si quelquefois elle se reposait de ses fatigues intellectuelles par quelques idées plus douces, elle y associait toujours son jeune protégé. Elle l'entretenait des arts, qu'elle chérissait et dont il avait le vif sentiment; elle écoutait avec intérêt quelques douces et naïves poésies dont le jeune homme s'inspirait auprès d'elle, ou bien elle lui parlait des bienfaits d'une vie laborieuse et réglée, des charmes d'une amitié chaste et sainte. Saint-Julien l'écoutait avec délices, et à voir son front serein, son regard maternel, il oubliait qu'une passion orageuse ou fatale pût naître auprès d'une telle femme; il se persuadait être arrivé au terme du plus beau vœu qu'une âme noble puisse faire; il croyait avoir atteint pour toujours un bonheur sans mélange et sans remords. Quelquefois, il est vrai, lorsqu'il se retrouvait seul au sortir de ces douces causeries, sa tête s'enflammait, son cœur battait précipitamment, son émotion devenait une souffrance vague; mais un sentiment pieux succédait à ces agitations. Il remerciait Dieu de l'avoir tiré d'une condition douloureuse pour le combler de telles joies, il versait des larmes, il prononçait le nom de Quintilia et l'associait au nom de Marie, la Vierge des cieux. Quand il avait soulagé son cœur dans ces extases, il reprenait avec ardeur la tâche que sa souveraine lui avait confiée, et se livrait par anticipation au plaisir de mériter et d'obtenir ses éloges et ses remercîments.

Entièrement séparé de l'entourage extérieur de la princesse, il n'avait de relation qu'avec Galeotto et la Ginetta. Son caractère timide et un peu fier, ses occupations sérieuses et soutenues, et surtout le sentiment de bien-être intérieur qui lui rendait tout épanchement inutile, s'opposaient à toute communication entre lui et le reste des hommes. Il vécut donc dans un tel isolement de tout ce qui n'était pas Quintilia, qu'il savait à peine les noms des personnes qu'il rencontrait dans l'intérieur du palais. Et pourtant une passion réelle, dévorante, à jamais tenace, s'allumait en lui à son insu, à l'ombre de cette confiance dangereuse. L'imagination de ce jeune homme était si pure, il avait si peu connu l'amour, qu'il ne croyait pas à ses tourments et les éprouvait sans les reconnaître.

Six mois s'étaient écoulés ainsi. Un soir, le travail se trouva terminé. La princesse avait été tout ce jour-là plus grave et plus réfléchie que de coutume. Elle traça de sa main une dernière page à la fin du registre que Julien venait de lui présenter. Pendant qu'elle l'écrivait, Ginetta, qui s'était introduite sans bruit dans l'appartement, attendait avec une sorte d'anxiété qu'elle eût fini; son œil noir et mobile interrogeait impatiemment tantôt la porte où Julien aperçut un pan du manteau de Galeotto, tantôt le front assombri et le sourcil plissé de la princesse. Enfin la princesse posa sa plume d'un air distrait, cacha sa tête dans ses mains, reprit la plume, joua un instant avec une tresse de ses cheveux qui s'était détachée, puis tressaillit, traça précipitamment quelques chiffres, signa le registre, le ferma et le poussa loin d'elle. Puis, tenant toujours sa plume, elle se leva, se tourna vers Ginetta et la planta dans une grosse touffe de ses cheveux noirs. La soubrette fit un cri de joie. — Est-ce enfin terminé, madame? s'écria-t-elle; votre belle main va-t-elle quitter la plume et reprendre le sceptre et l'éventail? Sommes-nous arrivés au bout de ce pâle carême? le plaisir va-t-il briser la pierre du cercueil où vous l'avez enseveli? me permettez-vous de jeter au vent cette vilaine plume que vous venez de mettre dans mes cheveux, et qui me semble peser comme du plomb?

— Fais-en un auto-da-fé, répondit Quintilia, je ne travaillerai plus cette année.

— Vive la liberté! s'écria Galeotto en entrant d'un bond. Au risque d'être grondé, il faut que je vienne mettre un genou en terre devant ma souveraine, et que je la prie de *briser les cercles de fer de son écuyer.*

— Reprends ton vol, mon beau papillon, dit la princesse en l'embrassant au front.

— Par la Vierge! dit le page en se relevant, il y avait plus de six mois que Votre Altesse n'avait fait cet honneur à son pauvre nain. Nous voici tous sauvés; nous renaissons, nous dépouillons nos chrysalides, nous ressuscitons. Alleluia.

— Brûlons la maudite plume! dit Ginetta.

— Non, dit le page en s'en emparant. Attachons-la à la barrette de monsieur le secrétaire intime, et jetons tout dans la Célina, le pédant et son encre, l'ennui et les registres.

— Non pas, dit la princesse; à votre tour, respectez le travail, la réflexion, l'économie. Mon bon Giuliano, nous nous retrouverons tête à tête dans la poussière des livres. Aujourd'hui reposons-nous, quittons nos habits noirs. Rions avec ces enfants, redevenons jeunes. Page, fais illuminer le fronton de mon palais. Toi, Ginetta, rends la liberté à ma chevelure, et enlève cette dernière tache d'encre à mon doigt.

La Ginetta frotta les mains de la princesse avec de l'essence de citron. Le page ouvrit les fenêtres, et donna en criant des signaux à la cantonade ; puis il entraîna Julien sur la terrasse, et, lui remettant un magnifique bouquet de fleurs :

— Portez-le à Son Altesse, lui dit-il, mettez-vous à ses pieds et tâchez qu'elle ait pour vous un doux regard. Quittez surtout cet air consterné. De quoi vous étonnez-vous ? Pensez-vous que nous étions convertis pour jamais, et que tout irait toujours selon vos goûts et vos idées ? Mais apprenez à connaître l'amitié. Je pourrais me venger aujourd'hui de tout l'ennui que vous m'avez causé ; je veux, au contraire, vous aider à ressaisir votre crédit qui chancelle.

— Vraiment, je vous jure que je ne comprends pas, reprit Julien en prenant le bouquet machinalement.

— Allez, allez, cria le page en le poussant. Si vous êtes habile, ne perdez pas le temps et l'occasion, car voici le tourbillon qui nous enveloppe et le sabbat qui commence.

Les accords de cent instruments montaient en effet dans les airs, et déjà des pétards et des fusées volaient par les rues.

— Qu'est-ce donc que tout ce bruit ? dit Julien.

— C'est mon ouvrage, dit Galeotto d'un air enivré ; c'est ce qui doit sauver ou perdre bien des flatteurs, faire voler les uns comme des aigles, barboter les autres comme des oisons.

Saint-Julien, poussé par les épaules, approcha de la princesse d'un air gauche et confus.

Elle était déjà transformée en une autre femme que celle qu'il voyait depuis six mois. Elle avait les cheveux parfumés, le front couvert de diamants de sept couleurs, une folle et magnifique parure. Son corps avait changé d'attitude et sa figure d'expression. Elle était sans contredit beaucoup plus jeune, plus belle et plus séduisante qu'avec sa robe noire et son air pensif. Mais Saint-Julien l'avait aimée beaucoup mieux ainsi, et maintenant elle l'effrayait comme autrefois ; ses doutes évanouis long-temps se réveillaient, sa confiance et sa joie pâlissaient à mesure que la beauté de Quintilia s'illuminait d'un éclat plus vif.

— Un genou en terre ! lui dit le page à l'oreille, et tâchez de baiser sa main.

Julien crut qu'on le persiflait ; peu s'en fallut qu'il n'accusât Quintilia d'être complice d'une mystification préparée contre lui. Il se laissa tomber à demi sur le carreau de velours qui était à ses pieds, et, tout palpitant, il leva sur elle un regard qui semblait être un triste et doux reproche. Mais, au lieu de le railler, comme il s'y attendait, Quintilia lui prit la main.

— Eh quoi! des fleurs à la main de Giuliano! lui dit-elle avec gaieté ; mais je crois que le monde est bouleversé, et tu m'apportes précisément les fleurs que j'aime, la rose turque et la pompadoura qui enivre ! Donne, donne, Giuliano. Toi aussi tu veux donc te rajeunir et te retremper ! Bien, mon fils; faisons-leur voir que le travail ne nous a pas rendus stupides, et que nos esprits ne se sont point émoussés comme nos plumes.

Quintilia, en disant ces folles paroles, embrassa son secrétaire intime sur les deux joues. C'était la première fois, et il s'y attendait si peu que sa tête se troubla, et il lui fut impossible de comprendre ce qui se passait autour de lui.

Un feu d'artifice fut tiré sur l'eau, et un grand souper, qui sembla improvisé, mais que Galeotto et Ginetta tenaient prêt depuis long-temps, prolongea la fête assez avant dans la nuit. Saint-Julien suivit d'abord machinalement Quintilia ; il était encore sous l'impression délirante de ce baiser : il ne songea qu'à la trouver belle dans sa nouvelle parure, gracieuse et spirituelle avec ceux qui venaient la complimenter. Mais peu à peu cet entourage de courtisans qu'il avait perdu l'habitude de voir se placer entre elle et lui, ce bruit qui ne lui permettait plus d'être seul entendu, ce mouvement qui semblait enivrer Quintilia, lui devinrent odieux. Il fut souvent tenté de quitter cette cohue et d'aller s'enfermer dans sa chambre. Un sentiment de jalousie inquiète et chagrine le retint auprès de la princesse.

VII.

— Mon ami, lui dit Galeotto le lendemain matin, vous avez été souverainement ridicule hier soir.

— Et pourquoi donc?

— Triste, pâle et l'air consterné! Prenez garde à vous. La princesse est en humeur de se divertir : si vous ne vous amusez pas, vous êtes perdu.

— Perdu ! dit Saint-Julien. Comment et pourquoi?

— Pourquoi ? parce que vous l'ennuierez, mon ami. Comment ? parce qu'elle oubliera jusqu'à votre nom.

— Où sommes-nous, mon Dieu? dit Julien en passant sa main sur ses yeux, dans un sentiment d'invincible tristesse. Est-ce un rêve que je fais? Tout est-il donc si changé depuis douze heures!

— Vous ne connaissez pas le monde, reprit le page ; vous ne savez pas qu'il faut ne compter sur rien, être préparé à tout, et posséder vingt habits dans son magasin pour être toujours prêt à changer avec ceux qui changent.

— Mais expliquez-moi Quintilia ; que m'importent les autres ?

— Quintilia ! dit le page en baissant la voix. Que je vous explique cette femme, moi !... Eh ! mon ami, j'ai seize ans ! Je ne manque pas d'intrigue, d'ambition et d'une certaine intelligence ; je vois, j'entends ; je n'essaie pas de comprendre ; j'obéis, je devine ce qu'on va me commander : il me semble que c'est quelque chose pour mon âge. Mais trouver la raison de ce que je vois, de ce que j'entends et de ce que je fais, c'est plus qu'il n'appartient à mon inexpérience et à ma jeunesse. C'est vous, monsieur le philosophe, qui devriez me donner la clef des énigmes autour desquelles je tourne comme une folle planète sans savoir où me mène mon soleil.

— Je ne vous demande qu'une chose, dit Saint-Julien en fixant ses grands yeux tristes sur les yeux malins et brillants de Galeotto. Je vois bien qu'il y a en elle deux femmes distinctes, une vraie et une artificielle ; une qui est née ce qu'elle est, une autre que les hommes et le siècle ont formée : laquelle des deux est l'œuvre de Dieu ?

Le page eut sur les lèvres une contraction nerveuse, comme s'il allait dire un mot cynique. Saint-Julien devina les deux syllabes qui erraient sur cette bouche moqueuse, et un frisson douloureux lui passa de la tête aux pieds. Mais le page, se levant aussitôt et changeant de manière et de langage avec cette facilité de courtisan qui était innée en lui : — Votre question n'a pas le sens commun, mon ami, lui dit-il en se promenant dans la chambre d'un air grave. Le sentiment et la métaphysique vous ont troublé le jugement. Est-ce que nous sommes *nés* quelque chose? C'est bien assez d'être nés gentilshommes, canaille ou prince. Ce n'est pas Dieu qui préside à ces distinctions; et pour notre caractère, c'est l'éducation et le hasard qui s'en mêlent. Si j'étais phrénologiste, je vous dirais quelles bosses du crâne de Son Altesse nécessitent la contradiction que vous voyez en elle; mais, n'étant qu'un ignorant, j'aime mieux admirer ses cheveux noirs et recevoir sur mon pauvre front étroit et borné le baiser d'une bouche ducale.

En se rappelant le baiser qu'il avait reçu, Saint-Julien frémit et devint tour à tour rouge et pâle. Le page s'en aperçut, et, s'arrêtant devant lui les bras croisés sur sa poitrine : — Mon ami, lui dit-il, tu es amoureux, tu es perdu.

— Amoureux! dit Julien troublé; non, je le suis pas J'aime ma souveraine avec vénération, avec...

— Tais-toi, tu extravagues, reprit Galeotto. Nous ne sommes plus au temps de la chevalerie. Aujourd'hui un gentilhomme, et même un pâtissier, peut épouser une princesse. Tu es amoureux, mais tu es fou.

— Épargnez-moi vos railleries, Galeotto...

— Non, je ne raille pas. Hier, quand vous avez reçu ce baiser sur les joues, vous avez failli vous trouver mal. Pour un homme qui ne voudrait que parvenir, c'eût été d'un effet excellent. Ces timidités-là ont plus de succès ici que les fatuités de Lucioli. Ce n'est pas vous qu'on mariera à une duègne, et qu'on enverra prendre l'air à la campagne avec cinquante mille francs de rente et une momie ambulante comme mistress White. Mais c'est vous à qui l'on mettra un collier de vermeil au cou, et qu'on laissera vieillir couché en rond sur un coussin entre la biche tachetée et la levrette blanche.

— Mais quel rôle si important jouez-vous donc vous-même ici? dit Saint-Julien un peu piqué.

— Aucun, dit le page ; mais je ne suis pas amoureux; et, quand on me baise au front, je n'oublie pas que je suis un jouet, un petit animal domestique, un enfant condamné à ne pas grandir. Alors, en attendant que je sois homme et qu'on s'en aperçoive, je rends à la Ginetta les baisers qu'on me donne. Fais comme moi, Giuliano. Ginetta est une belle et bonne fille.

Saint-Julien eut comme un éblouissement, et s'appuyant sur le bras de son fauteuil :

— O mon Dieu! s'écria-t-il avec angoisse, où m'avez-vous conduit? dans quel antre de corruption m'avez-vous jeté?

Galeotto répondit par un éclat de rire à cette mystique apostrophe.

Le naïf Julien le regardait avec surprise et avec une sorte de terreur. Élevé aux champs, plein d'innocence et de candeur, il ne pouvait comprendre la précoce dépravation de cet enfant de la civilisation.

— Si jeune et si beau! continua-t-il en le regardant avec une sincérité de douleur qui augmenta la gaieté du page ; avec un front si pur et tant de grâce, être déjà si sec, si froid, si raisonneur! Avoir déjà vaincu l'amour, et l'enthousiasme, et les sens! avoir arrangé toute sa vie pour l'ambition, et n'avoir ni jeune cœur ni folle imagination qui vous détourne du chemin! Quoi! pas même amoureux de la Ginetta! Moqueur et méprisant sous les lèvres de celle-ci, méfiant et froid sous les lèvres de l'autre!... Qu'aimez-vous donc, qu'aimerez-vous, vieillard de seize ans?

— J'aimerai! dit le page, j'aimerai l'argent et le

pouvoir : l'argent, pour avoir de bons chevaux, de riches habits et des femmes dont je ne serai pas forcé d'être amoureux au point de me brûler la cervelle en cas d'abandon ; de ces femmes qui ont tout juste assez d'esprit pour nous donner un instant d'ivresse, seul bien que la femme puisse promettre et tenir, menteuse et lascive qu'elle est de sa nature; le pouvoir, pour humilier les fourbes et les sots qui me flattent et me haïssent, pour jeter dans la poussière les faces orgueilleuses qui se baissent pour me regarder. Oui, oui, l'argent et le pouvoir : tout homme qui n'est pas imbécile ou fou doit viser à cela et mépriser le reste.

— De qui tenez-vous ce principe? dit Saint-Julien. Est-ce de vous-même, est-ce de Quintilia?

— Oh ! toujours à cheval sur votre idée fixe ! Que m'importe Quintilia ? Croyez-vous que je veux pourrir dans ce misérable cabotinage de royauté ? croyez-vous que cette parodie de czarine, et ces ombres de courtisans, et ces forteresses de pain d'épice, et cet appareil militaire qu'on a fait avec de la moelle de sureau et des grains de plomb, et ce palais qui servirait de surtout sur la table d'un banquier, et ces places dont ne voudrait pas le groom d'un pair d'Angleterre ; croyez-vous vraiment que tout cela m'attache et me séduise? C'est bon pour vous, vertueux prestolet, qui vous croyez au sommet des grandeurs du monde, et qui prenez le théâtre de Polichinelle pour la Scala ou pour San-Carlo. Moins heureux que vous, je ne sais pas m'abuser ainsi ; je sens que l'univers n'est pas trop vaste pour mon activité, et j'étouffe dans ce poêle, où nous chauffons comme de pauvres marrons qu'une femme tire du feu au profit du diable. Allons, Giuliano, suivez votre vocation, et ne vous effrayez pas de la mienne. C'est moi qui devrais m'étonner et me jeter à la renverse, et interroger avec stupeur les étoiles fantasques, à la vue d'une candeur comme la vôtre. C'est vous, mon ami, qui êtes une exception, une rareté, une merveille dans ce siècle de raison et d'égoïsme. Vous êtes peut-être un ange devant Dieu; mais les hommes, à coup sûr, vous montreraient à la foire s'ils savaient ce que vous êtes.

— Que suis-je donc? s'écria Julien confondu de surprise.

— Voulez-vous que je vous le dise? vous ne vous en fâcherez pas?

— Non.

— Vous êtes un niais.

— Et Quintilia?

— Je vous le dirai quelque jour si nous nous rencontrons à cent lieues d'ici.

VIII.

Une grande fête se préparait au palais. Jamais Julien n'avait vu un tel luxe et de si folles dépenses. Personne ne pouvait plus aborder la princesse s'il ne venait l'entretenir de chiffons, de lustres et de musiciens. Le pauvre secrétaire intime, étranger à toutes ces choses, errait pâle et triste au milieu de ce désordre, dans la poussière des préparatifs et dans la cohue des ouvriers. Trois jours entiers s'écoulèrent sans qu'il vît la princesse. Il tomba dans une noire mélancolie et pleura son beau rêve effacé, ses douces illusions perdues. Le matin de la fête, elle se souvint de lui et le fit appeler pour lui remettre le costume qu'il devait porter! elle lui donna gravement les instructions les plus frivoles, lui demanda conseil sur la coupe des manches que Ginetta lui essayait; puis elle oublia sa présence et le laissa sortir sans s'en apercevoir.

Le bal fut magnifique. Grâce à la plus bizarre et à la plus folle des inventions de la princesse, toute la cour représenta une immense collection de papillons et d'insectes. Des justaucorps bigarrés serraient la taille; de grandes ailes d'étoffe, montées sur du laiton imperceptible, se déployaient derrière les épaules ou le long des flancs; et l'on ne pouvait trop admirer l'exactitude des nuances, la forme des accidents, la coupe et l'attitude des ailes, et jusqu'à la physionomie de chaque insecte reproduite par la coiffure du personnage chargé de le représenter. Le bon abbé Scipione, métamorphosé en sauterelle, gambadait agréablement dans son mince vêtement de crêpe vert tendre. Le pimpant Lucioli, emprisonné dans une écaille bombée de satin marron, et le ventre couvert d'un gilet rayé de noir et de blanc, représentait admirablement un hanneton de la plus grosse espèce connue. La grande et mince marchesa Lucioli, ex-mistress White, était fort brillante sous un long corps de velours noir et de grandes ailes de taffetas jaune rayé de noir. Avec sa longue face pâle, les déchiquetures de ses ailes et sa démarche péniblement folâtre, on l'eût prise pour ce grand papillon nommé Podalyre, qui est si embarrassé de sa longue stature que les hirondelles dédaignent de le poursuivre, et le laissent se débattre contre le vent, pêle-mêle avec les feuilles jaunies et dentelées du sycomore. Le beau page Galeotto représentait le charmant papillon Argus; les pierreries de toutes couleurs ruisselaient sur ses ailes de velours bleu tendre, doublées d'un satin nuancé de rose, d'abricot et de nacre. La Ginetta portait un corselet d'azur rayé de noir; elle était coiffée de ses cheveux bruns relevés en grosses touffes sur ses tempes. Belle avec sa tête large et plate, mince dans son corsage étroit, folâtre sous ses transparentes ailes de crêpe bleu, elle offrait le plus beau type d'*agrillon-demoiselle* qu'on eût vu depuis long-temps. Quant à Julien, on l'avait déguisé en *antyope*, avec des ailes de velours noir frangées d'or.

C'était la princesse elle-même qui avait présidé au choix et à la distribution de tous ces costumes. Elle avait consulté vingt savants et compulsé tous les traités d'entomologie de sa bibliothèque pour arriver à une perfection capable de donner le délire de la joie au plus grave de tous les professeurs d'histoire naturelle. Elle avait assorti chaque rôle, ou au moins chaque couleur, au caractère ou à la physionomie de chaque personnage. On voyait autour d'elle de belles Vénitiennes déguisées en guêpes, en noctuelles, en piérides; de brillants officiers convertis en cerfs-volants, en capricornes, en sphinx. On vit plusieurs jeunes abbés en fourmis et le majordome en araignée. On admira beaucoup le sphinx Atropos. La *manthe précheresse* eut un plein succès, et les femmes jetèrent des cris d'épouvante à l'aspect du grand bousier sacré des Égyptiens.

Mais parmi ces cohortes aériennes, Quintilia se distinguait par la richesse et la simplicité de son costume. Elle avait choisi pour emblème le blanc phalène de la nuit. Sa robe et ses ailes de gaze d'argent mat tombaient négligemment le long de sa taille. Elle avait pour coiffure deux marabouts blancs qui, s'abaissant de son front sur chacune de ses épaules, représentaient fort agréablement deux antennes moelleuses.

Les salles étaient tapissées et jonchées de fleurs; des échelles de soie, cachées dans des guirlandes de roses, étaient tendues le long des murs ou suspendues aux voûtes. Les plus hardis grimpaient sur ces frêles soutiens, se tenaient accrochés, les ailes pliées, au-dessous des plafonds, se balançaient entre les colonnes, ou s'élançaient de l'une à l'autre en agitant leurs ailes diaphanes. C'est un spectacle vraiment magique, et dont la nouveauté enivra Saint-Julien un instant. Mais des angoisses inattendues l'arrachèrent bientôt à ces naïves satisfactions. Quintilia, entourée d'hommages et de vœux, se livrait au plaisir d'être admirée avec tant de jeunesse et d'enivrement que Saint-Julien crut ne plus pouvoir douter de l'erreur où six mois de retraite et de bonheur calme l'avaient plongé. —Insensé! se dit-il, comment ai-je pu croire que cette femme avait autre chose dans le cœur que la vanité de son sexe et l'orgueil de son rang? comme ai-je pu m'abuser à ce point sur la galanterie et le désordre qui règnent ici? Quel plaisir a-t-elle pris à me duper et à se duper elle-même sur de prétendus projets philanthropiques, sur les hautes ambitions d'une âme généreuse, lorsque le plus ardent de ses vœux, la plus enivrante de ses joies, c'est une fête ruineuse et le fade hommage des cours!

Et malgré ces tristes réflexions, il la suivait avec anxiété; il épiait tous ses regards, il se glissait à son insu sur tous ses pas. Lorsqu'elle semblait s'occuper d'un homme plus que d'un autre, son cœur battait, sa tête s'égarait, il était prêt à faire une scène ridicule; puis il s'arrêtait pour se demander compte de ses propres agitations et pour s'effrayer de ressentir l'amour en même temps que l'aversion.

Dans le mouvement d'une valse, la coiffure de la

princesse s'étant un peu dérangée, elle s'esquiva et entra dans ses appartements pour la réparer. Elle ne voulut pas appeler à son secours Ginetta, qui était emportée par la danse au fond des salles du bal. Elle se retira donc seule et sans bruit dans son cabinet de toilette; mais au moment d'en fermer la porte, elle vit derrière elle une pâle figure : c'était Saint-Julien qui l'avait suivie. Dans le délire de son chagrin, il s'était imaginé lui voir échanger un signe avec Lucioli, et il avait perdu la tête.

— Et que veux-tu, Giuliano? lui dit-elle avec surprise; tu sembles triste ou malade! As-tu quelque chose à me dire? Que puis-je faire pour toi?

— Je vous dérange, madame, répondit-il d'une voix entrecoupée; ordonnez-moi de vous laisser seule.

— Non, reprit-elle avec une parfaite insouciance, assieds-toi sur ce divan pendant que je vais raccommoder ma plume; et si tu as quelque confidence à me faire, je t'écoute.

Julien s'assit et garda le silence. Quintilia, debout devant son miroir et lui tournant le dos, refit sa coiffure tranquillement. Quand elle eut fini, elle pensa à lui et le regarda dans sa glace. Il était prêt à se trouver mal.

Elle vint droit à lui, et lui prenant la main avec une assurance qui semblait partir de la bonté de son cœur au moins autant que de la hardiesse de son caractère :
— Tu as quelque chose, lui dit-elle, tu souffres; tu es malade ou malheureux, lequel des deux? Parle, je suis ton amie, moi.

Saint-Julien pencha son visage sur les belles mains de Quintilia et les couvrit de larmes.

— Tu es amoureux, lui dit-elle en les lui pressant avec affection.

— Oh! madame!

— Oui, n'est-ce pas?

— Eh bien! oui!

— De qui?

— Je n'oserais jamais....

— C'est de la Ginetta?

— Non, madame.

— Alors c'est de moi?

— Oui, madame.

— Eh bien! tant pis pour toi, répondit-elle avec un geste d'impatience voisin de la colère; tant pis pour nous deux!

Saint-Julien crut l'avoir blessée dans l'orgueil de son rang. — Pardonnez-moi, lui dit-il, je suis un sot et un insolent. Vous allez me chasser; mais je préviendrai vos ordres à cet égard : tout ce que j'aurais osé désirer était un mot de pitié avant de perdre pour jamais le bonheur de vous voir.

— Eh! mon Dieu, tu ne sais ce que tu dis, Saint-Julien. Je ne te chasserai pas, et si tu pars, ce sera bien contre mon gré. Tu me crois offensée, tu te trompes. Si je t'aimais, je te le dirais; et si je te le disais, je t'épouserais.

Saint-Julien fut tout étourdi de ce discours et faillit se frotter les yeux comme un homme qui vient de rêver. Mais il sentit aussi tout ce que cette franchise avait de mortifiant pour lui. Il baissa les yeux et balbutia quelques paroles.

— Allons, ne prends pas cet air désespéré. Vois-tu, Julien, tous les jeunes gens sont fats ou romanesques. Tu n'es pas fat, mais tu es romanesque; tu te crois amoureux de moi, tu ne l'es pas. Comment le serais-tu ? tu ne me connais pas.

— Eh bien! madame, s'écria Saint-Julien, vous avez raison en ceci; je ne vous connais pas, et si je vous connaissais je serais ou radicalement guéri ou décidément incurable. Je vous aimerais au point de me brûler la cervelle, ou je vous haïrais assez pour vous fuir sans regret. Mais le fait est que je ne sais point qui vous êtes, et l'incertitude où je vis me dévore. Tantôt je vous prie dans le secret de mon cœur comme un ange de Dieu, et tantôt... oui, je vous dirai tout, tantôt je vous compare à Catherine II.

— Sauf les meurtres, les empoisonnements et autres misères semblables, qui, après tout, ne constitueraient pas une grande différence, dit la princesse avec une froide ironie. Alors, prenant son éventail de plumes, elle s'assit en ajoutant avec un calme dérisoire : — Continuez, monsieur le comte, j'écoute votre harangue.

— Raillez-moi, méprisez-moi, dit Julien au désespoir, vous avez raison; traitez-moi comme un fou, je le suis. Et que m'importe votre colère? que m'importe votre mépris? Au moment de vous perdre à jamais, et ne risquant plus rien, je puis bien tout vous dire.

— Dites, Julien, répondit-elle tranquillement.

— Eh bien! je vous dirai, madame, que cela ne peut pas durer et qu'il faut que je parte. Vous me traitez avec confiance, et je n'en suis pas digne; vous m'accablez de bontés, et je suis ingrat. Au lieu de me borner à vous servir et à vous chérir en silence, je m'inquiète de toutes vos actions. Je vous soupçonne des plus infâmes turpitudes, je vous épie comme si j'étais chargé de vous assassiner. Je questionne vos gens, j'interroge vos regards. Je commente vos paroles, je hais votre parure;

je voudrais tuer tous ceux qui vous admirent. Je suis jaloux, jaloux et méfiant! Moquez-vous! oh! oui, moquez-vous! Je me moque de moi-même bien plus amèrement que personne ne le fera. Depuis trois jours surtout je suis fou, complétement fou. Je suis à chaque instant sur le point de vous adresser des reproches et de vous demander compte de mes tourments! Moi à vous! moi votre valet!.... Madame, je sais que je suis votre valet....

— Vous prenez trop de peine, interrompit la princesse. Je ne pense pas à vous humilier, ces moyens sont bons pour qui n'en a pas d'autres. Vous n'êtes point mon valet, monsieur, et vous ne le serez jamais. Je croyais m'être expliquée assez clairement tout à l'heure à cet égard. D'ailleurs, quand même vous le seriez, il y aurait un cas où vous auriez le droit de me parler comme vous le faites. Savez-vous lequel?

— Dites, madame, je n'ai plus peur; je suis perdu!

— Je vous le dirai sans colère et sans mépris. Ce cas, Julien, c'est celui où je vous aurais encouragé pendant seulement.... combien dirai-je? cinq minutes?... Est-ce trop?

— Votre moquerie est sanglante, madame, et je l'ai méritée! Non, vous ne m'avez pas encouragé pendant cinq minutes; vous ne m'avez pas adressé un regard, pas une syllabe qui m'ait donné droit d'espérer...

— A moins que vous n'ayez pris pour des preuves de mon amour ou pour des avances de ma coquetterie les attentions et les soins d'une honnête amitié, les témoignages d'une loyale estime..... On m'avait souvent dit que les femmes au-dessous de cinquante ans n'avaient pas le droit d'agir comme je le fais; que la franchise ne leur servait à rien; que leur témoignage n'était pas

21.

reçu devant la prétendue justice du bon sens : j'en avais fait l'expérience..... mais avec qui ? avec des sots et des lâches. Je vous prenais pour un homme capable de me juger.

— Madame, madame, vous êtes injuste. Vous m'avez interrogé d'un ton d'autorité, vous avez été au-devant de mes aveux. Tout mon tort est donc de n'avoir pas menti quand vous m'avez dit tout à l'heure : Si tu es amoureux, c'est de moi.

— Votre tort n'est pas de me le dire, Julien, mais c'est de l'être.

— Croyez-vous donc que de tels sentiments se commandent?

— Peut-être ! Si j'étais homme, je serais l'ami de Quintilia. Je la comprendrais, je la devinerais, et je l'estimerais peut-être !...

— Eh bien ! laissez-moi vous comprendre, dit Julien en se jetant à genoux sans s'approcher d'elle, et peut-être pourrai-je être votre ami en même temps que votre sujet.

— Monsieur le comte, dit la princesse en se levant, je ne rends compte de moi à personne. Depuis longtemps j'ai appris à mépriser l'opinion des hommes. N'avez-vous pas lu la devise de mon blason : *Dieu est mon juge?*

Elle sortit, et Julien, toujours à genoux, resta atterré à sa place.

IX.

QUAND il fut revenu de sa première consternation, il tomba dans le désespoir, et cachant son front dans ses mains ;

— Malheureux fou! s'écria-t-il, est-il possible que tu aies fait ce que tu as fait, et dit ce que tu as dit! Comment! c'est toi qui es là dans le cabinet de toilette de la princesse? Qui t'a amené ici? comment as-tu osé? au milieu de quel vertige as-tu trouvé tant d'insolence, et où as-tu pris tout ce que tu as dit d'orgueilleux et d'insensé? Quoi! voici le dénouement d'une vie si belle, d'un bonheur si grand? Tu as été pendant six mois le roi du monde, et te voilà méprisé, chassé!.... ou, ce qui sera pire encore, toléré peut-être comme un écolier ridicule, comme un cuistre sans conséquence, relégué parmi les subalternes au-dessus desquels on t'avait élevé! Ah! partons, partons! fuyons ces angoisses, ces incertitudes sans fin, ces doutes cuisants... En parlant ainsi, il restait cloué à sa place et pleurait comme un enfant.

— Tu t'affectes trop, lui dit tranquillement Galeotto, qui était entré sans qu'il s'en aperçût et qui l'écoutait divaguer. Je t'apporte déjà une meilleure nouvelle. Son Altesse te défend de sortir du palais, et t'ordonne de venir lui parler dans sa chambre demain après le bal.

— Quoi! s'écria Saint-Julien, elle t'a dit?...

— Ce que je te dis, rien de plus. Mais il me semble que c'est assez clair pour que je sache tout ce qui s'est passé. Tu as risqué la déclaration. Eh bien! tu n'as pas eu tort. Qui sait? ta bonne foi peut te servir plus que l'esprit des autres. Qu'as-tu à me regarder d'un air effaré? Son Altesse s'est fâchée sérieusement, à ce qu'il paraît. Cela vaut mieux, après tout, que le calme de la raillerie; elle avait l'air sombre en rentrant au bal, et, bien qu'elle se soit mise tout de suite à danser avec le duc de Gurck, la danse a langui pendant trois minutes; on se battait les flancs pour avoir l'air de ne pas voir le front courroucé de la souveraine, mais le fait est que personne ne pouvait en détourner les yeux. Oh! les princes sont un centre d'attraction magnétique! Être prince, c'est magnifique, en vérité! Il n'y a qu'une chose que j'aime mieux, c'est d'être page et d'en rire!...

Saint-Julien ne l'écoutait pas. Galeotto le prit par le bras et l'entraîna dans les jardins.

— Écoute, lui dit-il quand ils furent seuls ensemble, je suis ton ami et veux te servir. Es-tu réellement amoureux?

— Moi, dit Saint-Julien moitié par fierté, moitié par délire, je ne le suis pas! Comment peut-on être amoureux d'une femme qu'on ne connait pas?

— Oh bien! j'aime à t'entendre parler ainsi. En ce cas tu as des idées plus saines que je ne pensais; mais à quoi vises-tu ici? quoi qu'il t'arrive, cela ne peut pas te mener bien loin. Personne n'a fait son chemin avant toi, et tu ne le feras pas non plus.

— Explique-toi, au nom du ciel!...

— Tu veux être l'amant de la princesse?

Saint-Julien fit un geste d'horreur que le page ne vit pas.

— Tu veux, continua-t-il, régner sur ce petit domaine, commander à ces petits grands seigneurs? C'est peu de chose; mais encore c'est mieux que rien, et, pour un bachelier gentillâtre, cela peut sembler assez joli pendant quelque temps. Eh bien! prends garde; car il y a dix à parier contre un que tu ne régneras ici sur rien et sur personne. On peut plaire, mais non gouverner; on peut remonter fièrement le col de sa cravate; mais à quoi bon si l'on a quelque chose de plus dans la tête qu'un frivole amour! Avec cette femme il n'y a pas d'avancement possible; on n'est jamais que son amant, c'est-à-dire son très-humble serviteur. C'est à toi de savoir si tu veux consacrer tant de soins et de peines à ce résultat où bien d'autres t'ont devancé, où bien d'autres te succéderont.

Ce discours refroidit tellement l'imagination du pauvre secrétaire intime qu'il se sentit capable de parler le même langage que Galeotto. Il espéra s'éclairer enfin en feignant de partager ses idées.

— Il faut, avant de te répondre, que je réfléchisse, répliqua-t-il. Mais, pour réfléchir à coup sûr, il me faudrait des renseignements historiques plus détaillés que ceux que j'ai. Peux-tu me les fournir et le veux-tu?

— Oui, car j'ai pitié de ton embarras; et si tu me trahis quelque jour, j'aurai ma revanche; je tiens ton secret.

Saint-Julien frémit de la situation où sa dissimulation le plaçait; néanmoins il continua.

— Eh bien, dit-il, raconte-moi un peu la vie de madame Cavalcanti.

— Pour cela, non!

— Comment, tu refuses?

— Je me récuse, je ne sais rien, et personne ne sait rien, si ce n'est la Ginetta. Encore j'en doute. Ou la bouche de cette fille est un cercueil, ou bien la princesse jette au feu tous ses bonnets dès qu'elle leur trouve l'air de savoir ses pensées. Je te dirai tout ce que je sais, et ce ne sera pas long. Je te dirai tout ce que je présume, et ce sera logique. Elle fut mariée à douze ans par procuration, et devint veuve sans avoir jamais vu la figure de son mari. Ce fut heureux pour elle : il était laid et sot. Le gentilhomme chargé d'épouser la princesse par procuration s'appelait Max tout court. Il était bâtard de je ne sais quel roitelet d'Allemagne. Il avait douze ans comme la princesse. Ce fut une cérémonie plaisante, à ce qu'on dit. Les deux enfants étaient, à ce que raconte emphatiquement l'abbé Scipione, chamarrés d'ordres de tous les pays, de diamants et de broderies; graves comme des portraits de famille, beaux comme des anges, à ce que prétend mistress White. Ils jouèrent à la poupée en sortant de l'église et mangèrent des bonbons pendant tout le bal. Je ne sais par suite de quels arrangements diplomatiques le bâtard Max passa trois ans à la cour des Cavalcanti. Au bout de ce temps il fut banni et presque chassé *con furore* par les parents de la princesse. Mais la princesse devenue veuve et orpheline...

— Rappela Max? dit Julien.

— Pas du tout, elle l'oublia, et aima je ne sais lequel de ses pages; dans ce temps-là les pages étaient en faveur apparemment. Oh! les temps sont bien changés! Ensuite, ensuite, que sais-je! qui n'aima-t-elle pas! Galeotto garda le silence un instant, puis il ajouta : Penses-tu qu'elle ait jamais aimé quelqu'un ?

— Je deviendrai fou, dit Julien; ou plutôt je le suis déjà, car il me semble que les autres le sont. Galeotto, que faut-il que je pense de toi? veux-tu m'insulter? as-tu envie de te battre avec moi? parle!

— Vive la Vierge! qu'est-ce que nous avons donc bu? dit Galeotto; nous sommes tous ivres-morts, et nous extravaguons d'une manière déplorable. Laisse-moi rassembler mes idées, qui s'envolent comme des flocons de duvet au souffle de tes paroles. Que t'ai-je dit? ce que je pouvais te dire. Crois-tu qu'excepté la Ginetta il y ait ici quelqu'un qui puisse avoir de meilleurs renseignements que moi? Eh bien! cherche, questionne, regarde, écoute aux portes; et si tu apprends quelque chose viens m'en faire part; car, moi aussi, je suis curieux, et souvent je suis vraiment en colère de ne pouvoir regarder au travers de tous ces réseaux l'espèce de moucherons dont se nourrit l'araignée. Eh bien! je ne vois rien, je ne sais rien; voilà ce que je puis t'affirmer. Ici personne ne parle, par la raison que personne ne pense. On croit aux intrigues de la princesse ou on n'y croit pas; c'est tout un. Personne n'a assez de principes pour apprécier sa vertu, personne n'a assez d'esprit pour profiter de ses vices; car est-elle la plus austère ou la plus perverse des femmes, nul ne le sait, et nous ne le saurons peut-être jamais. De telles femmes devraient être marquées au front d'un zéro pour montrer qu'elles sont en dehors de l'espèce humaine, et qu'il faut les traiter comme des abstractions.

— Mais pourquoi? s'écria Julien, pourquoi? pourquoi?

— Parce qu'elles ne disent rien, ne font rien, ne pensent rien et ne sentent rien comme les autres. Ce sont des natures forcées, des intelligences dépravées, des mots détournés de leur sens, des cordes détendues qui n'ont plus de ton appréciable à l'oreille. Ce sont des êtres faussés, des énigmes sans mot, des arabesques diaboliques, des figures comme on en voit dans les rêves d'une digestion pénible ou dans les élucubrations bachiques d'après souper. Ce sont des paysages comme ceux que la gelée applique sur les vitres; on y voit de tout et on n'y voit rien.... En un mot, ce ne sont pas des hommes, ce ne sont pas des femmes; ce sont des cuistres.

— Vous avez peut-être raison, dit Saint-Julien étonné.

— Ce sont des êtres, continua le page, qui aiment

et qui n'aiment pas ; aujourd'hui jouant un rôle, demain un autre ; tantôt poètes, tantôt philosophes, tantôt métaphysiciens. Cela n'a pas d'âge, pas de caractère, pas de sexe, et cela se sauve par des prétentions et des singeries de royauté.

— Vous haïssez donc cette femme ? dit Saint-Julien.

— Je ne puis ni la haïr ni l'aimer ; elle n'existe pas pour moi. C'est une chose, et non une personne ; une chose curieuse, bizarre, amusante parfois ; c'est une chose couronnée, voilà tout. On s'incline devant le diadème, mais le cerveau ne serait pas bon à gouverner un couvent de petites filles.

— Eh bien ! je crois que vous vous trompez ; je crois qu'il commanderait bien une armée. C'est là sans doute une femme incapable de tout ce que j'aime dans une femme, mais propre à ce que j'admire dans un homme. Elle est peut-être susceptible d'héroïsme ; que nous importe à nous, qui ne sommes ni rois ni généraux ?

— Si j'étais général ou roi, reprit le page, je n'en serais que plus absolu dans mon ménage, et je voudrais bien voir que ma sœur, ma maîtresse ou ma mère vînt commander à mes soldats ou à mes sujets ! Mais, sois tranquille, les hommes maintiendront en bride le beau sexe qui se révolte, et la loi salique deviendra une mesure de sûreté universelle. Je dis mesure de sûreté, parce qu'avec des femmes-rois, quelles qu'elles soient, messalines ou pédantes, on n'est pas bien certain de s'éveiller tous les matins.

— Au moins, avec celle-ci, dit Saint-Julien, effrayé de ce que le page semblait faire pressentir, il n'y a point lieu à de semblables craintes.

— Ne l'as-tu pas trop grièvement offensée aujourd'hui. Saint-Julien, dit le page en baissant la voix, tâche d'obtenir ton pardon, ou plutôt va-t'en ; car peut-être...

— Galeotto, parle ; est-elle ainsi ? prouve-le-moi, et je ne l'aimerai plus, je ne souffrirai plus.

— Je serais franc avec toi si tu l'étais avec moi ; mais peut-être ne l'es-tu pas !

— Comment ?

— Peut-être me fais-tu parler depuis une heure sur des choses que tu sais mieux que moi ?

— Me prenez-vous pour un espion ?

— Non ; mais je suis sans expérience, moi ; je suis né prudent ; le peu de choses que j'ai vues dans ma vie n'a pas été propre à me rendre bienveillant. Je n'ose croire à rien ; je crains par-dessus tout d'être dupe, et par conséquent ridicule. J'aime mieux arranger tout pour le pire dans mon imagination : si je suis détrompé, alors tant mieux ; si je ne le suis pas, j'aurai donc bien fait de me tenir sur mes gardes.

— O cœur froid ! esprit sombre ! dit Saint-Julien ; sous cet extérieur gracieux, avec ces joyeuses manières, tant de fiel et de mépris pour tous ! Mais en quoi ai-je mérité votre méfiance ? que m'avez-vous vu faire de mal ?

— Rien ; aussi je ne t'accuse de rien. Seulement je me dis parfois que tu n'es peut-être pas aussi simple que tu veux le paraître, et que tu affectes de ne rien deviner afin qu'on t'apprenne tout. Voyons, jure sur ton honneur, es-tu l'amant de la princesse ?

— Sur mon honneur ! je ne le suis pas.

— La Ginetta prétend la même chose ; mais c'est une menteuse si rusée ! Cependant la chose est bien invraisemblable, Julien. Quoi ! tu lui as plu si vite ; elle t'a ramassé sur le chemin pour ta jolie figure ; elle t'a fait souper avec elle à Avignon, le soir même, après avoir envoyé Lucioli je ne sais où ; puis elle a marié tout à coup et éloigné d'elle ce pauvre favori, qui depuis un an la suivait partout. Et voilà six mois que vous êtes enfermés ensemble, tête à tête, du matin au soir ; et avec ses manières libres, son ton cavalier, son sang-froid cynique, elle t'aurait laissé pâlir et soupirer en vain ! Et vos graves travaux (auxquels je ne crois guère) n'auraient pas été interrompus de temps en temps par des épanchements plus doux ! Allons, allons, Julien, vous l'avez fâchée aujourd'hui ; vous vous serez conduit comme une fille de village avec un officier de garnison: vous lui aurez demandé le mariage.... Mais hier, mais ce matin encore, vous sembliez être bien en faveur, et je pensais que j'étais un niais, moi qui vous avais conseillé l'audace. J'ai souvent ri de votre émotion, de votre timidité, Saint-Julien ; et peut-être était-ce vous qui, à ces heures-là, vous divertissiez à mes dépens.

— Comment l'aurais-je fait, et pourquoi ?

— Pourquoi ! parce que je vous ai peut-être laissé prendre une place que j'aurais dû occuper. Voyons, franchement, est-ce que je ne devrais pas être son amant, moi ?

— Je vous dirai ce que vous venez de me dire : sais-je si vous ne l'êtes pas ?

— Vive Dieu ! s'écria le page gaiement, je ne le suis pas ! et, mort-Dieu ! j'en enrage, ajouta-t-il d'un ton demi-plaisant, demi-colère. Fiez-vous à moi, Saint-Julien, car voici que je m'épanche avec vous ; je me laisse aller jusqu'à me moquer de moi-même.

— Je ne me moquerai pas, dit le bon Julien avec douceur, d'une erreur que j'ai partagée. Vous êtes amoureux aussi de la princesse ?

— Moi ! non pas, s'il vous plaît ; parlez pour vous, je vous en prie.

— Mais vous l'avez été?

— Per Bacco! jamais, que je sache! amoureux de cette reine de Saba! Quand j'avais douze ans elle me faisait une peur de tous les diables avec ses yeux noirs et son nez aquilin ; à présent elle me donne des nausées d'ennui avec ses affaires d'état, ses conversations esthétiques, ses papillons et son latin. Après cela, elle est jolie femme, et je ne vous blâme pas d'être amoureux d'elle. J'aurais été bien aise d'être son favori, parce que j'aimerais assez à faire le petit prince pendant quelque temps; mais elle m'a toujours fait l'honneur de me traiter comme un enfant en sevrage; et, soit mépris, soit affectation, elle s'obstine perpétuellement à rabattre cinq ou six ans de mon âge véritable. J'ai une manière de m'en venger : c'est de la gratifier de cinq ou six ans de trop auprès de tous les étrangers qui me demandent son âge à l'oreille.

— Vous voyez bien cependant, dit le mélancolique Julien, qu'on peut vivre dans son intimité pendant des mois et des années sans être aussi heureux que vous le supposez.

— Oh! la belle preuve! me prenez-vous pour un fat? ne sais-je pas bien qu'en effet je n'ai pas trop l'air d'un homme? Vous commencez à avoir de la barbe au menton, vous! Dieu sait si j'en aurai jamais.... Et cependant vous n'êtes pas un roué. Allons, décidément je vous crois : vous n'êtes pas son amant, mais vous voulez l'être.

— J'y renoncerais aisément si vous me disiez tout ce que vous savez.

— Le reste de l'histoire de Max?

— Qu'est-ce donc que le reste de cette histoire?

— C'est, comme tout ce que je sais, un bruit mystérieux, un soupçon vague, rien de plus.

— Mais encore? est-ce que cela aurait rapport aux affreuses idées de meurtre et de poison qui m'ont passé par la tête tout à l'heure en vous écoutant?

— Oui, Julien; ce fut, dit-on, une disgrâce un peu plus sérieuse que celle de Lucioli. Mais permettez que je remette ces trois mots à demain; et puisque nous sommes dans la même position à peu près l'un et l'autre, unissons-nous et donnons-nous la main.

— Contre qui? dit Julien.

— Contre l'hypocrisie féminine, répondit Galeotto. Vous êtes amoureux et maltraité; moi, j'étais prétendant, et j'ai été oublié. Il faut que nous sachions si nous sommes sacrifiés à ces butors d'officiers autrichiens qui dansent là-bas tout bottés, ou à ces Parisiens crottés, pour lesquels Son Altesse quitte une fois tous les ans son *vaste empire* et notre beau climat. Il faut que nous sachions si nous avons affaire à Minerve, la pâle et pédante déesse, ou à l'impure Vénus. Pour moi, je suis outré de tourner en vain depuis des années autour d'un cercle mystérieux que je n'entame jamais d'une ligne sans être aussitôt rejeté d'une ligne en dehors. Je suis furieux de savoir tous les secrets de toilette de la Ginetta, et de n'avoir pu tirer de sa bouche scellée un mot qui apaise ma curiosité. Mais quel rôle est-ce donc que je joue ici? Voilà un joli page! qui ne sait rien, qui ne découvre rien, qui ne se glisse pas par le trou de la serrure comme un lutin, qui ne surprend pas les paroles confiées à l'oreiller, qui ne prélève pas ses droits sur la beauté avant d'introduire l'amant dans le boudoir couleur de rose! Un brillant page, ma foi! qui remet des lettres comme un simple valet, sans savoir si ce sont des ordonnances de police ou des billets doux. O siècle! ô abrutissement! Allons, allons, il faut savoir. Jure-moi de me dire tout ce qui t'arrivera. Je te jure de te dire tout ce que je découvrirai.

Julien, étourdi de son babillage, épuisé de conjectures et ne sachant plus à qui se vouer, jura tout ce que voulut Galeotto et retourna au bal.

X.

Il eut soin de ne pas se montrer devant la princesse, et se contenta de rôder autour de la salle où elle se tenait, tantôt la regardant valser au travers des guirlandes enlacées aux colonnades, tantôt s'enfonçant sous les galeries où les lumières commençaient à s'éteindre, à la suite de quelques groupes mystérieux qui semblaient s'occuper d'affaires plus graves que la danse et la musique. Saint-Julien, transformé volontairement en espion, était triste et mal à l'aise. C'était la première fois qu'il voulait arriver à la connaissance de la vérité par des moyens que sa conscience désavouait. En même temps il trouvait dans l'agitation de la curiosité quelque chose d'aiguillonnant et d'inconnu qui n'était pas sans plaisir.

Il se sentait un peu blessé d'avoir été traité comme un enfant, d'avoir vécu six mois enfermé dans un coin de ce palais, où lui seul peut-être ignorait ce qu'il avait intérêt à savoir. Maintenant il croyait travailler à une belle vengeance, il croyait presque remplir un devoir envers lui-même, en repoussant de toute sa force des convictions qui l'avaient rendu heureux, mais qui peut-être l'avaient trompé. Saint-Julien avait à un degré éminent cette morgue brutale que nous avons tous à l'égard des femmes. Nous ne voulons les estimer qu'autant que le monde les estime, et nous rougirions d'être seuls à leur rendre justice. Chez Julien, la méfiance, propre aux caractères timides et concentrés, et cet orgueil presque monastique qui est comme un revers de médaille chez les hommes austères, ajoutaient une nouvelle force à sa résolution. Sombre, honteux et palpitant, il croyait sortir d'un rêve, et regardait comme autant de choses nouvelles tout ce qui se passait autour de lui. Il ne pouvait entendre murmurer à son oreille une phrase insignifiante sans y chercher un sens profond et une lumière inconnue. Il croyait voir sur tous les visages qui le regardaient une expression de sarcasme ou de mépris. Il fallait qu'il fût étrangement troublé; car rien n'était plus compassé, plus prudent et plus grave que toute cette petite cour imbue de principes d'obéissance passive, et pénétrée des avantages positifs de sa dépendance. Saint-Julien, bien convaincu qu'il ne tirerait aucun éclaircissement de tous ces valets, se mit à observer de près les figures étrangères. Celles-là n'étaient pas moins composées devant la princesse; mais peut-être ces vassaux des autres maîtres se permettaient-ils *in petto* une manière de voir quelconque sur madame de Cavalcanti.

Saint-Julien avait remarqué, dès le commencement du bal, les assiduités du duc de Gurck, jeune et beau Carinthien qui était arrivé la veille à la résidence, et en l'honneur de qui, se disait-on tout bas, la superbe fête avait été ordonnée. Il remarqua depuis que la faveur du duc pâlissait sensiblement, que sa conversation s'appauvrissait, que ses bons mots baissaient de plus en plus, que sa valse se ralentissait; enfin que dans le cercle étincelant où, comme un radieux soleil, Quintilia entraînait ses dociles planètes, l'astre du charmant comte de Steinach brillait d'un éclat plus vif, et l'étoile pâlie du duc allait toujours s'éloignant du centre d'attraction comme un monde abandonné du céleste foyer de vie et de lumière. En deux mots, le comte de Steinach était entré dans l'orbe de Mercure, et le duc de Gurck accomplissait péniblement la vaste et froide rotation de Saturne.

Saint-Julien vit le duc frapper doucement l'épaule de Shrabb, son conseiller privé, et un instant après tous deux, s'esquivant par un côté différent, avaient disparu de la salle.

Saint-Julien suivit avec précaution Gurck, qui était sorti le dernier. Il le vit rejoindre son compagnon au bord de la pièce d'eau, et, protégé par les sombres bosquets du parc, il entendit la conversation des deux Autrichiens.

— Eh bien! dit Shrabb, je crois que notre mission est terminée et que Steinach l'emporte sur nous.

— Je pourrais désespérer comme vous, dit le duc d'un ton piqué, si je ne m'intéressais dans cette affaire qu'aux projets de notre maître; mais il s'agit pour moi d'une ambition plus personnelle. La princesse est éblouissante, et après m'être chargé par soumission d'un rôle dont j'ignorais les avantages, je soutiendrai désormais ce rôle pour mon compte.

— J'entends: pour votre gloire! dit Shrabb.

— Et pour mon plaisir, dit Gurck.

— Et si elle se moque de Steinach et de vous? reprit Shrabb.

— Nous avons toujours un moyen, répliqua Gurck, c'est de redemander l'*homme anéanti.*

— Mais elle dira qu'elle n'a pas de comptes à nous rendre, qu'elle ne sait ce qu'il est devenu...

— Je la sommerai au nom de mon souverain de représenter la personne de Max, ou les preuves de sa mort...

— Mais, enfin, c'est une exigence absurde et injuste; elle répondra que....

Ici la voix de Shrabb fut affaiblie par un coup de vent qui passa au bord de l'eau; et, comme les deux interlocuteurs s'éloignaient de Saint-Julien, il n'entendit plus que cette phrase de Gurck, commencée d'une voix brève, mais dont le vent emporta le reste...

— Trois cents cavaliers qui sauront bien réduire...

Ils gagnèrent en marchant un endroit découvert où la lune commençait à donner. Saint-Julien n'osa les suivre et prit le parti de retourner au bal. Comme il montait le grand escalier, il rencontra Galeotto qui le cherchait. Celui-ci l'emmena au fond de la galerie, et lui dit d'un air triomphant :

— Vivat! je viens de découvrir un secret d'état...

— Et moi, dit Julien, je viens d'entrevoir un mystère d'iniquité, et je reste glacé d'horreur au bord du précipice, n'osant me pencher pour y regarder.

— Oh! oh! reprit Galeotto, ton histoire me paraît plus grave que la mienne. Qu'est-ce? qu'as-tu appris? Raconte le premier.

Saint-Julien rapporta mot pour mot ce qu'il avait entendu. — Ceci ne m'apprend rien, dit le page. Je sais tout ce qu'on pense de la disparition de Max, et ces gens-là ne sont pas mieux informés que nous. Quant aux projets de M. de Gurck et de son très-gracieux souverain, je vais te les expliquer. La petite principauté de Monteregale, que nous avons le bonheur d'occuper sous les lois augustes de notre adorable princesse...

— Fais-moi grâce de tes phrases et va au fait.

— Je viens d'entendre parler diplomatie, je ne peux m'exprimer autrement. Cette charmante principauté, quoique enfouie comme un diamant dans les sables du littoral, a eu l'honneur d'attirer les regards d'un voisin puissant qui n'en a que faire, mais qui, étant sans doute embarrassé de récompenser toutes ses créatures, a pensé naturellement à en coiffer quelqu'une avec ce joyau. A cet effet on a envoyé ici le comte de Steinach, homme irrésistible de profession, qui doit subjuguer la princesse, l'épouser, et devenir notre très-gracieux seigneur. D'un autre côté, un autre voisin non moins puissant voudrait faire entrer dans je ne sais quelle prétendue ligue d'alliance tous les principicules des états illyriens. Sachant que notre Quintilia est, après tout, une femme volontaire et opiniâtre qui ne manque pas d'influence sur ses petits voisins, il a employé, pour déjouer les projets du comte de Steinach, dont les opinions lui seraient contraires, l'inimitable duc de Gurck et son auxiliaire le profond Shrabb. Ces deux héros doivent, l'un par son encolure magnifique, l'autre par son éloquence entraînante, détourner la princesse d'une autre alliance que celle de leur maître. Or, pour résumer cette importante complication, je t'annonce que la princesse, objet de ces entreprises gigantesques et de ces graves combinaisons, est placée entre deux feux, le comte de Steinach et le duc de Gurck, qui tous deux aspirent au bonheur d'être ses amis intimes. Ce qui prouve que tu n'as pas pris absolument le temps convenable pour lui faire ta déclaration, et qu'après six mois passés dans un respectueux tête-à-tête dans le cabinet particulier de Son Altesse, monsieur le secrétaire intime n'aurait pas dû attendre précisément le jour où madame prend ses habits roses, et jette par-dessus les toits sa plume et la clef de son cabinet pour aller danser déguisée en phalène avec deux princes étrangers parfaitement brodés et admirablement impertinents...

— Mais comment, dit Julien cherchant à arracher le dépit de son cœur, as-tu fait pour découvrir toutes ces choses ?

— J'ai été séduit.
— Comment cela ?
— Je me suis vendu.
— Juste ciel ! qu'est-ce à dire ?
— C'est-à-dire que j'ai fait semblant de me vendre. J'ai bavardé à tort et à travers avec le page du comte de Steinach ; je lui ai inspiré de la confiance, je lui ai fait dire ce qu'il me fallait savoir pour deviner le reste. Et puis j'ai fait semblant d'être pénétré d'admiration pour la chevelure et les manchettes du comte, d'avoir conçu la plus haute estime pour son jabot, enfin d'être fasciné par lui, de le désirer ardemment pour souverain, de lui être tout dévoué, etc. ; si bien que le page, enchanté de me voir dans les intérêts de son maître et s'exagérant beaucoup mon crédit auprès de la princesse, doit me présenter au comte dès demain et lui faire agréer mes services. Enfin, je vais donc remplir mon rôle de page tel qu'il est tracé dans toutes les chroniques, drames, ballades et romans ! Je vais donc remettre les billets d'un galant chevalier, chanter ses romances aux pieds de ma souveraine, et faire l'éloge de sa valeur dans les combats ! Comme je vais m'en donner et m'amuser d'eux tous ! *à l'opra !* Julien,

tâche de devenir l'auxiliaire du duc, et ce sera une comédie à en mourir de rire.

— Je ne suis pas assez spirituel pour feindre, dit Julien ; d'ailleurs tu me dis que tu t'es vendu...

— Oh ! doucement, je te prie. Le page m'a promis monts et merveilles de la part du comte. J'ai fait semblant d'accepter ; mais je ne suis pas Italien à ce point-là. Je dois déjà recevoir demain un très-joli cheval dont j'ai paru prendre envie ; je le rendrai certes au comte quand j'aurai réussi à faire manquer son mariage ; mais je me servirai si bien du palefroi qu'il aura à peine la force, quand je le rendrai, d'aller des écuries de monsieur le comte à l'abattoir.

— Mais cette histoire de Max ? dit Julien préoccupé.

— Ah ! tu n'as en tête que des idées lugubres ; amusons-nous aujourd'hui, sauf à nous envoler comme lui par les airs demain matin !...

XI.

Lorsque Julien rentra dans le bal, il remarqua un personnage qu'il n'avait pas encore vu. C'était un très-joli scarabée appelé par les entomologistes *criocère du lis*. Il est d'un beau rouge luisant, avec une face très-effilée et fort spirituelle. Les personnes qui l'ont examiné au microscope lui ont reconnu plusieurs protubérances avantageuses et un regard plein d'affabilité. Ce scarabée produisait dans le bal une très-grande sensation, non pas tant à cause de son corselet, dont la perfection effaçait tous les autres, qu'à cause de son visage qui était miraculeusement imité. Il portait un masque si semblable à la nature que le professeur d'histoire naturelle de la cour se frotta l'œil gauche, et se demanda s'il n'avait pas devant la pupille le verre de son excellentissime microscope garni d'un véritable criocère. S'étant bien convaincu que ce gigantesque scarabée était vraiment devant lui dans des proportions réelles et palpables, il tomba dans une sorte de délire, et, se redressant sur son fauteuil, il s'écria en pâlissant et en levant ses mains jointes au-dessus de sa tête :

— Pardonne-moi, ô maître de la nature, pardonne-moi, puissant Créateur, la mort de tant d'insectes inoffensifs ! Oui, j'en conviens, j'ai massacré les plus innocents papillons ! j'ai percé d'une épingle et condamné à un épouvantable supplice les plus irréprochables coléoptères ! mais je ne l'ai fait ni par haine ni par vengeance ; j'en prends à témoin la lumière du soleil, ou, pour mieux dire, celle de la lune, qui doit être levée, car il est deux heures trente-cinq minutes dix-sept secondes ; et dans cette saison...

— Pour l'amour du ciel ! remettez-vous, mon cher maître Cantharide, s'écria la princesse en avalant son mouchoir pour ne pas éclater de rire ; car les princes ne rient point impunément, et ils n'ont pas même la liberté de sourire sans voir autour d'eux assez de figures épanouies pour les faire mourir du spleen. La princesse, qui aimait beaucoup le digne maître Cantharide, ne voulut point donner à la cour, rassemblée avec stupeur autour de lui, l'exemple d'une gaieté qui fût devenue insultante. Mais le criocère s'étant approché, comme les autres, pour savoir la cause de la défaillance dans laquelle maître Cantharide venait de tomber, l'infortuné savant, voyant de plus près cette face de crio-

cère si bien imitée, eut un véritable accès de frénésie.
— O spectre! spectre effrayant! s'écria-t-il, non, il n'y
a pas un costumier sur la terre qui, même en suivant
les instructions des plus grands savants de l'univers,
soit capable d'exécuter une pareille tête de criocère. O
phytophage gigantesque! fantôme menaçant! éloigne-
toi, épargne-moi, pardonne-moi. Hélas! il est bien vrai
que, la nuit dernière, je t'ai ramassé dans le calice d'un
beau lis penché sur la pièce d'eau; il est vrai que je t'ai
arraché sans pitié de ton palais embaumé, et que je t'ai
inhumainement saisi dans la poussière d'or où tu te ré-
fugiais! Oui, j'ai mis fin à ton innocente vie, à une vie
toute d'amour, de liberté, de zéphire et de bonheur. Je
t'ai dépecé membre par membre, viscère par viscère;
j'ai enfoncé dans tes flancs une pince cruelle et des ai-
guilles acérées; je t'ai vu mourir dans les convulsions
d'une lente agonie. Oh! que Dieu me le pardonne! j'en
ai d'épouvantables remords. Malgré les crimes énormes
que j'ai accumulés sur ma tête, jamais je n'en ai commis d'aussi atroce que celui de ta mort. Modeste et gracieuse créature, hélas! hélas! quand je te vis étendue
par morceaux sur le talc de mon microscope, je fus
saisi d'horreur, et je me demandai de quel droit... Mais
épargne-moi ta vue; ton fantôme exagéré jusqu'aux
proportions humaines me glace d'effroi. Que devien-
drais-je, ô ciel! si tous les insectes que j'ai mutilés,
écartelés, empalés m'apparaissaient, à cette heure, armés
de leurs cornes, de leurs dents, de leurs scies, de leurs
griffes, de leurs aiguillons...

La gravité de la princesse ne put tenir plus long-temps
à ce discours extraordinaire; elle eut le malheur de rencontrer le regard de la Ginetta, et aussitôt, comme un
élan sympathique, leur gaieté déborda en un double

éclat de rire. Aussitôt tous les courtisans, même ceux qui n'avaient pas entendu un mot du discours de maître Cantharide, se livrèrent aux transports d'une gaieté convulsive. Ils se tordirent les bras, se fendirent la bouche jusqu'aux oreilles, et quelques-uns qui étaient sous les yeux de la princesse espérèrent obtenir son attention en se laissant choir sur le parquet. Au bruit de tous ces rires, à la vue de toutes ces contorsions, le pauvre Cantharide crut être arrivé à sa dernière heure, et rendre ses comptes en enfer, au milieu d'un sabbat de fantômes et de démons métamorphosés en insectes. Il se leva saisi d'épouvante, et s'enfuit en renversant tout ce qui se trouva sur son passage; et en s'écriant d'une voix étouffée : — Scaraboni! Scarafaggj....

La princesse, craignant pour sa santé, imposa d'un geste le silence et l'immobilité, et, s'élançant sur ses traces, elle le saisit par une de ses ailes de cantharide; car le professeur avait choisi le costume du beau scarabée dont la princesse lui avait donné le surnom.

— Mon cher maître, lui dit-elle, mon excellent ami, veuillez vous calmer et être bien certain que tout ceci n'est qu'une illusion de votre cerveau malade. Vous vous livrez à de trop graves études depuis quelque temps, cher Cantharide, et votre âme sensible vous crée des souffrances et des remords que le plus pur et le plus austère des chrétiens vous envierait. De grâce, revenez prendre part à nos plaisirs, et admirer avec nous le costume admirable de ce criocère.

— Ah! gracieuse princesse! s'écria Cantharide en jetant autour de lui un regard effaré, si vous tenez un peu à la vie de votre humble serviteur, faites que cet effroyable criocère ne se présente jamais devant mes yeux. Non, ce n'est pas avec du carton et du verre qu'on a pu imiter le globe de ces yeux à mille millions de facettes qui rendent l'existence intellectuelle et physique des insectes si supérieure à la nôtre. Il n'y a pas de cristal assez limpide pour rendre l'éclat diamantin d'un œil de scarabée ; non, il n'y en a point, et il n'est personne qui ait assez bien observé une physionomie d'insecte pour la reproduire ainsi. Je n'aurais pas pu le faire moi-même ; et cependant il n'est au monde qu'un homme qui soit supérieur à moi-même dans cette connaissance : c'est un jeune homme que j'ai connu à Paris, et qui s'appelait...

En ce moment le criocère, qui était immédiatement derrière maître Cantharide, se pencha à son oreille, et lui dit un mot qui fit tressaillir le savant de la tête aux pieds. — Juste ciel! s'écria-t-il, en croirai-je le témoignage de l'ouïe ? Et s'élançant dans les bras du criocère, il le serra si étroitement contre son sein qu'il se cassa une aile et trois pattes.

La princesse, voyant cette scène ridicule se terminer d'une manière aussi touchante, laissa les deux scarabées se retirer à l'écart et causer d'une manière fort animée. Elle retournait à la danse lorsque l'abbé Scipione, qui ce jour-là était chargé, par une faveur toute spéciale, des fonctions de grand-maître des cérémonies, s'approcha d'elle humblement et lui demanda la faveur de quelques instants d'entretien. Quintilia l'appela sur un balcon auprès duquel elle se trouvait ; et Saint-Julien, qui ne la perdait pas de vue, sortant par une autre porte vitrée, se trouva sur le balcon tout auprès d'elle, mais caché dans un bosquet touffu de géraniums et de clématites odorantes.

— Très-illustre et gracieuse souveraine, dit l'abbé, il se présente un incident de haute importance, mais sur lequel il m'est absolument impossible de prendre un parti sans la volonté de Votre Altesse.

— Parle, Scipione, répondit Quintilia, et dis-moi quelle est cette grave circonstance.

— Votre Altesse, dit l'abbé, m'a donné pour consigne de ne laisser entrer aucune personne masquée dans le bal ; elle a daigné seulement permettre que chacun pût ajouter à sa coiffure ou adapter à son visage un trait distinctif de l'insecte qu'il s'est chargé de représenter. Les uns ont donc été autorisés à prendre des nez postiches, les autres des fronts métalliques, d'autres des dards, d'autres des yeux de verre, etc. ; mais ici le cas est tout différent....

— Eh bien! quoi? dit la princesse impatientée.

— Pardon si j'abuse des précieux instants de Votre Altesse, reprit l'abbé ; mais je dois signaler une infraction notable aux lois qu'elle a établies : le criocère du lis, comme l'appelle, je crois, notre cher maître Cantarella....

— Eh bien ! le criocère du lis, n'en finirons-nous pas d'aujourd'hui avec lui?

— Oserai-je faire observer à Votre Altesse que le criocère du lis porte un masque complet qui ne laisse voir aucune des parties de son visage ! Cette circonstance n'a pu échapper à la sagacité de Son Altesse, et sans doute il ne me convient pas....

Quintilia fit un geste d'impatience ; le pauvre abbé s'arrêta effrayé, puis il reprit en tremblant :

— J'ai cru qu'il était de mon devoir de soumettre à Votre Altesse cette difficulté. Si elle approuve l'exception en faveur du criocère....

— Non, pas du tout, répliqua brusquement la princesse. Qui s'est permis de manquer ainsi à mes ordres? comment s'appelle-t-il?

— Juste ciel! dit l'abbé, j'ai cru, en voyant la bonne et charmante humeur de Votre Altesse, qu'elle savait fort bien le nom de ce personnage; pour moi, je l'ignore absolument.

— Comment, l'abbé! s'écria Quintilia avec colère, il y a ici, dans mon palais, dans mes salons, une personne dont vous ne savez pas le nom! Un inconnu, un insolent, un espion peut-être! Et vous appelez cela remplir les fonctions dont je vous charge! Par le nom de mon père! je vous chasserai.

— Très-gracieuse souveraine..... s'écria le pauvre abbé en se jetant à genoux.

— Allez, allez, monsieur, reprit Quintilia d'un ton impérieux, allez savoir le nom de celui qui me désobéit et me brave de la sorte. Toute cette scène absurde que maître Cantharide nous a faite m'a empêchée de faire attention à ce masque. Je croyais que c'était un des nôtres; je croyais n'être entourée que d'amis; je me reposais sur vous de ce soin. Ne me répondez rien, vous êtes inexcusable. Allez, et rapportez-moi une réponse sur-le-champ. Je vous attends ici. Je ne remettrai pas le pied dans un salon où un inconnu masqué ose se montrer devant moi. Cours; et si ce n'est point une personne invitée, qu'elle soit chassée à l'instant.

Le pauvre abbé, pâle et inondé d'une sueur froide, s'élança dans le bal en murmurant d'une voix sourde: *Maschera! ah! maschera maladetta!*

— Monsieur, dit-il à l'étranger avec une arrogance qu'il déployait pour la première fois de sa vie, qui êtes-vous? Son Altesse veut le savoir.

L'étranger se pencha à l'oreille du grand-maître des

cérémonies et lui dit son nom ; mais il ne fit point sur lui le même effet que sur maître Cantharide. — Je ne vous connais pas, dit l'abbé ; et comme vous n'êtes pas invité, j'ai ordre de vous faire sortir.

— Allez dire d'abord mon nom à la princesse, répondit l'étranger, et si elle m'ordonne de sortir...

Une contestation allait s'élever sans l'intercession de maître Cantharide.

— Lui! s'écria-t-il, faire sortir un homme comme lui, le premier entomologiste du monde, l'homme le plus aimable que j'aie jamais rencontré!.... Restez ici, mon ami, je prends tout sur moi, et j'accompagne l'abbé pour dire à la princesse qui vous êtes.

— Cela est inutile, répondit l'étranger, la princesse me connaît. Que monsieur consente seulement à lui dire mon nom.

L'abbé céda à contre-cœur et retourna vers la princesse, qui l'attendait toujours sur le balcon. Les jambes lui flageolaient, et il eut de la peine à articuler le nom qu'on lui avait transmis.

— Rosenhaïm! s'écria-t-elle violemment; l'ai-je bien entendu? Parlez plus haut ; ou plutôt non ! parlez plus bas. Rosenhaïm !

— Rosenhaïm, répéta l'abbé prêt à s'évanouir.

Mais la princesse, au lieu de l'accabler de sa colère, fit un grand cri, et s'élançant à son cou elle l'embrassa avec force en s'écriant : — Ah l'abbé ! mon cher abbé! L'abbé crut d'abord qu'elle avait dessein de l'étrangler; mais quand il vit la joie briller sur ses traits, et qu'il sentit sur ses vieilles joues desséchées l'étreinte d'une bouche sérénissime, il se précipita à genoux, et n'exprima sa surprise et sa reconnaissance que par un torrent de larmes. Alors la princesse, craignant d'avoir été entendue, regarda autour d'elle, puis lui parla à l'oreille si bas, que Saint-Julien ne put entendre que les derniers mots : — Et sois muet comme si tu étais mort.

— Pour le coup, pensa Saint-Julien, je touche à une grande crise ; je vais découvrir quelque chose d'infernal.

La princesse resta immobile sur le balcon pendant cinq minutes. Elle avait l'air d'une statue éclairée par la lune ; puis elle leva tout à coup ses deux bras vers le ciel étoilé, fit un grand soupir, mit sa main sur son cœur, et rentra dans le bal avec un visage parfaitement calme.

Saint-Julien chercha du regard le mystérieux étranger, il avait disparu. La princesse se retira peu après et ne reparut plus. Saint-Julien passa le reste de la nuit à errer dans le palais sans pouvoir découvrir autre chose. Il se trouva de nouveau face à face avec Galeotto, qui remontait l'escalier d'un air préoccupé.

— Où vas-tu ? lui dit-il.

— Je cherche le criocère, répondit le page ; mais il faut qu'il ait pris sa volée dans les airs, et que ce soit un scarabée véritable, comme l'a cru maître Cantharide....

— Je crois que nous ne découvrirons plus rien aujourd'hui, dit Saint-Julien. Je suis accablé de fatigue, je vais me coucher.

— Je fais serment de ne pas me coucher, reprit le page, avant de savoir quel est cet étranger.

— Sais-tu ce que c'est que Rosenhaïm ? demanda Saint-Julien.

— Pas le moins du monde, dit le page.

— En ce cas nous ne savons rien, reprit Saint-Julien, et il quitta la fête.

XII.

— Comment, mon cher Cantharide, disait le lendemain Quintilia à son savant bibliothécaire, toute cette scène tragique n'était qu'une moquerie?

— Comme j'ai eu l'honneur de vous le dire, très-illustre princesse.

— Mais sais-tu, mon cher maître, que je pourrais bien m'en fâcher, et trouver ta comédie un peu impertinente?

— Elle a pu être de mauvais goût; mais Votre Altesse doit m'excuser en faveur du dénouement.

— Sans doute, sans doute, mon ami, reprit la princesse; mais garde-toi de jamais te vanter devant qui que ce soit de cette mauvaise plaisanterie. Tout le monde en a été dupe comme moi, et personne n'a les mêmes raisons pour te la pardonner. A l'heure qu'il est, je suis sûre qu'il n'est question d'autre chose dans toute la résidence que de la manie singulière dont, par suite de trop graves études, ta pauvre cervelle a été atteinte hier au milieu de la fête.

— Déjà, répondit le savant, plus de trente personnes sont venues ce matin s'informer de ma santé ; et pour ne pas me trahir, tout en déclarant que j'étais infiniment plus calme, j'ai affecté d'éviter avec horreur de parler d'aucune chose qui eût rapport à l'histoire des insectes.

— C'est pourquoi les bonnes âmes, répliqua la princesse, ont dû chercher avec affectation tous les moyens de ramener la conversation sur ce sujet, afin de satisfaire leur curiosité au risque de te rendre tout à fait fou. Mais explique-moi une circonstance que je ne comprends pas bien. Notre ami m'a raconté comment, voulant me surprendre, il t'avait prévenu de son arrivée; comment tu l'avais reçu et caché dans ton pavillon du parc, où tu l'avais déguisé avec soin sous ce costume de criocère. Je conçois pourquoi, voyant que je ne faisais aucune attention à lui, tu as débité ce grotesque monologue qui a tant diverti toute la cour et moi-même, tandis que tu t'enorgueillissais intérieurement de notre crédulité et de ta fourberie. Mais dis-moi pourquoi, au moment où je courus après toi, et où le criocère, s'approchant de ton oreille, parut te dire une parole mystérieuse, tu fis un grand cri de surprise et te jetas à son cou comme à la nouvelle d'une joie inespérée ?

— C'était, très-illustre princesse, répondit le professeur, pour fixer encore plus votre attention sur lui ; et si vous eussiez bien voulu écouter mes paroles, vous eussiez deviné sur-le-champ quel était ce personnage mystérieux. Je vous disais alors textuellement les paroles que voici : « Il n'est personne qui ait assez bien observé une physionomie d'insecte pour la reproduire ainsi ; je n'aurais pu le faire moi-même, et cependant il n'est qu'un homme au monde qui soit supérieur à moi dans cette science... »

— Je me souviens fort bien du reste de la phrase, interrompit la princesse ; tu ajoutas : « C'est un jeune homme que j'ai connu à Paris, et qui s'appelait... » Ici, je te pinçai le bras ; car, te croyant véritablement en délire, je craignis que tu ne vinsses à prononcer ce nom qui ne doit jamais sortir d'aucune bouche..... Le cri plaintif qui t'échappa en recevant ce conseil de prudence fut aussitôt étouffé par les embrassements de notre ami....

— Et j'espérais, gracieuse princesse, interrompit à son tour le professeur, que, ramenant votre esprit vers cette personne dont j'ai eu le bonheur de faire la connaissance à Paris, et pour laquelle j'ai conçu tant d'estime et d'admiration, vous seriez en même temps frappée de me voir m'élancer dans les bras du criocère, objet jusque-là de mon épouvante. Toute cette scène était concertée entre lui et moi. Il devait, en passant entre Votre Altesse et l'oreille de son très-humble sujet, prononcer son propre nom assez haut pour qu'il fût entendu de deux personnes. Mais, par malheur, Votre Altesse fut importunée en cet instant d'une fadeur du duc de Gurck; et notre ami, qui voulait surtout éviter les regards de ce seigneur, m'entraîna un peu plus loin, remettant à un moment plus propice....

— Ne vous semble-t-il pas, interrompit Quintilia, que quelqu'un vient de passer devant la fenêtre? J'ai cru voir une ombre sur le mur derrière vous.

— Je ne le pense pas, répondit le professeur; mais, pour plus de prudence, fermons les portes et les fenêtres.

En parlant ainsi, le professeur alla gravement fermer la fenêtre auprès de laquelle le petit Galeotto, accroupi dans les jasmins, avait écouté l'entretien précédent. C'est pourquoi il n'en put entendre davantage, et revint au palais assez mortifié d'avoir été dérangé au moment où peut-être il allait s'emparer du fameux secret.

Ce jour et le lendemain se passèrent sans qu'il fût possible à Saint-Julien et au page d'approcher de la princesse autrement qu'en public. Le premier ne s'étonnait pas d'être banni des appartements particuliers, et tout ce qui lui passait de bizarre et d'alarmant par la cervelle sur le compte de la princesse l'empêchait de se livrer au chagrin qu'il éprouvait, malgré lui, d'avoir perdu sa faveur. Je ne sais si ce fut un reste d'attachement pour elle, ou son avidité d'apprendre ce qu'il désirait tant savoir, qui le fit céder aux conseils et aux prières de Galeotto. Quoi qu'il en soit, il ne quitta pas la résidence. Le page mettait tant d'activité et d'espièglerie dans ses recherches, qu'il avait réussi à griser en quelque sorte le mélancolique et nonchalant Julien; il lui avait communiqué un peu de sa gaieté méchante, et le jeune homme, croyant toujours faire un rêve, se jetait ironiquement dans un caractère fantasque et affecté.

Cependant, au bout de quarante-huit heures, le rôle qu'il jouait lui devint insupportable. Sa gaieté tomba tout à coup. Tout ce qui se passait autour de lui lui causa une sorte d'horreur. Il se sentit suffoqué d'ennui et de tristesse; et comme les premiers sons du concert de la cour commençaient à s'élever dans la brise du soir, il s'enveloppa de son manteau, et, s'éloignant rapidement, il traversa le parc et gagna une grille qui donnait sur la campagne. Alors il monta sur une des collines qui entouraient la résidence, et s'égara pendant une heure environ dans les bois dont ces collines sont revêtues.

Quand il fut las de marcher, il s'arrêta au hasard dans le premier endroit venu, et s'aperçut qu'il était dans un lieu découvert, beaucoup plus près du palais qu'il ne pensait l'être d'abord. Il s'étendit sur la bruyère et contempla, dans le vague de la nuit, le paysage incertain qui se déployait sous ses yeux. Le parc ducal était jeté au bas des montagnes par grandes masses noires, traversées çà et là d'une allée de sable blanchâtre, et semées de rotondes de gazon, de temples, de kiosques, d'autels emblématiques, et de statues de marbre qui apparaissaient dans l'ombre comme des fantômes immobiles. Le palais tremblait avec ses mille fenêtres illuminées dans les eaux de la Celina. Un grand cercle de brume enveloppait la ville jetée en amphithéâtre autour du parc; et quelques fusées silencieuses, lancées dans les airs, partaient à intervalles réguliers des divers points de la résidence.

Le sirocco, qui jusque-là avait soufflé avec force, tomba tout à coup, et le temps devint serein; les étoiles brillèrent, et la nuit fut assez claire pour que Saint-Julien pût saisir davantage les détails de ce tableau magique. A mesure que ses yeux s'en emparaient, l'air, devenant plus sonore, lui permit d'entendre le son des instruments monter jusqu'à lui. Il se coucha tout à fait contre terre, et remarqua que, plus on baisse les yeux au niveau du sol, plus la campagne prend un aspect magique et délicieux. Les plans semblent se détacher les uns des autres; les masses se découpent plus nettement; les ombres se distribuent avec plus d'harmonie. On est comme les spectateurs placés au parterre d'un théâtre, pour les yeux desquels tous les effets de décoration sont calculés, et qui jouissent mieux que ceux des loges de toutes les illusions de la scène.

En même temps, Saint-Julien saisit distinctement toute la mélodie du concert. Les sons lui arrivaient faibles, mais purs, et les vibrations de certaines notes et de certains instruments étaient si aériennes et si pénétrantes que tous ses nerfs en furent comme détendus et soulagés. Il commença à respirer plus librement, et des larmes coulèrent sur ses joues brûlantes.

Un rinforzando de tous les instruments lui annonça que le concerto arrivait au *tutti finale*, et en effet les derniers accords s'élevèrent dans l'air et s'évanouirent. Saint-Julien écouta encore long-temps après que la musique eut cessé ; enfin, n'entendant plus que le murmure uniforme d'un petit ruisseau qui s'échappait du taillis auprès de lui, il se leva pour s'en aller. C'est alors seulement qu'il aperçut un homme d'une taille élégante qui était debout à quelques pas de lui, et qui semblait partager son extase. Lorsque Saint-Julien passa près de lui, il s'inclina poliment pour le saluer, et le suivit à quelque distance. Comme Saint-Julien avait pris le devant et descendait assez lestement parmi les rochers au travers desquels passait le sentier, l'inconnu l'appela du titre de signore et le pria de l'attendre un peu.

— Que désire votre seigneurie? répondit Saint-Julien.

L'inconnu reconnut à ce peu de mots italiens l'accent français de Saint-Julien, et s'exprimant en français avec beaucoup de facilité, quoiqu'il eût pour sa part l'accent allemand, il lui demanda la permission de retourner avec lui à la ville.

— Excusez l'indiscrétion de ma demande, ajouta-t-il. Je suis étranger et nouvellement établi dans ce pays-ci. Ce sentier, que j'ai parcouru lorsqu'il faisait encore jour, ne m'est pas aussi familier qu'à vous, et, de plus, j'ai la vue très-basse. Si je ne vous semble pas importun, je marcherai derrière vous et profiterai de votre expérience.

— De tout mon cœur, répondit Saint-Julien, qui fut gagné sur-le-champ par le son de voix et les manières de l'étranger. Je vais ralentir mon pas, et je suis sûr que votre conversation m'empêchera d'apercevoir ce petit retard.

En effet, la conversation fut bientôt engagée en commençant par la musique ; elle parcourut toutes les choses générales dont peuvent s'entretenir deux personnes qui ne se connaissent pas.

Cette conversation fut tellement agréable pour l'un et pour l'autre, qu'une sorte de sympathie s'établit entre eux, et qu'ils éprouvèrent le besoin de prolonger leur rencontre. L'étranger proposa à Saint-Julien d'entrer avec lui dans une birreria. Saint-Julien accepta ; et son compagnon ayant demandé de la bière et du tabac, ils passèrent encore une heure ensemble. Ils s'apprirent mutuellement leurs noms et leur profession.

— Je suis de Munich, dit l'étranger, je me nomme Spark, et j'ai trente ans ; je suis étudiant et rien de plus. Je ne suis pas riche, mais je suis assez studieux et assez économe pour me contenter de mon sort, et trouver la vie une assez bonne chose. Je voyage depuis quelque temps pour mon instruction, et le hasard m'a amené dans cette petite principauté, dont j'ai trouvé l'aspect si beau et le séjour si agréable que j'ai résolu d'y passer quelques semaines. Je serai heureux si vous me permettez de vous rencontrer de temps en temps à cette taverne ou de faire un tour de promenade avec vous à vos moments perdus.

Saint-Julien accepta avec empressement, et ils se donnèrent rendez-vous à la même table pour le lendemain à la même heure.

Lorsque Saint-Julien rentra au château, le concert était terminé. Minuit sonnait, et la princesse, fatiguée des veilles précédentes, se retirait dans ses appartements. A peine le jeune secrétaire était-il rentré dans le sien qu'on frappa doucement à sa porte, et la voix de Ginetta lui dit à travers la serrure que Son Altesse le demandait.

XIII.

Quintilia était assise auprès de sa fenêtre, et contemplait la nuit, plongée dans une douce rêverie. Son visage avait une expression de sérénité que Saint-Julien ne lui avait pas vue depuis long-temps. Il s'était présenté avec un sentiment de haine et d'arrogance. L'attitude calme de la princesse lui imposa; et, obéissant à un signe qu'elle lui fit, il s'assit sans oser dire une parole. Ginetta sortit et tira la porte sur elle. Aussitôt qu'elle fut seule avec Julien, la princesse lui tendit la main, et lui dit d'une voix ferme et douce : — Soyons amis.

Saint-Julien céda plus à son trouble qu'à son penchant en touchant respectueusement la main de la princesse; puis il resta debout et décontenancé. Elle lui fit de nouveau signe de se rasseoir à quelques pas d'elle, et il obéit.

— J'ai été sévère envers vous, Julien, lui dit-elle avec dignité et avec douceur. Vous avez été injuste envers moi; vous avez voulu me traiter comme une autre femme, et vous vous êtes trompé. Je suis depuis long-temps dans une situation exceptionnelle; mon caractère, mon esprit et jusqu'à mes manières ont dû porter un cachet particulier. Peut-être l'empreinte en est-elle mauvaise. Je sais qu'elle a choqué bien des gens, je sais que je suis souvent méconnue. Je ne dirai pas que cela m'est indifférent, je n'ai ni cet orgueil ni cette philosophie; mais ma destinée est arrangée d'une certaine façon qui rend inévitables et même nécessaires toutes les choses que je fais, tous les goûts que j'ai, et par conséquent tous les soupçons que je laisse naître. Mon rôle se borne à conserver assez de force pour ne pas dévier d'une ligne dans la route que je me suis tracée, et tous les efforts de ma raison tendent à voir clair dans ma vie et dans mon cœur. Jusqu'ici j'ai repoussé avec succès toutes les influences extérieures. Je suis restée ce que Dieu m'a faite, et, comme un métal brut, je ne me suis façonnée à la guise de personne.

On ne s'isole pas impunément, Julien, et j'ai dû m'attendre à inspirer la méfiance et la haine. Elles ne m'ont pas fait céder un pouce de terrain. La personne qui est aujourd'hui devant vous est la même qui entra dans son indépendance il y a dix ans, et qui traversa toutes choses sans y rien laisser d'elle. J'ai pris beaucoup d'autrui, je n'ai rien donné qu'à Dieu et à une tombe.

Ce mot de tombe se mêla à je ne sais quelle idée dans l'esprit de Julien. Il éprouva une certaine terreur dont il ne put se rendre compte.

La princesse continua :

— Absolument insensible aux petites ambitions qui eussent pu enivrer une autre, résolue à vivre en moi-même, et ne trouvant la vie possible qu'avec un sentiment et une idée étrangers à tout ce qui m'environnait socialement, je me suis arrangée pour rendre au moins supportable l'existence que j'avais embrassée. Je me suis livrée à tous mes goûts, j'ai cherché toutes les distractions, toutes les amitiés qui me tentaient. J'ai aimé la chasse, la fatigue, la science, l'étude ; et j'ai rêvé l'amitié, ayant, comme je vous l'ai dit, enseveli l'amour à part.

L'amitié m'a souvent trompée, et cependant j'y crois

encore. Mon âme s'est habituée à l'espérer. Si cette espérance devient irréalisable, je saurai encore bien vivre sans elle. Il y a quelque chose dans cette âme qui peut se passer de vous tous ; mais ma vie peut être plus belle, mon cœur plus stoïque, ma conduite plus ferme, ma conscience plus heureuse si l'amitié me sourit. C'est pourquoi, Julien, je fais pour vous ce que je n'ai fait que pour bien peu de gens : je m'explique et je me justifie. Si vous avez l'âme fière et le cœur pur, comme je n'en doute pas, vous comprendrez quelle preuve d'amitié je vous donne ici.

Saint-Julien, subjugué, s'inclina profondément. Elle lui fit signe qu'elle avait encore à lui parler, et elle continua :

— Rester fidèle à un serment, à un souvenir, à un nom, ce n'est pas un rôle possible à proclamer pour une femme riche et adulée ; ce serait chercher la raillerie, porter un défi à tous les désirs, s'exposer à des dangers qui ne sont pas dans la vie ordinaire. Je gardai mon secret aussi religieusement que mon cœur ; et, repoussant toute explication, toute proclamation de sentiment, je marchai dans une voie cachée sans dire où je prétendais aller. J'y marchai sans affectation, sans hypocrisie, sans plaintes, sans forfanterie ; j'y marchai le front levé, la main ouverte, l'esprit libre, l'œil clairvoyant et l'oreille fermée à la flatterie. Voyez-vous que j'aie fait beaucoup de ma autour de moi ?

— Non, madame. Je sais que vous êtes un bon prince, dit Julien attendri. Hélas ! pourquoi ne voulez-vous être que cela ?

— Ne me plains pas et ne m'admire pas, répondit-elle. D'abord ma souffrance fut amère ; mais Dieu fit un miracle, et je devins heureuse. Ceci est un secret que je ne puis te révéler maintenant, mais que je te dirai, j'espère, quelque jour. Sache bien seulement que j'ai eu dès lors peu de mérite à garder ma résolution, et que les avantages de mon sort l'ont emporté de beaucoup sur ses inconvénients.

Ces inconvénients ont été graves pourtant, Julien, et vous me les avez fait sentir plus cruellement qu'un autre. Vous m'avez jugée sur les apparences, comme vous faites tous, et vous avez dit : Cela n'est pas, parce que cela n'est pas probable. Avec un tel raisonnement on évite cent déceptions et on manque une amitié. Manquer une amitié, Julien, c'est faire une grande perte ; car, si l'on rencontrait une seule amitié parfaite dans toute sa vie, on pourrait presque se passer d'amour. Honneur aux âmes courageuses qui se livrent, et qui n'ont pas peur des trahisons ! celles-là boivent la coupe d'Alexandre et risquent leur vie pour conquérir un ami. Eh bien ! moi, j'ai cherché des amis, et pour les trouver j'ai joué plus que ma vie : j'ai exposé ma réputation, et Dieu sait si elle a dû être salie et insultée par ceux qui ne m'ont pas comprise, et qui m'ont prise pour le but de leurs viles ambitions. En les détrompant je suis devenue leur ennemie, et il n'est point de calomnie si noire qu'ils n'aient inventée. Vous avez cru peut-être, en me voyant continuer ma route, que je n'entendais pas les cris et les huées dont on me poursuivait ? Vous pensez que j'accueille imprudemment un homme comme confident, comme serviteur ou comme ami, sans savoir qu'on le fera passer pour mon amant, et que peut-être lui-même ira s'en vanter. Je sais ou je prévois tous les dangers de mes hardiesses ; mais j'ose toujours : je puise mon courage à une source inépuisable, ma loyauté. Le monde ne m'en tient pas compte ; mais je marche toujours, et j'arriverai peut-être à le convaincre. Un jour il me connaîtra sans doute, et si ce jour n'arrive pas, peu m'importe ; j'aurai ouvert la voie à d'autres femmes. D'autres femmes réussiront, d'autres femmes oseront être franches ; et, sans dépouiller la douceur de leur sexe, elles prendront peut-être la fermeté du vôtre. Elles oseront se confier à leur propre force, fouler aux pieds l'hypocrite prudence, ce rempart du vice, et dire à leur amant : — Celui-ci n'est que mon ami, sans que l'amant les soupçonne ou les épie...

— Rêve doré, répondit Julien, espoir d'une âme enthousiaste !

— Non, je ne suis pas enthousiaste, reprit-elle ; mais je me connais, je me sens, et quand je porte mes regards sur le passé je vois toute ma vie faite d'une seule pièce, et je me dis que certes je ne suis pas la seule au monde qui n'ait jamais menti. Ne me prenez pas pour une femme vertueuse, Julien. Je ne sais pas ce que c'est que la vertu ; j'y crois comme on croit à la Providence, sans la définir, sans la comprendre. Je ne sais pas ce que c'est que de combattre avec soi-même, je n'en ai jamais eu l'occasion. Je ne me suis jamais imposé de principes, je n'en ai jamais senti le besoin ; je n'ai jamais été entraînée où je ne voulais pas aller : je me suis livrée à toutes mes fantaisies sans jamais être en danger. Un homme qui n'a pas en son âme de plaie honteuse à cacher peut boire jusqu'à perdre la raison et montrer à nu tous les replis de sa conscience. Une femme qui n'aime pas le vice peut ne pas le craindre ; elle peut traverser cette fange sans faire une seule tache à sa robe ; elle peut toucher aux souillures de l'âme d'autrui comme la sœur de charité touche à la lèpre des hôpitaux ; elle a le droit de tolérance et de pardon ; et, si elle n'en use pas, c'est qu'elle est méchante. Être méchante et chaste, c'est être froide ; être chaste et bonne, c'est être honnête. Je n'ai jamais cru que cela fût difficile pour les âmes bien dirigées ; mais combien peu le sont en effet ! Je plains celles que la fatalité a flétries, et je ne les outrage pas. C'est le grand tort qu'on me reproche, Julien, je le sais ; je sais le blâme que m'ont attiré certaines amitiés ; je sais avec quelle ironie on a accueilli mes efforts quand j'ai voulu soutenir et consoler ceux que la foule accablait. C'est ici que j'ai fait usage de la force que Dieu m'avait donnée et que j'ai permis à mon orgueil de se lever pour faire face à l'injustice. C'est à cause de cela que j'ai livré mon front aux outrages des Juifs et couvert mon cœur d'une cuirasse d'airain pour y protéger la pitié. Ceux qui se sont réfugiés sous mon égide n'ont pas été livrés, et la populace s'est enrouée à crier après moi.

— Je le sais, madame, dit Julien ; depuis deux ou trois jours seulement je regarde autour de moi, et je sais ce que pensent de vous-même ceux qui vous craignent et qui n'osent pas le dire. Je sais qu'en vous voyant accueillir des femmes décriées et protéger des hommes persécutés, on vous accuse de partager leurs égarements passés. Et j'admirerais le courage avec lequel vous les relevez si je ne prévoyais, si je ne savais qu'il vous faudra les rabaisser et les rejeter où vous les avez pris...

— Vous pensez, Julien, qu'il n'y a pas de cure complète pour mes malades ? Moi, je ne désespère jamais de personne. Nous avons raison tous deux : vous, si vous me donnez un conseil de prudence ; moi, si je m'impose un devoir de miséricorde. Toute la question est de savoir si j'ai assez de force pour accepter les conséquences fâcheuses de mes dévouements : si je l'ai, qu'a-t-on à me reprocher ? n'ai-je pas le droit de me nuire ?

— Quel étrange caractère! dit Julien. Je ne sais si j'en suis ravi ou épouvanté.

— Vous me dites ce qu'on m'a souvent dit, reprit-elle. Moi, je m'étonne de sembler étrange ; et quand je commençai, je m'attendais à ne rencontrer que des auxiliaires et des amis. Quelle fut ma surprise quand on me fit entendre que j'étais folle! Folle! mais je m'étonne toujours de le paraître! C'est vous, c'est vous tous qui êtes fous, et non pas moi qui suis folle!

— Mais, madame, quel bien fait-on aux méchants en protégeant leur insolence ?

— Je hais l'insolence et ne la protége pas. Je n'accueille que le repentir et la souffrance.

— Ou l'hypocrisie qui en prend le masque ?

— Il est vrai que j'ai été dupe, Julien ; ce sont les épines du chemin. On se pique les pieds et l'on saigne. Mais faut-il donc retourner en arrière quand on entend plus loin des larmes et des cris qui vous appellent ? La crainte d'être trompé ! pour les esprits qui sentent le besoin de bien faire, c'est une lâcheté qu'il faut vaincre. On ne fait l'aumône qu'à ses dépens.

— Hélas! madame, vous étiez née pour être reine d'un grand peuple et faire de grandes choses.

— Ou bien, répondit-elle en souriant, pour être sœur de la Miséricorde ; c'était là le plus beau rôle, et je l'ai manqué.

— Mais quel bien avez-vous donc réussi à faire ? dit Julien tristement. Vos prisons sont élargies, vos hôpitaux son plus sains, et votre bonté est un refuge pour tous ceux qui l'invoquent. Mais, pour avoir amélioré le sort des misérables, avez-vous ennobli leurs âmes anéanties, leurs mauvais penchants, ou leur lâche fainéantise? Nous en avons souvent parlé, madame, et vous m'avez avoué que vos vœux à cet égard n'avaient pas été souvent exaucés. Prenons un exemple auprès de nous et dans une classe plus élevée, ajouta-t-il, poussé par un reste d'intention insidieuse et méfiante. Lucioli passait pour un fourbe et un ambitieux. Votre tolérance a fermé les yeux long-temps, et vous l'avez élevé jusqu'à votre confiance; et pourtant il vous a fallu ensuite voir clair et le repousser.

— C'est encore une épine qui m'est entrée au talon, répondit-elle. Le jour où cet humble serviteur est devenu insolent, je l'ai repoussé, en effet; et si j'avais profité de la leçon, Julien, je ne vous aurais pas attiré auprès de moi; je ne vous aurais pas donné ma confiance, dans la crainte que vous ne fussiez un second Lucioli. Vous voyez bien, mon ami, que les fous ont leur sagesse qui en vaut bien une autre.

Cette réponse attendrit Julien.

— Vous êtes bonne et grande, lui dit-il, et je ne mérite peut-être pas votre amitié.

— Attendez, Julien, lui dit-elle en souriant, nous ne sommes pas encore réconciliés. Je vous ai expliqué mon caractère et mes idées; vous m'avez comprise. Il vous reste à me croire, et je ne vous ai donné aucune preuve de ma sincérité.

Julien tressaillit de joie, croyant toucher à la solution de tous ses doutes. Dans son âme rigide, le besoin d'estimer était bien plus grand que le besoin d'aimer; aussi cette parole de Quintilia lui fut-elle plus douce qu'une parole d'amour,

— Oh! oui, s'écria-t-il ingénument, donnez-les-moi ces preuves, afin que je pleure de repentir à vos genoux, afin que je vous respecte et vous bénisse à jamais. Oui, oui, prouvez-moi que vous êtes vraie, et je ferai tout ce que vous voudrez. Je resterai toute ma vie à votre service; j'étoufferai mon amour dans mon sein plutôt que de vous en importuner jamais.

Il s'arrêta, car il vit le regard de Quintilia s'attacher à lui avec froideur et une sorte de dédain. Il y eut un instant de silence si pénible à Julien qu'il se mit à marcher avec agitation dans la chambre.

La princesse reprit sa manière calme et lui dit, en lui montrant une grande cassette de bois de santal incrustée de nacre :

— Je puis ouvrir le coffre que voici et vous donner des preuves irrécusables de la loyauté de toute ma vie. Je pourrais vous montrer en moins de cinq minutes sur quoi se fondent toutes les calomnies débitées contre moi, et à quel point les secrètes vanteries de Lucioli, et celles de bien d'autres avant lui, ont été vaines et odieuses. Mais en sommes-nous là, Julien, et votre amitié est-elle à ce prix?

Julien n'osa répondre; il pâlit et resta immobile.

— M'avez-vous jamais vue faire quelque chose de mal?

— Non, madame, je n'ai rien vu de tel, répondit-il.

— Ai-je jamais exprimé une idée basse? ai-je montré un sentiment vil durant six mois que nous avons passés tête à tête dans mon cabinet?

— Non, madame.

— Avez-vous eu parfois une entière confance en moi?

— Oui, madame, presque toujours.

— Qu'est-ce qui vous l'a donc ôtée?

— Ne me condamnez pas à vous le dire, madame ; des apparences, des récits ridicules, la présence de Ginetta auprès de vous, votre air et vos manières par moments, et, plus que tout cela, vos bizarreries, vos goûts si opposés entre eux et qui se succèdent sans s'exclure ; tout ce que je ne comprends pas m'effraie... Mais qu'avez-vous affaire de mon estime ?

— Je ne vous la demande pas, monsieur, répondit la princesse, j'espérais pouvoir la réclamer.

Ils gardèrent de nouveau le silence, et la princesse, faisant un visible effort pour dompter sa propre fierté, reprit la parole.

— Vous êtes brutal, lui dit-elle, et nul homme de votre âge n'a osé me parler comme vous faites. C'est cela qui fait que je vous estime et que je voudrais être estimée de vous. Voyez pourtant ce que c'est que la confiance, Julien ! ne tiendrait-il pas à moi de penser en cet instant que vous êtes le plus rusé et le plus habile des ambitieux qui se soient cachés sous une écorce rude et franche ? Pourtant je sais que vous ne me trompez pas, et que bien réellement vous me mettez le marché à la main. Votre départ ou ma justification. Ma justification ! ajouta-t-elle avec une expression de dépit, tenez, voici la clef de ce coffre, et elle la jeta avec colère aux pieds de Julien.

— Je ne la ramasserai point, dit-il avec dépit à son tour ; vous me regardez comme un insolent ; je l'ai mérité et je m'en vais.

— Adieu donc ! lui dit-elle et lui tendant la main ; il est malheureux que nous n'ayons pu rester amis comme nous l'avons été.

Il s'approcha pour prendre sa main, et il vit qu'elle pleurait. Toute sa colère tomba, et, s'arrêtant devant elle avec la gaucherie d'un enfant qui n'ose pas demander pardon, il se mit à pleurer aussi.

— Ah! Julien, lui dit-elle, est-il possible que mes amis me fassent tant souffrir! Pourquoi ne sont-ils pas comme moi? pourquoi ne croient-ils pas en moi comme je crois en eux? Qu'est-ce qui brise donc ainsi mes affections? pourquoi toutes les sympathies que j'inspire sont-elles étouffées en naissant? pourquoi suis-je méprisée par les uns, méconnue par les autres? Qu'ai-je fait pour cela? Quand toute ma vie a été un éternel sacrifice à l'amitié, faudra-t-il que j'achète la confiance de ceux à qui je donne la mienne? Quand je vous ai ramassé dans un fossé, un jour que vous étiez blessé, haletant, couvert de poussière et assez mal vêtu, pourquoi ne vous ai-je pas pris pour un vagabond et un aventurier de bas étage? pourquoi ai-je cru à la candeur de votre regard et à la noblesse de vos paroles? J'ai donc l'air faux et l'expression ambiguë, moi? Eh quoi! vous demandez aux autres ce que vous devez penser de moi! votre cœur ne vous le dit pas! je n'en ai donc pas su trouver le chemin? Et que m'importe votre estime quand je l'aurai forcée? Vous me rendrez ce qui me sera dû, et votre âme ne me donnera rien...

— Vous avez raison, dit Saint-Julien en se jetant à ses pieds; gardez vos preuves, je n'en veux pas. Gardez votre amour à celui qui l'a mérité. Quant à mon respect, à mon dévouement, à mon amitié, si j'ose répéter le mot dont vous vous servez, mettez-les à l'épreuve. Vous avez vaincu une nature bien méfiante et bien chagrine. Il faut que Dieu ait récompensé votre grandeur d'âme d'une puissance bien grande sur l'âme d'autrui. Ah! ne vous plaignez plus; vous trouverez des amis toutes les fois que vous le voudrez; et d'ailleurs, si les amis vous manquent, je tâcherai de me mettre en cent pour vous obéir.

Quintilia, tout en larmes, se jeta à son cou; il l'embrassa avec l'effusion d'un frère.

En ce moment on frappa doucement à la porte, et la princesse alla ouvrir elle-même; c'était la Ginetta qui était chargée d'une commission pressée. La princesse passa avec elle sur le balcon, en faisant signe à Julien de rester. Leur entretien lui sembla long; et, cédant à l'émotion délicieuse dont son cœur était plein, il désirait vivement voir reparaître Quintilia, et en recevoir encore quelque parole d'amitié avant de se retirer. Dans son impatience, il touchait aux objets qui étaient épars sur le bureau sans les regarder et presque sans les voir. Il se trouva qu'il eut dans les mains la montre de la princesse, et qu'il l'ouvrit machinalement comme pour compter les minutes que la Ginetta lui dérobait. En jetant les yeux sur l'intérieur de la boîte, un froid mortel passa dans ses veines. Un souvenir confus et douloureux l'oppressa, puis une curiosité irrésistible s'empara de lui. Il se pencha vers une bougie, et lut distinctement le nom de Charles Dortan.

— Infâme! dit-il d'une voix sourde en jetant avec violence la montre sur le bureau; puis il la reprit, voulant bien se convaincre que ses yeux ne l'avaient pas trompé. Il lut de nouveau le nom fatal, observa la boîte de platine avec les incrustations d'or émaillé; elle était absolument pareille à celle que le voyageur pâle lui avait montrée à Avignon, le matin de son départ, dans la cour de l'auberge.

Cette histoire, qui d'abord l'avait vivement ému, lui était bientôt sortie de l'esprit. A cette époque, Julien, beaucoup moins expérimenté, était beaucoup plus en garde contre ses impressions. Il s'était dit que le récit du voyageur était romanesque et invraisemblable, que son nom et son visage n'avaient pas fait le moindre effet sur la princesse, et que M. Dortan lui-même n'avait pas soutenu son rôle jusqu'au bout, puisqu'il n'avait pas osé lui adresser la parole. Ce devait être un maniaque ou un hâbleur impertinent, déterminé à se jouer de la simplicité de son interlocuteur. Enfin, cette aventure n'était plus revenue que confusément et comme un rêve absurde et pénible dans la mémoire de Saint-Julien.

En acquérant la preuve irrécusable de la sincérité de Charles Dortan, une indignation profonde s'empara de lui. Cette femme qui exposait si magnifiquement la prétendue franchise de son âme, et qui en offrait des preuves, ne lui parut plus qu'une effrontée comédienne, une coquette odieuse, jouant tous les rôles pour son plaisir, et méprisant toutes les vertus qu'elle affichait.

Elle rentra en cet instant, et Julien fit tous ses efforts pour cacher l'état où il était; mais il prenait une peine inutile, la princesse pensait à tout autre chose. Elle erra dans sa chambre d'un air empressé, et dit à Ginetta à plusieurs reprises : — Vite, vite, mon mantelet avec un capuchon de velours et la petite lanterne sourde.... Tout à coup elle s'aperçut de la présence de Julien, et parut un peu contrariée de ce qui venait de lui échapper dans sa préoccupation. Néanmoins elle vint à lui avec beaucoup d'aplomb, et lui tendit la main en lui donnant le bonsoir. Saint-Julien baisa sa main lentement en tâchant de prendre l'insolence affectée d'un courtisan, et il lui adressa la phrase la plus impertinente qu'il put inventer. Elle ne l'entendit pas et lui répondit : — Oui, oui, à demain. Bonne nuit, mon cher enfant.

XIV.

Dévoré de colère et de haine, le pauvre Julien entra dans la chambre de Galeotto. Le page s'était endormi sur un roman.

— Ah! c'est toi, lui dit-il en balbutiant, d'où viens-tu donc? On ne t'a pas vu de toute la soirée.

— Je viens de chez la Cavalcanti, répondit Julien.

— Oh! oh! qu'est-ce? dit le page en se mettant sur son séant. Vous venez d'être chassé, monsieur le secrétaire intime, ou vous êtes le plus heureux des hommes! Alors permettez-moi d'ôter mon bonnet de nuit pour saluer Votre Altesse! Prince pour trente-six heures au moins!

— Je ne descendrai jamais si bas, répondit Julien.

— Qu'est-il donc arrivé?

— Rien, Galeotto, sinon que je sais maintenant à quoi m'en tenir sur le compte de cette femme. Vous lui faisiez trop d'honneur quand vous la traitiez de pédante, quand vous disiez qu'il était fort possible qu'elle n'eût jamais eu assez de sensibilité pour commettre une faute. Non, non, ce n'est pas cela. C'est une rouée impudente qui se passe toutes ses fantaisies, qui se livre en secret à tous ses vices, et qui a la prétention d'être un modèle de chasteté virginale et de sentimentalité allemande. C'est une effrontée courtisane avec des prétentions d'abbesse et la moqueuse hypocrisie d'une marquise de la régence. C'est ce qu'il y a de plus hideux au monde, le vice sous le masque de la vertu. Après cette préface, Saint-Julien fit le récit de la soirée.

— Je suis bien aise d'apprendre cela, répondit Galeotto d'un air pensif ; mais en vérité j'en suis étonné. Cette femme est donc bien habile ; car il y a eu des jours où elle m'a imposé à moi-même. Vous pouvez m'en croire, Julien ; je ne suis pas crédule, et pourtant il y a eu des jours où, en l'entendant parler comme elle fait, j'ai presque eu des remords de mes jugements de la veille.... Il est bien vrai que ces jours-là étaient rares, et que je me moquais de moi-même le lendemain. Eh bien ! ce que vous me dites m'étonne comme si je m'étais attendu à autre chose.... Êtes-vous bien sûr de ne pas vous tromper, Saint-Julien ?

— J'en suis très-sûr, Galeotto ; et comme j'étais aussi dans une continuelle alternative de confiance et de méfiance (à l'exception que les jours de méfiance étaient rares, et les autres fréquents), il se trouve que je suis encore plus consterné que vous.

— Consterné ! s'écria Galeotto. Est-ce que je suis consterné, moi ? Non, certes, je ne le suis pas. Que m'importe ? je n'ai jamais été amoureux d'elle. Et voulez-vous que je vous dise ce qui se passe maintenant dans mon cerveau ? C'est singulier, mais c'est réel. Je crois que je suis capable maintenant de devenir amoureux de cette femme-là.

— Quoi ! à présent que vous devez la mépriser ?

— Je ne la méprise pas, tant s'en faut ! Oh ! à présent c'est bien différent ! Je la croyais pédante, absurde, je la trouvais ridicule, et je me moquais d'elle. Je ne m'en moquerai plus ; car elle n'est plus rien de tout cela à mes yeux. Elle est adroite, menteuse, impudente ; elle sait jouer tous les rôles si bien que son véritable caractère échappe aux regards. Savez-vous que c'est là une femme supérieure, une vraie femme de cour, propre à remuer le monde, si elle était à la tête d'un vaste empire ? Avec une conscience si flexible, tant d'art, tant de sang-froid, tant de perfidie, on peut aller loin... Et qui nous dit qu'elle n'ira pas loin ? Qu'il se présente une bonne occasion, et elle fera parler d'elle. Savez-vous quelle est la première des facultés ? celle d'imposer aux autres. La véritable grandeur, c'est la puissance qu'on exerce sur les esprits ; c'est ainsi qu'on arrive à l'exercer sur les choses. Allons, c'est dit, me voilà réconcilié avec elle. Je ne rougis plus d'être son page. Je pourrai prendre de bonnes leçons auprès d'elle, et pour mieux profiter à son école je veux à mon tour être son amant.... Il garda un instant le silence, puis il ajouta d'un air réfléchi : Si je le peux ; car la chose m'est démontrée à présent plus difficile que je ne pensais, et vaut la peine d'être tentée... Peste ! c'est quelque chose que d'y parvenir !

— Ce n'est pas si difficile, reprit Julien. Il suffit que vous passiez dans la rue auprès d'elle, et que votre figure lui plaise. Vous n'attendrez pas long-temps avant d'être enlevé dans sa voiture et introduit dans ses appartements secrets.

— Eh bien ! raison de plus ! vive Dieu ! des femmes qui ont de pareils désirs et qui les contentent d'une façon si dégagée ne sont pas abordables pour tout le monde. On peut vivre dix ans sous le même toit sans obtenir de leur baiser la main. Elles peuvent résister au plus séduisant et au plus habile des hommes. On ne les prend pas par surprise, celles-là. Elles se donnent ou se rendent ; le plaisir est à celui dont la mine leur plaît, l'honneur à celui dont l'esprit les subjugue. Maintenant je mettrais ma main au feu que le Lucioli n'a jamais été son amant. Il était trop maladroit, le cher homme !

Elle aurait pu lui ouvrir la porte du boudoir, s'il avait su cacher l'intention qu'il avait d'entrer dans la salle du conseil. Pour moi, qui ne me soucie guère d'être prince de Monteregale, je viserai plus haut désormais. Je tâcherai qu'elle me donne sa confiance et qu'elle m'apprenne à régner sur les hommes par le mensonge.

— Ainsi ce qui me guérit de mon amour allume le vôtre? dit Saint-Julien.

— Appelez cela de l'amour, si vous voulez. Je l'appellerai autrement : curiosité, aptitude, amour de la science, comme il vous plaira.

— Et ce qui fait que je la hais et la méprise vous réconcilie avec elle?

— Complétement; mais je n'en continuerai pas moins la petite guerre d'observation que nous lui faisons. Tout au contraire, j'y mettrai plus de zèle que jamais, et mes découvertes auront plus d'importance à mes yeux. Sois tranquille, Julien, je ne te trahirai jamais, quoi qu'il m'arrive.

— Vous pouvez me trahir tant qu'il vous plaira, je ne resterai pas long-temps ici. Mais écoutez; avant que je vous souhaite le bonsoir, il faut que vous me racontiez cette histoire de Max.

— Ce ne sera pas long. Max était l'amant de Son Altesse. Lorsqu'à la mort du duc son époux, qu'elle n'a jamais vu, comme je vous l'ai déjà dit, elle devint souveraine libre et absolue, Max était tellement en faveur auprès d'elle que, suivant l'opinion de toute la cour, il allait l'épouser. Il était donc traité ici avec le plus profond respect, tout bâtard de seize ans qu'il était. Mais une nuit, à souper, comme la gloriole et le marasquin de Hongrie portaient à la tête du jeune favori, il lui arriva de débiter je ne sais quelle rodomontade en présence de Son Altesse. Son Altesse fronça, dit-on, le sourcil d'une manière imperceptible, et ne dit pas un mot. Le lendemain matin, les serviteurs de Max ne le trouvèrent ni dans son lit, ni dans sa chambre, ni dans son palais, ni dans la ville, ni dans la province. On le chercha et on l'attendit vainement. Il ne reparut jamais, on n'a jamais entendu parler de lui; il paraît que ce fut un assassinat fort bien exécuté.

— Et personne n'a demandé vengeance de cet attentat?

— Max était un bâtard dont on avait été sans doute bien aise de se débarrasser en l'envoyant dans une petite cour où il semblait prendre racine. Qu'il eût fini par un meurtre ou par un mariage, on fut sans doute bien aise de n'avoir plus à y songer, et l'on n'y songea plus; et l'on n'en parla plus que tout bas, afin de n'avoir pas à le réclamer ou à le venger. Mais il arrive qu'à présent on veut se servir de son nom comme d'un épouvantail pour forcer Son Altesse à acquiescer à des vues politiques, et l'envoyé Gurck machine une fort belle réclamation de la personne de Max, si sa beauté personnelle échoue dans les premières entreprises. Tu sais cela?

— C'est une justice du ciel qui tombe à l'improviste sur le crime impuni, s'écria Julien.

— Bah! bah! à présent que je vois les choses sous leur vrai point de vue, dit Galeotto, je trouve que ce fut un coup hardi pour une princesse de seize ans.

— Elle avait seize ans! quelle horreur! dit Julien.

— Bah! bah! reprit Galeotto, les crimes des princes ne sont pas ceux de tout le monde. Vous savez ce qu'il y a à dire là-dessus. Il y a dans les grandes destinées des résolutions inévitables, et c'est quelque chose que de savoir les prendre à temps et les accomplir habilement. Un enlèvement qui ne fait pas de bruit ; un meurtre qui ne fait pas de taches ; un homme qu'on anéantit comme on rayerait un chiffre, et qui s'évapore au milieu d'une ville comme une goutte d'eau sèche au soleil ! Allons, ce n'est pas maladroit, il faut en convenir. Et pas l'ombre d'un remords sur un front de seize ans ! et jamais la trace d'un souvenir amer dans toute une vie traînée en public ! c'est là de la force, et bien des hommes ne l'auraient pas.

— J'espère que vous ne l'auriez pas vous-même, dit Saint-Julien en lui tournant le dos.

— Attendez ! encore un mot avant d'aller vous coucher, lui cria Galeotto. Avez-vous découvert quelque chose sur le Rosenhaïm ?

— Rien sur celui-là, répondit Saint-Julien.

— Que sera-t-il devenu ? dit Galeotto. Maître Cantharide est dans ce secret : il aura piqué ce criocère avec une épingle, et il l'aura mis dans un de ses cartons.

— Faut-il s'inquiéter de ce que devient un homme, dit Saint-Julien, dans une cour où un importun s'évapore comme une goutte d'eau sèche au soleil ?

— Je crois que tu tournes mes métaphores en ridicule, dit le page ; je te le pardonne si tu te charges de pénétrer dans le pavillon du parc.

— Dans le pavillon où le professeur d'histoire naturelle fait ses expériences, et s'amuse à trancher, la nuit, de l'astrologue et de l'alchimiste en braquant son télescope vers la lune, et en effrayant les chiens par d'innocentes explosions d'électricité ?

— Il y a autre chose dans ce pavillon, dit le page, qu'une vieille parodie de sorcier et un tonnerre de poche.

— Madame Cavalcanti fait-elle semblant d'aller s'entretenir avec les ombres, en y traitant ses galants la nuit? Bah! c'est là qu'est caché l'amant mystérieux du trimestre, le monsieur de Rosenhaïm?

— Peut-être! Mais cet amant-là est peut-être plus qu'un amant... Il y avait peut-être quelque principe politique, quelque projet diplomatique sous ce masque de criocère. Ce n'est pas moi qui ai été dupe des jongleries du professeur. Ce Rosenhaïm me fait l'effet d'un antidote opposé aux philtres de Gurck et de Steinach... Mais enfin il n'est ici que depuis trois jours, et depuis trois ans je vois la princesse fréquenter le pavillon. Sais-tu un conte étrange que m'a fait la Ginetta?

— Voyons.

— Un jour que, selon sa coutume, elle défendait sa maîtresse avec chaleur, elle crut m'ôter toute envie de croire à l'assassinat de Max en me disant que Son Altesse l'avait aimé passionnément, et que c'était le seul homme qu'elle eût aimé ainsi. Je lui répondis que je le croyais comme elle, et d'autant plus que c'était le seul que Son Atesse eût fait assassiner. Alors Ginetta se mit tout à fait en colère, ce qui la rendit bavarde une seule fois en sa vie. Elle me dit que non-seulement Son Altesse avait aimé Max, mais qu'elle l'aimait encore, tout mort qu'il était. La preuve, ajouta-t-elle, c'est que tous les jours elle va s'enfermer dans le souterrain du pavillon auprès d'une tombe de marbre qu'elle y a fait secrètement construire, et... Mais vraiment, Julien, vous me regardez d'un air si dédaigneux que je n'ose pas continuer cette histoire. Elle est fantasque à tel point que vous allez me rire au nez si j'ai seulement l'audace de la répéter telle qu'on me l'a donnée.

— Comme je pense que vous n'y ajoutez pas foi.... dit Julien.

— Je ne sais pas, je ne sais pas, dit le page. Les femmes sont si romanesques, et les vastes cerveaux tiennent tant de choses ! Chez les êtres doués d'intelligence et de force, il y a de si singuliers contrastes, de si ténébreuses rêveries ! Bah ! dans ce monde, il faut tout croire et ne rien croire. Il faut voir !

— Mais enfin, dit Julien, cette tombe de marbre ?...

— Contient une boîte d'or, s'il faut en croire la Ginetta.

— Et cette boîte d'or, que contient-elle ?

— Je n'en sais rien, et la Ginetta prétend n'en rien savoir ; mais elle dit que cette boîte a la forme et le volume de celles dans lesquelles on embaume des cœurs humains...

— Cette histoire est dégoûtante, dit Julien d'un air sombre, après un long silence. Assassiner un homme et le pleurer, lui faire percer le cœur à coups de poignard, et le faire ensuite arracher de ses entrailles pour l'embaumer et le conserver comme une relique ou comme un trophée ; s'enfoncer tous les jours dans une cave avec un tombeau et un remords, et en sortant de là se prostituer au premier passant... si tout cela est possible, à la bonne heure. Il frappa du pied le parquet avec violence, et, portant sa main à son front, il s'écria avec angoisse : — O mon père, mon vieux château, mes laboureurs, mes bois, mes livres, mon pays ! où êtes-vous ! où est le temps où j'ignorais tout ce que je sais à présent !

Il était si triste et si abattu que Galeotto n'osa pas le railler, comme il faisait ordinairement lorsqu'il se livrait à sa sensibilité. Julien se promena en silence dans la chambre, puis il ajouta d'un ton amer :

— Si cet amant inconnu est caché dans le pavillon, ce doit être une savoureuse émotion pour elle que de recevoir ses caresses auprès du mausolée de Max. Peut-être est-ce dans cette cave que le malheureux a été massacré? Peut-être que sa tombe sert de lit aux monstrueux plaisirs de Quintilia? Quelle horreur! Il me semble que je rêve. En effet, elle s'est vantée à moi aujourd'hui d'avoir enseveli son propre cœur dans un cercueil. C'est là une belle métaphore! mais elle n'a pas dit qu'elle y eût enseveli son corps, et, pardieu! elle a bien fait, car il y aurait assez de gens pour lui donner un démenti... Tenez... levez-vous et venez à la fenêtre. Voyez-vous cette étincelle pâle et furtive qui court le long des allées du parc? C'est la petite lanterne sourde qu'on a donné ordre à Ginetta d'allumer pour aller au rendez-vous.

— En vérité? cria le page en s'habillant précipitamment.

— Oui, dit Julien, c'est une distraction qu'on a eue devant moi. Mais que faites-vous donc?

— Parbleu! je m'habille et j'y cours. Quoi! il y a un rendez-vous à épier, et vous ne me le dites pas! et je reste là à babiller quand je devrais être sur la piste de la louve!

— Voilà le seul mot à propos que vous ayez dit de la journée, dit sèchement Julien en le voyant s'enfuir à demi habillé et se glisser comme un chat dans l'ombre des corridors.

Julien alla se mettre au lit; mais il eut un sommeil affreux. Il rêva que des assassins se jetaient sur lui, lui ouvraient la poitrine et en arrachaient son cœur tout palpitant, tandis que Quintilia, debout, immobile et pâle, vêtue d'une grande robe rouge, les regardait opérer avec un horrible sang-froid en leur tendant une boîte d'or ciselé toute pleine de sang.

XV.

Saint-Julien passa la journée enfermé dans sa chambre, résolu à se faire passer pour malade si la princesse le faisait demander. Mais elle ne le demanda pas ; et, fatigué de souffrir seul, il sortit vers le soir pour se distraire un peu. Il se rappela alors l'étudiant dont il avait fait la connaissance la veille, et avec lequel il avait un rendez-vous à la taverne du Soleil-d'Or.

Il le trouva déjà à table, fumant vis-à-vis une cruche de bière non débouchée et de deux verres retournés.

Ils s'abordèrent cordialement ; mais Saint-Julien ne put prendre sur lui d'être gai, et l'étudiant se chargea obligeamment de faire presque tous les frais de la conversation. Il se montra encore plus aimable que la veille, et ils restèrent ensemble jusqu'à onze heures du soir. Alors Spark se leva, disant qu'il était esclave de ses habitudes régulières, et qu'il ne se couchait jamais plus tard. Mais il lui proposa une partie de promenade pour le lendemain. Saint-Julien ne désirait rien tant que de fuir l'air de la cour : il fit demander le lendemain à Quintilia si elle n'aurait point d'ordre à lui donner dans la journée ; et, comme elle lui fit répondre qu'il pouvait disposer de son temps le reste de la semaine, il ne passa à la résidence, durant plusieurs jours, que les heures consacrées au sommeil. Il employa toutes ses journées à errer dans les montagnes, tantôt seul, tantôt avec son étudiant allemand, qui, chaque jour, l'attirait par une sympathie plus vive.

Saint-Julien fut bientôt sous le charme de ce jeune homme, et il eût été difficile qu'avec son excellent cœur et l'élévation de ses sentiments il en eût été autrement. Spark était un de ces hommes d'une nature si droite et si harmonieuse qu'on les juge d'emblée, et qu'on n'a rien à retrancher par la suite à l'estime qu'on leur a vouée tout d'abord. Il était simple et franc, ne visait à aucune supériorité, et touchait juste à toutes choses; il paraissait savoir plus qu'il ne disait, mais sa réserve n'avait rien de hautain. Il faisait des frais pour plaire, mais il n'allait pas jusqu'à cette insupportable coquetterie de langage qui rend l'esprit faux et le cœur sec. Il paraissait à la fois ferme et obligeant, sensible pour les autres et insouciant pour lui-même. Il avait en la Providence une confiance romanesque, mais non puérile, qui semblait être la conséquence d'une vie probe et d'un cœur généreux. Sa sensibilité n'était pas fougueuse et maladive comme celle de Julien; et le jeune homme sentit de plus en plus chaque jour le besoin de s'appuyer sur la douceur et sur la sérénité de cette âme plus forte et plus calme que la sienne. Oppressé par son chagrin, dévoré d'incertitudes, ne sachant à quoi se résoudre à l'égard de la princesse et à l'égard de lui-même, il résolut de se confier à cet homme si intelligent, si bon, et pourtant si paisible, et de lui demander conseil. Il éprouvait bien quelque répugnance à ouvrir ainsi son cœur, car il n'était pas né expansif. Galeotto avait surpris ses secrets et ne les comprenait pas; d'ailleurs le caractère de ce jeune courtisan était trop opposé au sien pour qu'il pût trouver quelque avantage dans sa société. Il avait l'art, au contraire, d'aigrir tous ses maux et d'envenimer toutes ses blessures.

Quoi qu'il pût lui en coûter, il prit le parti de consulter Spark, et, un matin que leur promenade les avait ramenés sur la colline où ils s'étaient rencontrés pour la première fois, il le pria de s'asseoir sur la bruyère, et de suspendre son cours d'observations botaniques pour en faire un de psychologie.

— Sur qui? demanda Spark en souriant. Est-ce sur vous ou sur moi?

— Ce sera sur moi si vous le permettez, mon cher Spark. J'ai un secret qui m'étouffe et que je ne puis dire à personne. Il faut que je vous le dise.

— De tout mon cœur, répondit l'étudiant. Je ne me récuserai pas en affectant une modestie désobligeante. Les gens qui ont peur d'écouter une confidence sont ceux qui craignent d'avoir un secret à garder ou un service à rendre.

— J'ai besoin, en effet, d'un très-grand service, dit Saint-Julien; mais ce n'est pas votre bras que je réclame pour me tirer du mauvais pas où je me trouve, c'est votre cœur que j'appelle au secours du mien, c'est votre raison que je veux interroger; c'est un bon conseil que je vous demande.

— C'est demander beaucoup, répondit Spark, et je ne vous promets pas de réussir. J'y ferai pourtant tout mon possible. Nous chercherons à nous deux, et Dieu nous aidera.

— Vous êtes vis-à-vis des choses qui m'intéressent dans une position tout à fait désintéressée, dit Julien; vous ne connaissez point la personne dont j'ai à vous entretenir, et vous la jugerez simplement sur les faits que j'ai à vous raconter,

— Prenez garde, mon cher ami, dit Spark, cela est sérieux. Si vous dénaturez les faits et si vous en ignorez quelqu'un, nous pourrons bien porter un faux jugement.

— Vous jugerez seulement ceux que je sais et que je vous dirai ; et, comme vous ne serez pas sous le charme de la vipère, vous pourrez voir plus clair que moi.

— Il s'agit d'une histoire d'amour et d'une femme, à ce que je vois ?

— Il s'agit d'une femme. Connaissez-vous la princesse Quintilia ?

— Comment voulez-vous que je la connaisse ? il y a huit jours que je suis ici.

— Quelqu'un vous en a-t-il parlé ?

— Oui ; des bourgeois qu'elle a obligés, des pauvres qu'elle a secourus, m'ont dit que c'était une femme bienfaisante.

— Toutes ces femmes-là le sont, dit Julien.

— Quelles femmes ? demanda Spark avec beaucoup d'ingénuité.

— Ah ! Spark, s'écria Saint-Julien, je vois bien que vous ne la connaissez pas ; vous ne me demanderiez pas ce qu'elle est.

— Vous paraissez n'en avoir pas une haute opinion, dit Spark. Si votre opinion est arrêtée ainsi, pourquoi me consultez-vous ?

— Pour savoir si je dois la fuir et l'oublier, ou la poursuivre et la démasquer. Je vais vous raconter ce qui m'est arrivé depuis sept mois que j'ai quitté la maison paternelle.

Spark écouta l'histoire de Julien avec beaucoup d'attention, mais avec tant de calme que le narrateur ne put, à aucun endroit de son récit, pressentir le jugement que portait l'auditeur. La belle et calme figure de l'étudiant ne fit pas un pli, et la fumée de sa pipe s'échappa par bouffées aussi régulières que la veille, lorsqu'il avait écouté Julien faire lecture de la Gazette d'Augsbourg à la taverne du Soleil-d'Or.

Quand Saint-Julien eut tout dit, Spark fit une espèce de grimace qui consiste à avancer un peu la lèvre inférieure, et qu'on peut généralement traduire par ces mots : — Tout cela ne vaut guère la peine que vous vous donnez.

Après un instant de silence, il posa sa pipe sur le gazon, et lui dit :

— Mon ami, avant de vous dire ce que je pense de la princesse Quintilia, permettez-moi de vous dire ce que je pense de vous-même. Vous êtes très-noble, mais très-orgueilleux ; très-vertueux, mais très-intolérant ; très-sincère, et pourtant très-méfiant. D'où vient cela ? N'auriez-vous pas été élevé par un prêtre catholique ?

— Oui, répondit Julien, et ce fut mon meilleur ami.

— Alors je comprends votre caractère ; et, tout en le reconnaissant pour très-beau (je vous parle strictement vrai), je voudrais que vous prissiez sur vous de le modifier et d'en équarrir l'écorce rude et noueuse. Je ne trouve point que le jeune page vous ait donné de bons conseils. Je le regarde comme un méchant cœur et un intrigant dangereux. Loin de railler, comme il le fait, l'austérité de vos principes, je les approuve rigoureusement, et je déclare que si votre princesse Quintilia était telle que vous la jugez aujourd'hui, vous feriez bien de la fuir et de l'oublier. Mais... Ici Spark fit une pause et réfléchit ; puis il continua :

— Mais je crois que vous êtes absolument dans l'erreur sur son compte, et que c'est une excellente femme.

— Quoi ! malgré l'assassinat de Max ?

— Je ne crois pas à l'assassinat de Max, dit Spark en souriant ; je ne croirai jamais que la mort d'un homme soit suffisamment prouvée par son absence, et le meurtre d'un amant par une parole légère d'un côté et un froncement de sourcils de l'autre. Cette histoire me paraît bonne à endormir les petits enfants et à leur donner de mauvais rêves.

— Vous ne croyez pas au crime ? empêchez-moi d'y croire. Je ne demande pas mieux que d'ôter ce charbon allumé de mon cœur. Mais le vice, la débauche ?

— Oh ! oh ! la galanterie, vous voulez dire ? On peut être une femme galante et être une bonne femme. Pour moi, je n'aime pas les femmes galantes, mais je ne leur jette pas de pavés à la tête, et je passe auprès d'elles sans leur rien dire. Si la princesse Quintilia est ainsi, n'en dites pas de mal ; quittez-la et n'y pensez plus.

— Tout cela vous semble facile, Spark. J'ai l'âme dévorée de colère et de jalousie.

— Vous avez tort.

— Mais enfin, ce que je vous ai raconté vous prouve bien que cette femme....

— Ce que vous avez raconté ne me prouve rien, sinon que vous avez contracté dans vos chagrins l'habitude d'une malveillance fâcheuse. Otez, ôtez cela de votre cerveau ; c'est une mauvaise herbe.

— Mais, mon ami, une femme qui fait de pareils discours sur la candeur et le sentiment, et qui a pour amant, d'abord un Lucioli qu'elle traîne partout, et qui se vante partout de ses faveurs !....

— Hum ! dit Spark, ce Lucioli me semble être un fat et un sot que je ne me ferais pas faute de rosser s'il tombait sous ma main, et si j'étais ami de la princesse.

— S'il l'a décriée, c'est bien sa faute, à elle ; pourquoi l'a-t-elle affiché comme un bouquet de noces?

— Parce qu'elle est bonne et confiante, comme elle vous l'a dit. Tout ce qu'elle vous a dit là, Saint-Julien, me paraît sincère ; j'y crois. J'aime ce caractère, j'approuve ces idées. Je ne dis pas que ce soit un exemple à suivre pour les femmes qui ne veulent pas être calomniées et persécutées ; mais pour un homme de cœur qui se moque de l'opinion d'autrui et qui ne s'en rapporte qu'à sa conscience, c'est une belle maîtresse à aimer toute sa vie.

— Vraiment! Spark, votre confiance me confond ; je ne sais pas si j'ai envie de vous embrasser comme le meilleur des hommes ou de vous plaindre comme un fou.

— Comme vous voudrez, mon cher Julien ; vous m'avez demandé ma façon de penser, je vous la dis.

— Et je donnerais un de mes bras pour la partager. Mais enfin cette montre, ce Charles de Dortan?

— Ce Dortan est un sot qu'elle aura mis à la porte au moment le plus hardi de la plaisanterie.

— Une femme qui se respecte fait-elle de semblables plaisanteries. Elle se soucie donc bien peu du danger qu'elle court? Plaisante-t-elle aussi avec la vengeance qu'un homme peut tirer? A la place de ce Dortan, je suivrais une pareille femme au bout du monde, et je la forcerais de tenir ses promesses, et je lui cracherais ensuite au visage.

Le front de Spark se couvrit de rougeur, comme si l'idée d'une telle violence de ressentiment eût révolté son âme honnête et douce. Mais il reprit aussitôt son calme accoutumé, et dit d'un ton de certitude qui imposa à Julien :

— Cette histoire est fausse. Ce Charles de Dortan sera quelque garçon horloger qui aura porté une montre de sa façon à la princesse, et qui aura bâti toute cette niaise aventure pour se moquer de vous, ou parce qu'il y a des fats d'une rare impudence, ou parce que ce monsieur est fou.

— Vous arrangez tout pour le mieux, et je me suis dit tout cela sans pouvoir me le persuader radicalement. N'ai-je pas vu la joie avec laquelle elle a appris l'arrivée de ce masque inconnu?

— Qu'est-ce que cela prouve, s'il vous plaît? Ne saute-t-on pas de joie à l'arrivée d'un frère et même d'un ami? Les femmes sont plus démonstratives que nous, et les Italiennes le sont entre toutes les femmes.

— Mais ce Rosenhaïm est caché dans le pavillon. Cache-t-on ses amis?

— Souvent, surtout quand il s'agit de politique. Qu'est-ce que vous comprenez à la politique, vous? Et puis, il n'y a peut-être pas plus de Rosenhaïm dans le pavillon que de Max dans le tombeau.

— Vous ne croyez donc pas à la mort de Max?

— J'ai dans l'idée, au contraire, que ce prétendu cœur inhumé dans un coffret d'or bat bien chaud et bien joyeux à l'heure qu'il est.

— Mais la princesse elle-même le fait passer pour mort.

— Le fait-elle passer pour mort? Ah! en ce cas il est mort. Mais tout le monde peut mourir sans être aidé.

Et Spark, reprenant sa pipe, se mit à la charger paisiblement.

— Les griefs qui vous restent contre elle, ajouta-t-il

après avoir rallumé son tabac, sont donc son air cavalier, sa gaieté juvénile, son latin, son amour pour les papillons, ses travaux politiques, sa soubrette Ginetta sa camaraderie avec vous autres, qu'elle traite en amis comme une bonne femme qu'elle est, tandis que vous ne la comprenez pas..... Eh bien! à votre place, je l'aimerais de tout mon cœur, et je passerais ma vie à son service.

— Mais si j'acceptais tout cela comme vous, si je me remettais à croire en elle, j'en serais amoureux fou... et si elle ne m'aimait pas, je deviendrais le plus malheureux des hommes. Je suis absolu et entier dans tout, Spark. A la manière dont cette femme m'a bouleversé le cerveau, je vois bien que si je ne me guéris pas par la méfiance, il faudra que je me brûle la cervelle par désespoir.

— Non, dit Spark.

— Je deviendrai fou, vous dis-je, si elle ne m'aime pas.

— Non, vous dis-je, vous vous consolerez, vous vous guérirez. D'ailleurs elle vous aime beaucoup; tout ce qu'elle a fait pour vous le prouve bien.

— Oh! j'ai trop souffert de cette tranquille amitié; j'ai renfermé trop de tourments dans mon sein! cela ne peut pas recommencer.

— Vous êtes un ingrat. Vous m'avez dit que ces six premiers mois avaient été les plus beaux de votre vie. Écoutez, Julien: vous êtes aigri et malade; vous ne jugez pas bien votre position, vous ne vous connaissez plus vous-même. Croyez-en mon conseil. Avant de savoir de quoi il s'agissait, je ne pensais pas pouvoir trancher la question si hardiment; à présent je me sens une grande confiance en ma raison; les choses me semblent claires et indubitables. Voulez-vous me promettre de faire ce que je vous dirai ?

— Je vous promets de le tenter, dit Julien.

— Renfermez-vous donc en vous-même, et fermez vos poumons à l'atmosphère empoisonnée du dehors ; vivez avec Dieu et avec votre cœur, qui est bon ; fuyez la cour, les envieux, les sots, les méchants, et surtout le petit page ; restez auprès de la princesse, je veux lui servir de garant. Elle ne vous trompe pas. Je l'ai vue passer à cheval l'autre jour ; elle a une grande bouche, un sourire franc, des yeux vifs et bons ; j'aime sa figure et ses manières. Servez-la fidèlement, et ne croyez d'elle que ce qu'elle vous en dira. Si votre amour persiste et vous fait souffrir, dites-le-lui, parlez-lui-en beaucoup et souvent.

— Vous croyez qu'elle m'écoutera ? dit Julien, dont les yeux brillèrent de joie.

— Sans doute elle vous écoutera, puisqu'elle vous a déjà écouté ; elle vous plaindra, elle ne vous aimera pas plus qu'elle ne fait....

— Vous croyez ? dit Julien redevenant triste.

— J'en suis presque sûr. Mais n'importe, parlez-lui toujours, elle vous consolera en redoublant de soins et d'amitié. Avec cette amitié-là, Julien, avec l'amour du travail, avec le bon témoignage de votre conscience et un peu de foi en la Providence, vous ne serez pas malheureux, croyez-en ma promesse.

— Et si avec tout cela je suis joué, reprit Julien, si au bout de dix ans d'une pareille vie je m'aperçois que j'ai bercé une chimère sur mon cœur ?

— Vous aurez eu dix ans de bonheur, et vous serez en droit de dire à Dieu quand vous paraîtrez devant lui : « Seigneur, on m'a trompé, et je n'ai pas haï ; on m'a fait du mal, et je ne me suis pas vengé ! » Et vous verrez ce que Dieu vous répondra. Allez, on ne se repent jamais d'être bon, même dès cette vie. Quand on s'en repent, on cesse de l'être.

— Honnête et excellent ami ! s'écria Saint-Julien en serrant vivement la main de Spark, je suivrai vos conseils, et je viendrai souvent chercher auprès de vous le baume céleste qui guérit les plaies de l'âme.

Julien rentra au palais la poitrine soulagée d'une montagne d'ennuis, et, pour la première fois depuis bien des jours, il pria Dieu.

XVI.

Quintilia le fit appeler le lendemain matin. Elle avait l'air si heureux et si bon, que Saint-Julien se sentit tout disposé à suivre les conseils de Spark.

— J'ai des lettres à te dicter, lui dit-elle en lui tapant doucement l'épaule d'un air familier. Assieds-toi là et prends ta meilleure plume.

Julien s'assit. La montre fatale était toujours sur le bureau ; il se sentit un mouvement de rage contre ce fâcheux accusateur, et feignant de la pousser gauchement avec son coude, il la jeta par terre.

La princesse s'en aperçut à peine ; et quand il la ramassa en s'excusant de l'avoir brisée, elle parut fort indifférente à cet accident.

—Ginetta, dit-elle, emporte ma montre, que ce maladroit de Julien vient de casser. Il est décidé que je ne puis pas la garder, et qu'il lui arrivera toujours malheur. Fais-la raccommoder et garde-la pour toi.

Julien regarda la princesse attentivement. Elle était aussi parfaitement calme que le jour où elle avait regardé en face M. de Dortan sans paraître le reconnaître. Mais il lui sembla que la Ginetta rougissait un peu. Était-ce de plaisir d'avoir la montre, ou perdait-elle contenance devant tant d'audace ?

Julien sentit la sienne augmenter, comme il lui arrivait toujours dans ses moments d'émotion ; et regardant alternativement la princesse et sa suivante :

— La signora Gina, dit-il, connaît peut-être à Paris un horloger habile à qui elle pourra confier la réparation de cette montre !

— Pourquoi à Paris ? dit la princesse ; nous avons d'excellents horlogers à Venise.

Elle n'avait pas changé de visage, et la Gina semblait être redevenue impénétrable. Saint-Julien insista obstinément.

— Si la signora Gina veut bien le permettre, c'est moi qui me chargerai de la réparation, puisque c'est moi qui ai causé le dommage.

— Arrangez-vous ensemble, dit la princesse, cela ne me regarde plus. La montre appartient à Gina.

— Et je l'enverrai, continua Saint-Julien, à un de mes amis qui habite Paris, et qui s'appelle Charles de Dortan.

Gina se troubla visiblement. La princesse n'y prit pas garde, et répéta le nom de Charles de Dortan.

— Je crois qu'en effet son nom est sur cette montre, dit-elle en s'adressant à Ginetta. N'est-ce pas l'ouvrier à qui tu l'as confiée à Paris, après l'avoir jetée par terre comme Julien vient de faire ?

— Oui, madame, répondit Ginetta remise de son trouble, c'est un horloger qu'on m'a désigné comme très-habile, et qui, selon l'usage, a gravé son nom sur la boîte.

Julien, frappé de tant d'assurance, et ne sachant plus que penser, tenta un dernier effort.

— Le hasard, dit-il, me l'a fait rencontrer à Avignon précisément le jour....

Ginetta l'interrompit, et s'adressant à Quintilia :

— Votre Altesse ne se souvient-elle plus de cet homme qui voulait absolument lui parler ?

— Non, dit la princesse avec un sang-froid imperturbable. Que voulait-il ? ne l'avais-tu pas payé ?

— Il m'avait beaucoup priée de le recommander à Votre Altesse, à laquelle il voulait vendre une pendule à musique ; mais elle était laide et de mauvais goût.

— Ah ! dit la princesse d'un ton d'indifférence et de distraction, en ce cas, Julien, mets-toi à écrire ; et toi, Gina, laisse-nous.

Elle semblait n'avoir pas pris le moindre intérêt à cette délicate explication, et pourtant Saint-Julien se disait : — Il y a quelque chose là-dessous. Spark lui-même aurait été frappé de la rougeur de Ginetta. Il prit sa plume et commença sous la dictée de la princesse.

« Monsieur le duc,

» Votre personne est charmante, votre esprit supé-
» rieur et votre emploi magnifique. Je compte écrire
» directement à votre auguste souverain, et le remercier
» de vous avoir choisi pour remplir cette importante et
» agréable mission auprès de moi. Il m'est impossible
» de vous voir aujourd'hui ; et d'ailleurs j'ai besoin,
» pour répondre aux propositions de Votre Excellence,
» du plus grand calme et de la plus austère réflexion. Je

» craindrais de subir l'influence persuasive de votre es-
» prit en traitant de vive voix une question si grave.
» Après mûre délibération, je me crois donc autorisée,
» par ma conscience et ma volonté, à refuser positive-
» ment l'alliance qui m'est offerte. Mes opinions sont
» invariables sur ce point, et vous les connaissez. La li-
» berté de fait établie par moi, souverain absolu en
» vertu de pouvoirs absolus, » etc., etc....

Saint-Julien écrivit sous sa dictée plusieurs lignes qu'il aurait pu tracer de lui-même, tant il était au fait des systèmes du potentat femelle de Monteregale.

Quand il eut terminé la partie politique de cette lettre (et nous en ferons grâce au lecteur, comme d'une chose étrangère à cette histoire), il continua sous la dictée de la princesse.

« Quant à la question que Votre Excellence m'a dit
» tenir en réserve en cas de refus définitif de ma part,
» je demande en grâce qu'elle me soit exposée sur-le-
» champ; car des occupations du plus grand intérêt
» pour moi vont me forcer à faire un petit voyage en
» Italie. Ce sera pour moi un grand regret que de voir
» abréger le séjour de Votre Excellence dans mes États,
» et j'aurais vivement désiré qu'il me fût permis d'en
» jouir plus long-temps. »

— Ajoutez les formules d'usage, dit la princesse à Saint-Julien; et puis donnez-moi votre plume.

Quand elle eut signé et fait mettre le nom du duc de Gurck sur l'adresse, elle sonna, et le page se présenta.

— Portez cette lettre à M. de Gurck, lui dit-elle, et rapportez-moi la réponse. S'il demande à me voir, dites que c'est impossible.

Galeotto fut frappé de l'air froid et absolu de la princesse. Il eut besoin de rassembler tout son courage pour lui faire entendre qu'il avait un message secret pour elle.

— Je n'ai pas de secrets où vous puissiez être pour quelque chose, reprit-elle sèchement. Parlez devant M. de Saint-Julien, je vous le permets.

Le page hésita ; elle ajouta : — Je vous l'ordonne.

Galeotto, banni des appartements particuliers depuis plusieurs jours sans en savoir la cause, avait beaucoup compté sur le moment où il lui serait permis d'approcher de la princesse. Il avait fait part à Julien de l'intention où il était de nuire au comte de Steinach, tout en feignant de le servir et tout en travaillant pour son propre compte. Mais, quoique ces projets ne fussent point un secret pour lui, il était vivement contrarié de l'avoir pour témoin de sa conduite. Rien ne paralyse la ruse comme l'œil d'un juge prêt à censurer notre maladresse ou à s'effrayer de notre perfidie.

Néanmoins il fallait parler. Il donna quelques mots d'une explication moitié plaisante, moitié mystérieuse, et finit en tirant de son sein une lettre renfermée sous trois enveloppes.

Mais Quintilia, devant qui le page avait mis un genou en terre, n'avança point la main pour recevoir la lettre, et lui ordonna de la décacheter et de la lire tout haut.

Galeotto se troubla. — M'avez-vous entendue? répéta la princesse.

Alors, prenant courage, Galeotto imagina de lire hardiment la lettre d'un ton pathétique et en feignant un trouble toujours croissant. C'était une déclaration d'amour du comte de Steinach, rédigée dans des termes aussi passionnés que son rang avait pu le lui permettre.

Le malin page la déclama d'une voix tremblante et comme s'il eût été frappé de l'application qu'il pouvait se faire des expressions timides et brûlantes de la lettre. Il affecta plusieurs fois de manquer de force pour achever une phrase et de tenir le papier d'une main tremblante. Enfin il joua si bien la comédie que Saint-Julien en eût été dupe complétement sans le dernier entretien qu'ils avaient eu ensemble.

Mais la princesse ne parut émue ni de l'amour de Steinach, ni de celui que Galeotto feignait d'abriter timidement sous les ailes de la diplomatie sentimentale.

— Cela est pitoyable, dit-elle quand le page eut fini. Et, lui arrachant la lettre des mains, elle la jeta dans une corbeille de bambou qui était sous le bureau et dans laquelle elle avait coutume d'entasser pêle-mêle tous les papiers inutiles.

— Mais, tout mauvais que soit cet italien, ajouta-t-elle, le comte de Steinach, qui ne sait aucune langue, pas même la sienne, n'aurait jamais été capable de l'écrire. C'est vous qui avez composé ce pathos, Galeotto. Et, sans attendre sa réponse, elle se tourna vers Julien.

— Écris sous ma dictée une autre lettre, lui dit-elle. Galeotto attendra, et les portera toutes deux à leur adresse.

Elle lui dicta une formule de renvoi moqueuse et impertinente pour Steinach comme celle destinée à Gurck; elle la signa de même, la cacheta et la remit en silence à Galeotto. Le page voulut faire une question; elle lui ferma la bouche d'un regard et lui montra la porte d'un geste.

En attendant qu'il fût de retour, elle s'entretint amicalement avec Saint-Julien. Elle lui parut si franche et si bonne qu'il céda au mouvement de son propre cœur et se sentit plus que jamais dominé par elle. Les souffrances qu'il avait éprouvées lui rendirent plus vives les joies qu'il retrouvait. Il bénit intérieurement les conseils de son ami et reprit confiance dans la vie.

Au bout d'une heure Galeotto revint. Il s'était composé un maintien grave et froid ; mais il cachait mal le dépit qu'il éprouvait d'avoir été si rudement traité par Quintilia. Elle était naturellement brusque et emportée ; mais ordinairement elle oubliait en moins d'une heure ses ressentiments et jusqu'à la cause qui les avait produits. Cette fois pourtant elle reçut le page aussi mal qu'elle l'avait congédié. Il voulut transmettre une réponse verbale du comte de Steinach ; elle lui dit : — Vous répondrez quand je vous interrogerai. Puis, prenant la lettre de M. de Gurck, elle la décacheta et la passa à Julien.

— Lisez tout haut, lui dit-elle ; et vous, monsieur Galeotto de Stratigopoli, asseyez-vous au bout de la chambre et attendez mes ordres.

Saint-Julien lut :

« Madame,

» La réponse de Votre Altesse est tellement décisive
» que je croirais manquer au respect que je lui dois en
» insistant davantage. J'obéis à l'ordre qu'elle me donne
» en lui soumettant textuellement la réclamation de mon
» souverain.

» Un envoyé de notre cabinet, portant le titre de che-
» valier et le nom de Max, chargé, il y a quinze ans, de
» représenter le prince de Monteregale au mariage de
» Votre Altesse, s'est établi auprès d'elle avec le con-
» sentement de ses protecteurs. Mais, ayant été rappelé
» au bout de quatre ans, il n'a point répondu aux or-

» dres de sa cour, et jamais il n'a reparu. Il est sommé
» aujourd'hui de rendre compte de sa conduite durant
» cette longue absence et de se présenter devant moi,
» duc de Gurck, fondé de pouvoir, etc., pour me re-
» mettre certains papiers et répondre à certaines ques-
» tions qui doivent décider de son identité. A défaut de
» cet acte de soumission de la part du chevalier Max,
» Votre Altesse serait sommée de donner les preuves de
» son décès ou de désigner le lieu de sa retraite ; et, à
» défaut de cette satisfaction, elle serait reconnue en
» état d'hostilité contre notre gouvernement, » etc.

— Fort bien, dit Quintilia. Reprenez votre plume et écrivez :

« Je ne reconnais à aucun souverain de la terre le
» droit de me faire une demande arbitraire ou une
» question absurde. Je n'ai aucun compte à rendre des
» actions d'autrui ; et jamais prince, petit ou grand, n'a
» été le gardien des étrangers résidant sur ses terres.
» Tout ce que je puis faire pour seconder les vœux de
» votre cour, c'est de vous permettre de publier et
» d'afficher dans mes états un ordre directement adressé
» au chevalier Max de la part de son souverain. S'il se
» rend à cet ordre, je serai charmée de voir cesser vos
» inquiétudes à son égard. »

Quintilia signa, cacheta, et s'adressant au page :

— Maintenant, monsieur, lui dit-elle, qu'avez-vous à dire de la part de M. de Steinach ?

— Le comte, au désespoir..., répondit Galeotto.

— Faites-moi grâce des phrases de M. le comte, interrompit Quintilia ; à quoi se décide-t-il ?

— Il se soumet à vos ordres.

— Quels ordres? je lui ai donné le choix : partir ou se taire.

— Il se taira.

— A la bonne heure. Celui-là n'est que sot, et je ne veux pas l'offenser s'il ne m'y contraint pas. L'autre est un insolent. Allez porter ma lettre et revenez.

La princesse se remit à causer avec Julien de choses étrangères à ce qui venait de se passer. Elle avait tant de calme et de lucidité d'esprit que Saint-Julien se déclara absurde dans ses soupçons.

Galeotto revint. Il demandait de la part du duc de Gurck la faveur d'un entretien particulier avant son départ.

— Nous verrons, répondit Quintilia; c'est assez s'occuper de ces messieurs pour aujourd'hui. C'est à vous que j'ai affaire, monsieur de Stratigopoli. Voici un billet que vous porterez à mon trésorier. Il vous comptera une somme qui vous mettra en état de voyager durant quelques années. C'est, je crois, l'objet de vos désirs. Vous trouverez bon que d'ici à quelques heures je dispose pour votre remplaçant de l'appartement que vous occupez dans le palais. Pour faciliter votre départ, j'ai commandé des chevaux de poste qui viendront vous prendre ce soir, et qui vous conduiront jusqu'à la frontière. Je vous prie de garder la voiture pour continuer votre voyage. Vous désignerez vous-même la route qu'il vous plaira de prendre. Je fais des vœux pour votre avenir, et j'ai l'honneur de vous saluer.

Galeotto, frappé de la foudre, pâlit et balbutia; mais il vit dans les yeux de la princesse que l'arrêt était irrévocable. Il crut que Julien l'avait trahi. Incertain du parti qu'il prendrait, mais forcé d'obéir et résolu à se venger, il s'inclina profondément et sortit sans dire un seul mot.

Saint-Julien voulut intercéder en sa faveur; mais la

princesse lui imposa silence avec douceur, et lui permit d'aller faire ses adieux au page.

Il le trouva au bas du grand escalier, et témoigna sa surprise et son chagrin avec tant de candeur que le page en fut ébranlé.

— Si vous n'êtes pas sincère en ce moment, lui dit-il, vous êtes le premier des fourbes et le dernier des hommes. Après tout, je n'en sais rien, je ne pense pas, je crois rêver. Je ne sais ni ce qui m'arrive, ni ce que j'éprouve, ni ce que j'ai à faire.

— Il faut faire semblant d'obéir, lui dit Julien, et attendre à la frontière l'ordre de votre rappel. Il est impossible que la princesse ait des griefs sérieux contre vous. Elle se sera doutée de votre liaison avec Steinach, et elle aura voulu vous effrayer. Mais je vous justifierai de mon mieux; Gina pleurera à ses pieds, et vous lui écrirez; elle se laissera fléchir.

— Je ne sais pas, je ne sais pas, dit le page d'un air méfiant. Je ne sais pas si vous ne me trahissez pas; je ne sais pas si la Gina ne me donne pas ce soir pour successeur le page de Steinach ou le chasseur de Gurck, tandis que la princesse recevra dans le pavillon mystérieux Rosenhaïm qu'elle embrassait si tendrement cette nuit sur le seuil en l'appelant son *seul* amour, ou bien le duc de Gurck qui saura peut-être se faire craindre, ou le Steinach qu'elle fait semblant de rudoyer, ou le tendre Julien qui a su cacher son indignation dévote, ou qui s'est fait tolérant... Je ne sais pas ce qui se passe dans la tête des autres; j'aviserai à voir clair dans la mienne. Si vous me trompez, monsieur le secrétaire intime, ne chantez pas encore victoire. Je ne me tiens pas pour battu, et souvent les choses qui semblent m'échapper sont celles dont je suis sûr, parce qu'alors il me prend envie de m'en emparer... Attendez.... Venez avec moi chez le trésorier ; je vous permets de répéter à la princesse tout ce que vous me verrez faire et dire.

Ils entrèrent ensemble chez le trésorier, et Galeotto présenta le billet qui lui avait été remis cacheté. Lorsque le trésorier énonça la somme qu'il allait compter au jeune page, celui-ci eut un moment d'émotion. C'était beaucoup plus qu'il n'avait espéré dans sa petite ambition, et pendant un instant il abandonna l'idée singulière qui venait de le préoccuper. Mais tandis que le trésorier comptait l'argent, il se mit à marcher dans la salle avec anxiété. Cette petite fortune le mettait à même de satisfaire son goût pour les voyages, et d'aller se présenter d'une manière brillante dans quelque autre cour plus importante que celle de Monteregale. Mais en même temps qu'il arrivait à l'accomplissement d'un vœu de plusieurs années, il renonçait à une entreprise conçue depuis quelques jours. Dans son amour pour l'intrigue, il avait caressé l'espoir de lutter avec l'expérience et ce qu'il appelait l'habileté de Quintilia. Il s'était proposé pour but de ses premières armes en ce genre d'écarter, ne fût-ce que pendant quelques jours, des rivaux plus hauts et plus arrogants que lui. L'emporter sur eux lui paraissait une satisfaction nécessaire à son amour-propre froissé. Enfin, tandis qu'une vanité cupide l'engageait à prendre l'argent et à chercher ailleurs un autre genre de succès, une vanité raffinée, un véritable dépit d'homme de cour, l'engageaient à sacrifier sa petite fortune à l'espoir incertain d'un frivole triomphe.

Ce dépit l'emporta, et au moment où le trésorier lui présenta une partie de sa fortune en or, et le reste en billets sur diverses banques étrangères qu'il avait désignées d'abord, il demanda du papier pour écrire un reçu, fit une déclaration d'amour à la princesse, et lui annonça qu'il n'avait besoin de rien au monde, puisqu'il allait mourir de chagrin ; puis il redemanda le bon signé d'elle qu'il venait de remettre au trésorier ; il le déchira, en mit les morceaux dans sa lettre, chargea le trésorier de la faire porter à Quintilia, jeta dédaigneusement les billets de banque sur la table, donna un coup de poing théâtral dans les piles d'or, et, tournant le dos au trésorier stupéfait, sortit sans emporter un écu.

Julien, qui ne vit dans cette conduite qu'un acte de fierté, trouva le mouvement très-beau et l'approuva. En même temps il mit tout ce qu'il possédait à la disposition du page.

— Je ne sais pas, je ne sais pas, répéta celui-ci toujours sur ses gardes. Il est possible que vous soyez de bonne foi, il est possible aussi que vous me fassiez cette offre sans grand mérite. Quoi qu'il en soit, je n'ai besoin de rien ; je ne vais pas loin, et vous ne serez pas long-temps sans entendre parler de moi. Vous pouvez dire cela à Son Altesse. La frontière est à trois lieues d'ici. On peut avoir un pied sur les terres du voisin et un œil dans la résidence... Adieu, adieu. Merci de votre amitié si elle est vraie ; si elle est feinte, on saura s'en passer.

Il monta en voiture en tenant le même langage, et laissa Julien très-offensé et très-affligé de ses doutes. Il demanda à voir la princesse, et lui rapporta la conduite magnanime du page en la suppliant de le rappeler. Mais Quintilia, qui avait déjà reçu la lettre de Galeotto par son trésorier, ne parut point touchée de cette forfanterie. — Je ne puis pas lui faire grâce, dit-elle ; cesse de me parler de lui, ce serait me déplaire en pure perte. Il t'accuse de lui avoir nui auprès de moi, mon pauvre Julien. Accepte cette injustice en châtiment de celles que tu as commises, et apprends, mon cher enfant, combien il est cruel d'être accusé quand on n'est pas coupable.

XVII.

Saint-Julien, forcé d'abandonner la cause de Galeotto, alla passer la soirée avec Spark à la taverne du Soleil-d'Or. Il lui raconta ce qui était arrivé ; et Spark, avec son optimisme habituel, déclara que le renvoi du page était une mesure fort sage de la part de la princesse et un événement fort heureux pour Saint-Julien. Il tâcha aussi de le consoler des soupçons injurieux de Galeotto, en lui disant que l'estime d'un pareil homme était presque une flétrissure.

Pendant que Spark parlait de la sorte, Saint-Julien crut voir derrière le rideau de coutil de la tente sous laquelle ils étaient assis l'ombre flottante d'un individu de petite taille qui semblait les écouter. Ils parlèrent tout à fait bas et l'ombre disparut. Mais lorsque, onze heures ayant sonné, Spark, selon sa coutume, eut pris congé de son ami, Saint-Julien, au détour de la rue, qui était fort sombre en cet endroit, se sentit frapper sur l'épaule. Il se retourna vivement et vit un petit homme enveloppé dans un manteau qui lui dit à voix basse : — Tais-toi, je suis Galeotto. Ils prirent une rue déserte et s'entretinrent à demi-voix.

— Eh quoi! dit Julien, te voilà déjà revenu! il n'y a pas plus de six heures que je t'ai vu monter en voiture.

— Il n'en faut pas tant dans un empire où l'on ne peut pas tirer sur un lièvre sans risquer de tuer le gibier de ses voisins. Je me suis fait descendre à la frontière; j'ai pris une tasse de chocolat et mis mon portemanteau à l'auberge; puis, prenant par la route des montagnes, je suis revenu à la résidence sans rencontrer personne. Oh! doucement, madame Quintilia, vous n'avez pas encore de Sibérie à votre service. Mais écoute, Julien; je sais à quoi m'en tenir sur ton compte. Tu m'as trahi sans le vouloir et sans le savoir; tu t'es trahi toi-même; tu as été confiant comme de coutume; et il faut bien que je te pardonne de m'avoir rendu victime de ta niaiserie, car je présume que tu le seras à ton tour avant peu. Apparemment qu'on a encore besoin de toi, puisqu'on ne nous a pas renvoyés ensemble.

— Que veux-tu dire? demanda Saint-Julien.

— Écoute, écoute, répliqua le page; j'ai entendu ta conversation avec cet étudiant, que le diable emporte et dont je ne sais pas le nom.

— Il s'appelle Spark, et c'est le meilleur des hommes.

— Tant mieux pour la Quintilia; il est son amant, et il paraît qu'il nous recommande au prône. Pauvre homme! nous pourrons le récompenser de sa peine quelque jour. Le règne d'un homme n'est pas ici de longue durée; il y a du temps et de l'espoir pour tout le monde.

— Galeotto, je crois que vous êtes fou, dit Julien; vous croyez que Spark est l'amant de la princesse. Il ne la connaît pas; il arrive de Munich. Il l'a vue passer l'autre jour pour la première fois; il n'a jamais mis le pied au palais...

— Belles raisons! demandez à M. de Dortan comment on fait connaissance avec les dames. Votre fumeur allemand a la taille assez bien prise, et son fade visage blond vaut bien les favoris teints de Lucioli. Il a vu passer la princesse l'autre jour.

— Quand cela, l'autre jour? Est-ce hier?

— C'est bien tout ce qu'il faut, je crois. S'il l'a vue passer, c'est qu'il passait aussi apparemment, ou bien il était assis la toque sur l'oreille et la pipe à la bouche. Madame Quintilia ne fume-t-elle pas comme une Géorgienne? Cette pipe l'aura charmée. Elle lui aura fait un signe, ou Ginetta aura porté un petit billet.

— Galeotto, la tête vous tourne; le soupçon devient votre monomanie; si vous continuez ainsi, vous prendrez votre ombre pour un voleur.

— Seigneur Candide, dit le page, savez-vous lire et connaissez-vous l'écriture de la princesse?

— Eh bien! eh bien! qu'as-tu? dit Julien tout tremblant.

— Approchons de cette lanterne, dit Galeotto, et lisez ce billet que M. Sparco ou Sparchi, je ne sais comment vous l'appelez, a laissé misérablement tomber de sa poche tout à l'heure, tout en se donnant avec vous les airs d'un profond scélérat.

Saint-Julien reconnut sur-le-champ l'écriture de Quintilia, et lut avec stupeur ce peu de mots:

« Puisque je ne puis voir Rosenhaïm au pavillon cette
» nuit, j'irai te trouver, cher Spark; laisse ouverte la
» porte de ta maison qui donne sur la rivière. »

— Tu vois, dit Galeotto, que M. Sparchi est un bon diable, très-accommodant, point jaloux et vraiment philosophe. Nous autres, nous aurions peut-être le sot orgueil de vouloir au moins être rois absolus pendant trois jours. Peu lui importe, à ce bon Allemand, qu'une belle princesse vienne le trouver la nuit. Il ôtera sa pipe de sa bouche pour dire : — Eh! eh! Mais que le pavillon et M. de Rosenhaïm aient la préférence et remettent son bonheur au lendemain, il reprendra sa pipe en disant : — Ah! ah! Eh bien! Julien, qu'as-tu à faire cette mine de tortue en colère? Marchons.

— Où veux-tu que nous allions?

— Au bord de la rivière. Nous verrons passer la princesse incognita ; et nous aurons soin de baisser les yeux comme les sujets du prince Irénéus, lorsqu'ils le rencontraient vêtu de cette fameuse redingote verte qui, au dire de tout le monde, le rendait méconnaissable.

— Galeotto, dit Julien avec angoisse, je crois que tu es le diable.

Ils passèrent quelque temps à chercher, autour de la maison que Spark habitait, une cachette convenable. Cette maison appartenait à un menuisier qui avait consenti à la céder tout entière pour quelque temps. Spark y vivait donc seul et ignoré dans l'endroit le plus désert de la résidence. Ses fenêtres donnaient sur la Célina et sur des massifs de saules où les deux amis purent facilement se cacher. Un quart d'heure après minuit, le silence fut troublé par un léger bruit de sillage, et ils virent glisser devant eux une petite barque montée par deux hommes.

— Ce n'est pas cela, dit Julien.

— Silence, dit Galeotto. Il me semble que je reconnais le coup de rames. La Gina est fille d'un gondolier de Venise.

La barque vint aborder tout près d'eux, et un des deux hommes se pencha pour amarrer à un des saule s du rivage, tandis que l'autre, sautant légèrement sur la grève, lui dit à voix basse :

— Tu m'attendras ici.

— Oui, madame, répondit-il ; et tandis que le premier gagnait d'un bond la porte de la maisonnette, le prétendu batelier se roula dans son manteau et se coucha au fond de la barque.

— Gina, dit le page d'une voix flûtée en se penchant vers elle.

La Gina tressaillit, se leva et regarda autour d'elle avec inquiétude; mais le page s'était rejeté dans l'ombre et s'y tenait immobile. Elle crut s'être trompée et se recoucha dans la barque. Galeotto prit le bras de Julien, et l'emmena sans bruit à distance de la rivière.

— Maintenant diras-tu que je suis le diable et que je fais passer des fantômes devant tes yeux? lui dit-il.

— Galeotto, répondit Julien, vous me faites faire de tristes rêves; mais si quelqu'un ici joue le rôle de Satan, c'est cette femme impure qui a sur les lèvres de si chastes paroles au service de son impudente fausseté. Mais dites-moi donc pourquoi elle est ainsi avec nous? Que ne nous traite-t-elle comme Dortan, comme Spark et comme Rosenhaïm? Pourquoi ne recevons-nous pas le matin un rendez-vous pour le soir sans autre cérémonie? A quoi bon la peine qu'elle prend pour nous inspirer du respect et de la crainte?

— Vous ne le savez pas? dit Galeotto en riant. C'est que nous vivons auprès d'elle, et qu'elle a besoin de serviteurs qui la craignent et de dupes qui l'admirent. Et puis les femmes blasées deviennent romanesques, c'est-à-dire dépravées de cœur et de tête. Elles mettent fort bien à part le plaisir et à part le sentiment. La confiance niaise d'un enfant comme vous les amuse et flatte leur vanité. C'est une occupation de la matinée, en attendant l'amant du soir, qui est aimable à sa manière sans faire tort à la vôtre. De quoi vous inquiétez-vous? vous avez le beau rôle.

— Par l'éternelle damnation de l'enfer! s'écria Julien, c'est un rôle abject et stupide.

Galeotto éclata de rire. — Bonsoir, lui dit-il. Je vais demander asile à une *demoiselle* de ma connaissance; toi, retourne au palais et prépare un sonnet pastoral pour le présenter demain dans un bouquet sur l'assiette de Son Altesse.

Saint-Julien, au lieu de se retirer, alla se cacher sous les saules jusqu'au moment où Quintilia sortit de la maisonnette. Spark lui donnait le bras. Il l'accompagna jusqu'au bord de la barque, et s'arrêtant sous les saules, à trois pas de Saint-Julien, il l'embrassa. Ce baiser fit involontairement tressaillir Saint-Julien, et le cœur lui battit violemment.

Gina se réveilla en sursaut lorsque sa maîtresse sauta dans la barque.

— Rentrez vite, dit Quintilia au jeune Allemand.

Il obéit; mais il resta à sa fenêtre jusqu'à ce que la barque se fût perdue dans la brume. Saint-Julien, caché sous les saules, la suivait aussi des yeux. La princesse avait ôté son chapeau, le vent agitait ses cheveux; elle était debout et belle comme un ange sous son costume d'homme.

XVIII.

Pendant le reste de la nuit, Saint-Julien fut en proie à des angoisses plus vives que toutes celles qu'il avait déjà éprouvées. Décidément il méprisait Quintilia ; car la découverte de cette dernière turpitude confirmait toutes les autres. Pour mentir ainsi, il fallait avoir l'assurance que donne une longue carrière de vices. — Mais, se disait Saint-Julien, pourquoi prendre tant de soin avec moi et si peu avec les autres? Pourquoi ne s'est-elle pas confiée à moi comme elle se confie à Spark? Elle ne le connaît pas, et elle se jette dans ses bras aujourd'hui sans avoir le moindre souci du mépris qu'il aura pour elle demain matin. Assez orgueilleuse pour repousser les insolentes prétentions de Gurck et de Steinach, elle se livre le même soir à un pauvre étudiant dont elle sait à peine le nom. Pourquoi ne s'est-elle pas montrée à moi telle qu'elle est? Je l'aurais aimée peut-être, et du moins l'affection que j'aurais eue pour elle ne m'aurait pas rendu malheureux. Franche, hardie et galante, je l'aurais aimée comme un homme. J'aurais été discret comme la Ginetta, s'il l'avait fallu ; et du moins, lorsque j'aurais causé avec elle, je n'aurais pas été sur un continuel qui-vive. Je n'aurais pas joué un rôle ridicule ; je ne me serais pas laissé subjuguer par de fausses vertus. Une telle femme ne m'eût pas inspiré d'amour ; mais, du moment qu'elle m'aurait loyalement avoué ses faiblesses, je ne me serais pas cru en droit de la mépriser. Par combien de hautes facultés et de qualités nobles ne pouvait-elle pas racheter un vice ! J'aurais été tolérant ; l'amitié peut l'être. Croyait-elle ne pouvoir faire de moi son ami sans monter sur un piédestal et sans diviniser en elle la boue humaine ? Elle n'est pas si craintive, elle qui fait gloire de pardonner à ceux que les hommes condamnent. Croyait-elle pouvoir se farder de tant de perfections sans me forcer à l'aimer passionnément? Oh ! elle n'est pas si ingénue ; elle sait ce qu'elle veut et ce qu'elle peut. Mais que voulait-elle de moi? Elle m'a pris par caprice comme elle avait pris Dortan, comme elle prend Spark, et pourtant elle n'a pas fait de moi son amant. Elle m'a traité comme un personnage politique dont l'estime lui serait utile, et elle a mis en œuvre toute l'habileté d'une fille de Satan pour me fermer les yeux à l'évidence. Oh ! la savante comédie que de me jeter une clef qui ouvrait sans doute un coffre vide, et de me dire tout ce qui devait empêcher un homme d'honneur de la ramasser ! Elle a pleuré vraiment! et moi aussi. O dérision ! Est-ce ainsi, mon Dieu, qu'on se joue de ceux qui croient en votre nom !

Mais enfin pourquoi ces raffinements d'hypocrisie avec moi? Elle laisse croire aux autres tout ce que bon leur semble ; elle ne s'est jamais expliquée avec Galeotto, et c'est pour moi seul qu'elle s'impose un rôle si magnifique.

Julien rentra au palais et se retourna cent fois dans son lit, cherchant toujours une réponse à cette question. Il n'en trouva pas d'autre que celle que Galeotto lui avait faite : c'est que Quintilia, en femme raffinée, voulait essayer de tout, même de ce dont elle n'était pas capable ; c'est qu'elle voulait satisfaire sa vanité ou sa curiosité en inspirant un véritable amour, en contemplant du sein de la débauche le spectacle, nouveau pour elle, des souffrances timides d'un cœur pur. Ce n'était qu'un essai à faire, une scène ou deux à bien jouer, un amusement à se donner gratis ; c'était une partie engagée avec un partenaire qui mettait tout son avoir, et qui devait perdre ou gagner sans qu'elle risquât rien au jeu.

Cette idée transporta Julien de colère ; il ne put dormir et alla courir les bois toute la journée. Il aperçut Spark dans un sentier et s'éloigna précipitamment. Il ne savait plus que penser de son ami. Tantôt il le regardait comme un intrigant spirituel, capable de parler des jours entiers sur la vertu, mais capable aussi de frayer gaiement avec le vice ; tantôt il le regardait comme un intrigant plus fourbe que Quintilia elle-même et faisant pour elle le métier d'espion.

Il rentra le soir, harassé de fatigue, et monta à sa chambre, incertain s'il se couchera't ou s'il se ferait servir à souper. Il trouva sa porte fermée en dedans au verrou, et une espèce de voix de bal masqué lui glissa *qui est là ?* au travers de la serrure.

— Parbleu ! qui est là, vous-même ? répondit-il ; je suis moi, et je veux rentrer chez moi.

Aussitôt la porte s'ouvrit, et il recula de surprise en voyant Galeotto. — Silence ! pas d'exclamations, dit le page ; j'ai trouvé plaisant de me cacher dans le palais même et de choisir ta chambre pour mon asile. Je me suis glissé, avec la nuit, par les jardins, et j'ai pris le petit escalier. Me voici installé, personne ne s'en doute ; mais que Dieu te maudisse pour m'avoir fait attendre ainsi ton retour ! Je n'ai pas soupé, je meurs de faim. Ah çà ! toi qui peux circuler dans les corridors, va me chercher bien vite quelque perdrix froide aux citrons, avec deux ou trois bouteilles du meilleur vin qui te tombera sous la main ; et si dans ton chemin tu vois passer quelque gelée aux roses ou quelque pastèque confite d'Alexandrie, ne néglige pas de t'approprier ces douceurs. Un page italien ne se nourrit pas comme un groom anglais ; et depuis que j'ai changé de régime, je me sens tout spleenétique.

Saint-Julien ne fut pas fâché de retrouver son malicieux compagnon ; l'ironie était la seule distraction dont il se sentît capable en cet instant. Il se glissa dans les offices, et revint avec un faisan, deux bouteilles de vin de Chypre et un gâteau de pistaches.

Ils fermèrent les fenêtres, baissèrent les rideaux et poussèrent tous les verrous, après quoi ils se mirent à souper. Les railleuses folies de Galeotto et la chaleur du vin fouettèrent peu à peu les esprits de Julien, et, au lieu de s'endormir sur sa chaise, comme d'abord il en avait menacé son compagnon, il tomba dans un état d'exaltation moitié fébrile et moitié bachique qui divertit singulièrement le malin page. Après une heure de babil il se calma tout à coup, et devint si sombre que Galeotto, n'en pouvant plus tirer une parole, prit le parti de se jeter sur le lit et de s'assoupir.

Saint-Julien ressentait d'assez vives douleurs à la tête et à la poitrine ; mais il était tout à fait dégrisé, il ne lui restait qu'une exaltation nerveuse qui le disposait à la colère.

— Non, se disait-il en marchant lentement dans sa chambre, à la lueur rouge d'une lampe prête à s'éteindre, non, il n'en sera pas ainsi. Je n'aurai pas été pris pour jouet et pour passe-temps ; on ne m'aura pas mis dans une collection pour me regarder à la loupe comme un des insectes de M. Cantharide ; je ne m'en irai pas sottement promener au loin la blessure que m'a faite une flèche empoisonnée, tandis qu'on fera la description de mon cerveau lunatique et la dissection de mes phrases de roman entre une séance de métaphysique et une joyeuse prouesse de nuit. Je ne laisserai pas incruster l'épisode du Secrétaire intime dans les annales galantes de la cour ou dans les mémoires secrets de la princesse. Si M. Spark ou quelque autre rédige le chapitre, je veux lui fournir un dénouement digne de l'exposition. Voyons! voyons! Galeotto, ne dors pas comme une huître, et dis-moi la première parole qu'on adresse à une princesse quand on sort de dessous son lit.

— Ah! c'est selon, dit Galeotto en bâillant; on se jette à genoux et on demande pardon d'une voix étouffée; ou bien, et c'est le mieux, on ne dit rien, et on demande pardon plus tard.

— Si elle crie, que fait-on?

— Fi donc! est-ce qu'une femme crie?

— Mais si elle se met en colère?

— Est-ce qu'on est un sot?

— On n'en est pas dupe, bien. Mais si la crainte d'être surprise et l'inopportunité du moment lui donnaient de la vertu...

— Quand on a entrepris de pareilles choses, on n'hésite pas, quels que soient les premiers obstacles. Être insolent à demi, c'est faire la plus sotte figure possible; il vaudrait cent fois mieux ne l'être pas du tout. En toutes choses, pour réussir il faut oser; et quand on est audacieux on a quatre-vingt-dix-neuf chances pour soi, tandis que la vertu des femmes n'en a qu'une.

— Soit... Bonsoir, Galeotto. Dans une heure j'aurai disparu comme Max le bâtard, ou je serai vengé comme il convient à un homme.

— Par le diable ! es-tu devenu fou, Julien ? Où vas-tu ? qu'as-tu dans la cervelle ?

— De quoi parlons-nous depuis deux heures ?

— Ma foi ! je n'en sais rien. Nous parlons sans rien dire, en conséquence de quoi tu vas te faire assassiner.

— Il me faut ce danger pour me donner du cœur. Si ce n'était pas un acte de témérité, ce serait une lâcheté insigne. Je n'aurais jamais le courage d'embrasser cette femme si je n'y risquais pas un coup de poignard.

— Et si tu n'avais pas bu une dose exorbitante de vin de Chypre. Est-ce que ces entreprises-là te conviennent ? Allons donc, tu es fou, Julien. Regarde-moi en face, ne me vois-tu pas double ?

Julien s'arrêta et le regarda en face.

— Ma foi ! tu me fais peur, dit le page ; tu as l'air d'un spectre très-sournois. Mais songe que si tu n'es gris qu'à demi... il y a encore du vin, achève la bouteille.

— Je ne suis pas gris du tout, dit Julien ; je suis offensé. Je veux me venger, voilà tout.

— Eh bien ! s'écria Galeotto, tu as raison. Par la barbe que j'aurai peut-être un jour, c'est une idée que tu as là ! Si j'étais dans la même position que toi, je l'aurais déjà risqué. Pour moi qui veux réussir pour mon compte, c'est bien différent. Mais tu es trop vertueux, toi, pour y chercher autre chose qu'une sainte vengeance. Va, mon fils, et que Dieu te protége. Mais prends mon stylet et laisse-moi aller avec toi jusqu'à la porte.

— Non, dit Julien, il ne faut pas qu'on te voie ; et quant à ce poignard, si je l'avais, je serais trop tenté d'assassiner la femme au lieu de l'embrasser.

— Un instant, un instant ! pour Dieu, un instant !

dit Galeotto, c'est une idée plaisante ; mais ne te dépêche pas comme si c'était une idée raisonnable.

— Était-ce une idée raisonnable que de jeter l'argent au nez du trésorier et de partir les mains vides? Je puis bien risquer ma vie pour sauver mon honneur, quand vous sacrifiez votre fortune pour satisfaire votre vanité. Allons, c'est assez.

— Mais, Saint-Julien, songez un peu à ce que vous allez dire d'abord. Ne soyez pas impertinent pour commencer. Flattez, pleurez, et puis tombez dans le délire; sanglotez, menacez, demandez pardon, et que des paroles humbles et suppliantes fassent passer les actions les plus hardies. Entendez-vous, Saint-Julien? c'est le rôle que vous devez jouer. Si vous preniez un air de matamore, cela ne vous irait pas du tout, et elle verrait que vous vous moquez. Laissez-lui croire jusqu'à la fin que c'est elle qui se moque de vous; et quand elle vous aura pris en pitié, quand elle croira que vous êtes transporté de joie et de reconnaissance, alors dites tout ce que vous voudrez. La colère parle toujours bien, mais elle écrit encore mieux. Écrivez, Julien, et sauvez-vous.

— Oui, demain, répondit Saint-Julien.

— Et ce soir priez et sanglotez.

— Laissez-moi faire, je n'aurai qu'à me rappeler ce que j'ai été, et je dirai mon amour passé comme on récite un rôle; adieu.

Il prit la lumière, et, sans faire attention à Galeotto, qui continuait à lui donner ses instructions, il sortit et le laissa dans l'obscurité.

A peine le page fut-il seul, qu'il se demanda si Julien ne faisait pas la plus grande sottise du monde. Il l'avait un peu poussé pour voir comment l'événement justifierait ses idées générales sur les femmes, qu'il jugeait depuis long-temps et ne connaissait pas encore, et pour savoir quelle dose de fierté et d'effronterie possédait Quintilia. Il s'était promis de profiter également des succès ou des fautes de Saint-Julien, et il n'était pas fâché de le voir se mettre en avant et accaparer tous les dangers de l'entreprise.

Néanmoins la peur le prit en songeant qu'au cas où Saint-Julien ferait une maladresse, il serait perdu par contre-coup, si on le trouvait dans sa chambre. Il pouvait passer pour son complice; et quoique Galeotto eût souvent traité l'histoire de Max de conte de bonne femme, il y croyait fermement. Il n'était pas très-brave, et sa délicate constitution excusait assez cette faiblesse d'esprit. Il songea donc à se mettre au large pour commencer et à s'enfuir par le petit escalier; mais, à sa grande surprise, il le trouva fermé en dehors, et tous ses efforts pour ébranler la porte furent inutiles; alors il se décida à traverser l'intérieur du palais, au risque d'être rencontré et reconnu dans les corridors. Il n'y avait probablement pas d'ordre donné contre lui, et, dès qu'il aurait gagné les jardins, il était bien sûr de s'échapper; mais une secrète terreur le pénétra lorsqu'il vit que Saint-Julien, dans sa distraction, avait fermé la porte en dehors en retirant la clef. Il fallut se résigner à l'attendre, et il se rassura un peu en se disant que Saint-Julien était capable de revenir amoureux après s'être prosterné devant la princesse. — Au fait, se dit-il, j'aurais une bien pauvre idée de Quintilia si elle ne réussissait à jouer encore une fois un fou qui a la bonté de la prendre au sérieux.

XIX.

Saint-Julien se glissa par des passages dérobés jusqu'au cabinet de toilette de la princesse. Il l'ouvrit sans bruit, traversa dans l'obscurité la chambre à coucher, et s'approcha avec précaution de son cabinet de travail, d'où il voyait s'échapper par la porte entr'ouverte un pâle rayon de lumière. En appliquant son visage à cette fente, il put voir et entendre ce qui se passait dans le cabinet.

Quintilia était couchée dans un hamac de soie des Indes. Elle était vêtue d'une robe ample et légère, et ses cheveux dénoués tombaient sur ses épaules nues. La Ginetta, assise sur un pliant, balançait mollement le hamac, dont elle tenait les tresses d'argent dans sa main. Une lampe d'albâtre suspendue au plafond répandait une lueur voluptueuse, et des parfums exquis s'exhalaient d'un réchaud de vermeil allumé au milieu de la chambre.

— Je suis horriblement lasse, dit la princesse ; parle-moi, Ginetta, empêche-moi de m'endormir.

— Vous menez une vie trop rude, répondit la soubrette. Tout le jour aux affaires et toute la nuit aux amours. A peine dormez-vous quatre heures le matin. Certes, ce n'est pas assez.

— Tu parles pour toi, ma pauvre enfant, et tu as raison. Je te fais courir toute la nuit, et tu dois souvent me maudire. Mais ne peux-tu dormir le jour, toi qui n'as rien à gouverner ?

— Ah ! madame, qui est-ce qui n'a pas ses soucis ?

— Est-ce que tu as des soucis, toi? Voilà déjà que tu es consolée de la perte de Galeotto.

Comment ne le serais-je pas? un monstre qui nous calomnie toutes deux!

— Ginetta, Ginetta! vous êtes une volage, et vous avez raison si cela vous sauve des chagrins. Je ne me mêle pas de vos sentiments; je ne sais si vous êtes blâmable, mais je ne veux voir en vous que ce qu'il y a de bon; votre discrétion à toute épreuve, votre dévouement.

— Et ma reconnaissance, dit la Ginetta; car je vous en dois une bien grande.

— Et pourquoi, mon enfant?

— Parce que vous avez été bonne envers moi, et c'est tout ce que je sais de vous. Je ne m'occupe pas du reste; et quand je ne comprends pas, je ne cherche pas à comprendre. Ah! madame, voilà que vous vous endormez!

— Vraiment, je ne puis m'en empêcher. Écoute, Ginetta, quelle est l'heure qui sonne?

— Minuit.

— Eh bien! puisque nous ne partons qu'à une heure, j'aime mieux dormir ce peu de temps et me réveiller après, quoi qu'il m'en coûte, que de lutter ainsi contre la fatigue. Laisse-moi donc m'assoupir, et réveille-moi quand il le faudra.

— En ce cas je vais m'occuper dans ma chambre; car si je reste ici dans ce demi-jour, je vais m'endormir aussi.

— Va, mon enfant, et sois toujours bonne et fidèle.

Saint-Julien entendit Ginetta sortir par la porte opposée et la refermer sur elle. Il attendit trois minutes, et quand il se fut assuré que la princesse commençait à s'endormir, il entra sur la pointe du pied et s'approcha d'elle.

Maintenant qu'il ne l'aimait plus et qu'il la regardait comme une courtisane, il était plus effrayé qu'enivré des voluptés qui semblaient nager autour d'elle ; et en même temps qu'un trouble pénible oppressait sa poitrine, un sentiment de curiosité avide l'excitait à l'insolence. Il pouvait compter les pulsations de son cœur et respirer son haleine embrasée. En se laissant aller à ses impressions naturelles, il sentait un mélange de désir et de crainte ; mais lorsqu'il se rappelait l'amour insensé qu'il avait eu pour cette femme, il ne sentait plus que le besoin de la vengeance. Cependant, tout en contemplant cette figure noble, embellie par le calme du sommeil, il se prit malgré lui à douter de l'infamie dont il la croyait marquée au front. Ce front était si pur, si uni sous ses longs cheveux noirs ; cette attitude accablée marquait tant d'oubli du moment présent, tant d'insouciance de ce qui se passait dans l'âme de Julien, qu'il fut comme frappé d'un respect involontaire. Il la regardait attentivement, cherchant à surprendre, dans le secret de ses rêves, dans l'agitation de son sein, la révélation immédiate d'un caractère avili et d'une habitude de dépravation. Une syllabe furtive échappée de ses lèvres, un soupir lascif eussent suffi pour lui donner l'insolence qui lui manquait ; mais un sommeil tranquille ressemble tellement à l'innocence que Saint-Julien fut un instant sur le point de se retirer sans bruit et de renoncer à son entreprise.

Cependant le souvenir de Galeotto, qui l'attendait et qui se moquerait de lui, le fit rougir de sa timidité ; et, songeant que les moments étaient précieux, il résolut de déposer un baiser sur les lèvres de Quintilia ; mais en vain il se pencha vers elle, il ne put s'y décider, et il se contenta de baiser sa main.

— Qu'est-ce donc? lui dit-elle en s'éveillant sans trop de surprise et sans la moindre frayeur.

— C'est celui qui vous aime et qui se meurt pour vous, lui répondit-il.

— Julien! dit-elle en se soulevant sur un bras; comment cela se fait-il? quelle heure est-il? où sommes-nous? qui a pris ma main? que veux-tu et que dis-tu?

— Je dis qu'il faut que vous ayez pitié de moi ou que je meure, dit Julien en se jetant à ses pieds et en essayant de reprendre sa main; mais elle la lui tendit d'elle-même, et lui dit avec douceur:

— Eh! mon Dieu! que t'est-il arrivé, mon pauvre enfant? d'où vient que tu es entré ici? quel malheur te menace? que puis-je faire pour toi?

— Ne le savez-vous pas?

— Non, je ne sais rien; je dormais. Que se passe-t-il? que t'a-t-on fait?

Ah! s'écria Julien dominé par l'indignation, vous êtes fort habile, en vérité; vous feignez de ne pas savoir les choses les plus simples, et pourtant...

— Et pourtant quoi? dit Quintilia stupéfaite en se mettant sur son séant.

Alors, s'apercevant qu'elle avait les épaules nues, elle n'en témoigna pas un grand trouble et lui dit : — Mon cher enfant, je te prie de me donner un châle, et puis tu m'expliqueras ce qui t'afflige et te trouble si fort.

Saint-Julien pensa qu'elle ne lui demandait son châle que pour qu'il songeât à admirer ses épaules. Il l'entoura de ses bras en s'écriant : — Restez ainsi, restez ainsi, écoutez-moi!

— Julien! vous êtes égaré, lui dit-elle en le repoussant avec douceur ; il est impossible que vous n'ayez pas quelque chose d'extraordinaire : dites-moi donc vite ce que c'est ; car vous m'effrayez, et je ne vous reconnais plus.

— Bon, pensa Julien, elle fait semblant d'oublier son châle ; elle fait semblant de ne pas me comprendre pour que je m'enhardisse davantage. Elle veut avoir l'air de se laisser surprendre ; le moment est venu, et elle m'aide merveilleusement.

— O Quintilia! s'écria-t-il, ne sais-tu pas que je t'adore et que je perds la raison en voulant essayer de me vaincre ? Ne sais-tu pas que cela est au-dessus des forces humaines, et qu'il faut te fléchir ou mourir ?

En même temps qu'il la serrait dans ses bras, il sentit s'allumer en lui les feux du désir, et, oubliant sa haine et son ressentiment, il n'eut plus besoin de feindre. Il la conjura avec ardeur ; il déroba sur ses bras nus des baisers brûlants, et comme elle le repoussait sans colère et cherchait à le ramener à la raison par des paroles affectueuses et compatissantes, il crut qu'il pouvait s'enhardir, et il employa la force pour baiser ses cheveux flottants sur son cou. Mais il n'avait pas prévu ce qui arriva.

La princesse se leva tout à coup, et, l'éloignant d'un bras vigoureux, lui dit d'un ton où l'étonnement dominait encore la colère : — Est-ce que votre respect et votre amitié étaient un jeu ? aviez-vous donc résolu d'agir ainsi ?

— J'ai résolu de vous vaincre, dussé-je expier mon crime par mille morts, répondit Julien avec exaspération ; et, se flattant de bien suivre le conseil de Galeotto en redoublant de hardiesse, il l'entoura de nouveau de ses bras.

Mais la Quintilia était aussi grande et aussi forte que lui : c'était une femme d'une vigueur peu commune et d'un caractère ferme et violent quand on la poussait à bout. Elle le saisit à la gorge et la lui serra d'une main si virile qu'il tomba pâle et suffoqué à ses pieds. Alors elle s'élança sur lui, lui mit un genou sur la poitrine, et, avant qu'il eût eu le temps de se reconnaître, elle fit briller au-dessus de son visage la lame du poignard qui ne la quittait jamais. Saint-Julien pensa à Max et fit un effort pour se dégager. Elle lui posa la pointe du poignard sur les artères du cou en lui disant : — Si tu fais un mouvement, tu es mort. Et de l'autre main elle agita précipitamment la sonnette dont la torsade dorée pendait du milieu du plafond jusque sur le hamac. Saint-Julien essaya encore de se dégager ; il sentit l'acier entrer légèrement dans sa chair, et quelques gouttes chaudes de son sang humecter sa poitrine. — Chien que vous êtes! lui dit Quintilia avec l'accent de la colère et du mépris, prenez soin de votre vie ; épargnez-moi le dégoût de vous tuer moi-même.

Des pas précipités se firent entendre. La sonnette que la princesse avait ébranlée appelait ordinairement dans la chambre de Ginetta ; mais, quand elle était secouée avec force, elle donnait l'alarme aux valets couchés dans une autre pièce. En entendant venir ces témoins de sa honteuse défaite, et peut-être ces vengeurs de la princesse outragée, Saint-Julien fit un dernier effort et se dégagea ; il en fut quitte pour une coupure peu profonde, et, gagnant la porte par laquelle il était entré, il s'enfuit à toutes jambes.

XX.

Mais ce qu'il ne savait pas, c'est que la princesse, informée par un de ses gens de la présence de Galeotto dans le palais, en avait fait fermer toutes les portes et garder toutes les issues. Elle n'avait pas voulu faire procéder à une recherche qui eût jeté l'alarme; mais elle avait recommandé qu'on s'emparât du rebelle à la moindre tentative qu'il ferait pour sortir de sa retraite.

Saint-Julien, voyant donc à toutes les portes des hallebardes croisées et des figures menaçantes, prit le parti d'aller se renfermer dans sa chambre et d'y attendre son sort. En le voyant entrer pâle, effaré et la poitrine tachée de sang, Galeotto, épouvanté, s'écria comme en délire : — Monaldeschi! Monaldeschi!

Il s'attendait à le voir tomber mort au bout d'un instant; mais Saint-Julien, ayant essuyé sa poitrine et repris ses forces, lui raconta d'une voix entrecoupée ce qui venait de se passer. Cette fois Galeotto ne trouva pas à rire. Toutes ces précautions pour garder les portes et cette fureur de Quintilia contre Julien ne lui faisaient rien présager de bon pour lui-même.

— Mon avis, lui dit-il, est que nous mettions tout en œuvre pour nous sauver d'ici. Sautons par la fenêtre; mieux vaut nous casser les deux jambes que d'être inhumés dans des cercueils d'or comme Max.

Saint-Julien ouvrit la fenêtre et vit quatre hommes armés de fusils au bas du mur.

— Il n'y faut pas songer, dit-il; toute fuite, toute

résistance est inutile. Attendons, peut-être que cet orage se calmera. Je n'entends plus aucun bruit.

— Quintilia se met rarement en fureur, dit le page ; mais l'Italienne est vindicative plus que vous ne pensez. Que le diable vous emporte ! Vous me mettez dans une belle position ! Voici que je vais passer pour votre complice, et que l'on m'égorgera incognito avec vous dans quelque cave du palais. Tout cela est votre faute. Vous avez voulu faire le vainqueur, et vous vous serez comporté comme un sot.

— Vous êtes un sot vous-même, répondit Julien. Pourquoi êtes-vous venu vous cacher dans ma chambre ? Ce n'est pas moi qui vous y ai engagé.

Leur querelle fût devenue plus vive si un bruit de pas ne se fût fait entendre. Les deux pauvres jeunes gens se regardèrent avec consternation. Galeotto, pâle et à demi évanoui, se laissa tomber sur le lit. Saint-Julien, plus courageux, attendit les assassins de pied ferme. Ils entrèrent et prièrent poliment les deux victimes de se laisser bander les yeux et attacher les mains. Saint-Julien voulut se révolter contre ce traitement humiliant ; mais le chef des hommes armés qui remplissaient la chambre lui dit avec douceur :

— Monsieur, si vous faites la moindre résistance j'emploierai la force, ce qui vous rendra le traitement plus désagréable encore.

Il n'y avait rien à répondre à cet argument ; Saint-Julien se soumit. Quant à Galeotto, le pauvre enfant était tellement glacé de peur qu'il fallut presque l'emporter.

Lorsqu'on délia leurs mains et qu'on ôta leurs bandeaux, ils se virent dans un cachot étroit, et on les laissa dans les ténèbres.

— Malédiction ! dit le page, voici notre dernier jour!

— Plaise au ciel que vous disiez vrai, répondit Julien, et qu'on ne nous laisse pas mourir lentement de langueur et de froid !

Ils s'assirent tous deux sur la paille, et, trop consternés pour se communiquer leur terreur, ils restèrent dans un morne silence. La jeunesse du page vint pourtant à son secours. Au bout de deux heures, Saint-Julien l'entendit ronfler ; pour lui ses agitations cruelles ne lui permirent pas de goûter le moindre repos.

Lorsque Galeotto s'éveilla et qu'il vit, au faible jour qui éclairait le cachot, Saint-Julien triste, mais en apparence calme, à ses côtés, il retrouva sa fierté, et, craignant de s'être montré pusillanime, il affecta une insouciance qu'il était loin d'avoir. Son esprit facétieux vint à son secours, et il exhorta son compagnon à braver gaiement l'adversité. Saint-Julien sourit en songeant à la grande vaillance de Panurge après la tempête. Néanmoins, comme le danger pouvait bien n'être pas passé, et que, dans tous les cas, il avait entraîné le pauvre page dans une aventure peu agréable, Saint-Julien eut assez d'égards pour lui et feignit de croire à son courage. Ils passèrent une assez maussade journée et prirent le plus maigre des repas. La résolution de Galeotto faillit s'évanouir en cette circonstance ; mais le sang-froid de Julien le piqua d'honneur ; et, chacun jouant de son mieux un rôle héroïque vis-à-vis de l'autre, ils arrivèrent bravement jusqu'à la nuit. Alors Julien, accablé de fatigue, s'étendit sur la paille et s'endormit. Mais, au bout de quelques heures, ils furent éveillés par le bruit des verrous et des clefs tournant dans la serrure ; la lueur sinistre d'une torche pénétra dans le cachot, et lui montra la sombre figure du geôlier conduisant quatre hommes masqués. A cette vue, Galeotto jeta un cri d'épouvante, et Julien jugea que sa dernière heure était sonnée. Alors, s'armant de toute la fermeté d'âme dont il était capable, il s'avança gravement au-devant de ses bourreaux et leur dit :

— Je sais ce que vous voulez faire de moi. Ne me faites pas languir.

Mais on ne lui répondit pas un mot, et on lui attacha les mains comme la veille. Au moment où on lui remettait un bandeau sur les yeux, il demanda si on allait le séparer de son compagnon d'infortune.

— Vous pouvez lui faire vos adieux, répondit une voix creuse et lugubre qui partait de dessous un des masques.

Les deux jeunes gens s'embrassèrent. On emmena Julien en silence, et Galeotto navré resta seul dans la prison.

Saint-Julien, après avoir marché long-temps, s'aperçut qu'on lui faisait descendre un escalier, et tout à coup il se trouva les mains libres. Son premier mouvement fut d'arracher son bandeau ; il se vit seul dans un caveau de marbre magnifiquement sculpté selon le goût sarrazin. Quatre lampes de bronze fumaient aux angles d'un tombeau de marbre noir sur lequel une figure d'albâtre était couchée dans l'attitude du sommeil. Saint-Julien resta frappé de terreur en reconnaissant le caveau et le monument dont Galeotto lui avait parlé, et lisant sur la face principale du cénotaphe les trois lettres d'argent qui formaient le nom de Max.

— Dieu juste ! s'écria-t-il en s'agenouillant sur le tapis de velours noir qui revêtait les marches du mausolée, si vous laissez consommer de tels actes d'iniquité, donnez-nous au moins la force de franchir ce rude passage. A genoux sur le seuil d'une autre vie, je vous demande pardon des fautes que j'ai commises en celle-ci...

En parlant ainsi, il se pencha, et ses yeux s'étant attachés sur la figure d'albâtre, il fut frappé de la ressemblance qu'elle présentait. C'était la tête et le corps d'un jeune homme de quinze ans enveloppé dans une légère draperie semblable à un linceul. Mais dans le calme de cette charmante figure et dans tous les linéaments du visage Julien trouva une similitude extraordinaire avec les traits de Spark, quoique ceux-ci fussent virils et plus développés.

Un léger bruit le tira de sa rêverie. Il se retourna et vit une grande figure vêtue de noir et armée d'un instrument singulier ressemblant à une large et brillante épée; Julien fut frappé de terreur.

— Exécuteur de meurtres infâmes, s'écria-t-il, toi qui as versé sans doute le sang de celui qui repose ici, spectre de la vengeance! puisque je dois être ta victime...

— Mon cher monsieur de Saint-Julien, répondit le sombre personnage avec civilité, vous vous trompez absolument. Je ne suis ni un exécuteur de meurtres infâmes ni le spectre de la vengeance. Je suis un professeur d'histoire naturelle fort paisible et incapable d'aucun mauvais dessein.

En parlant ainsi, maître Cantharide, car c'était lui dans son docte habit de drap noir et dans ses véritables culottes de satin, souleva sa grande épée et la dirigea vers Julien.

— Je serais bien sot, pensa rapidement le jeune homme, de me laisser égorger par ce facétieux bourreau lorsque je suis seul avec lui et que je puis lui sauter à la gorge.

Il allait le faire en effet lorsque maître Cantharide, toujours plein de courtoisie, le pria de prendre une des extrémités de l'instrument et de l'aider à soulever le couvercle du sépulcre.

Cette nouvelle facétie parut si horrible à Saint-Julien qu'il recula en pâlissant, et regarda autour de lui, s'attendant à voir paraître ses meurtriers au premier signe de résistance.

— Ne soyez pas effrayé, lui dit le professeur, vous ne courez aucun danger, à moins que vous ne cherchiez à vous enfuir ou à me maltraiter, et je vous crois trop bien élevé pour cela. Veuillez m'aider, vous dis-je ; c'est la volonté de Son Altesse, notre très-gracieuse souveraine, Quintilia première, et je suppose que vous n'êtes pas accessible à des frayeurs d'enfant.

Saint-Julien, toujours plein de méfiance, mais résolu à montrer du cœur, aida maître Cantharide à soulever le couvercle du sarcophage. Le professeur enleva un grand crêpe noir, et pria Saint-Julien de prendre la boîte d'or en forme de cœur qui était dessous. Saint-Julien frissonna ; mais pensant qu'on voulait peut-être l'effrayer seulement par le spectacle du châtiment d'un autre, il prit la boîte et la présenta d'une main tremblante au professeur, qui l'ouvrit en pressant un ressort, et la lui rendit en disant : — Regardez ce qu'il y a dedans.

Un nuage passa sur les yeux du jeune homme, et pendant quelques secondes il lui sembla voir un objet hideux, sans forme et sans nom, au fond du terrible coffret. Enfin sa vue s'éclaircit, son cœur reprit le mouvement, et il ne vit dans le velours blanc dont la boîte était doublée qu'un paquet de lettres attachées par un ruban noir.

— Lisez ces papiers, monsieur, dit le professeur, c'est la volonté de Son Altesse. Je vais rester auprès de vous pour suppléer par mes explications aux lacunes qui vous en rendraient le sens difficile.

Saint-Julien, ne pouvant plus se soutenir, s'assit sur les marches du tombeau. Le professeur posa une des lampes à côté de lui et déplia le premier papier.

C'était un acte de mariage contracté légalement et religieusement, mais secrètement, entre la princesse Quintilia et le chevalier Max. Ce contrat avait plus de dix ans de date.

Le second papier était un billet ainsi conçu :

« J'ai eu le malheur de vous déplaire, et je l'ai mé-
» rité. L'orgueil a enflé mon cœur un instant, et vous
» m'avez rigoureusement puni. Cependant vous avez été
» trop sévère. C'était un doux et noble orgueil que le
» mien ; la joie d'être aimé de vous, l'espoir de possé-
» der bientôt la plus noble femme de l'univers, ont pu
» m'enivrer, et, dans un moment d'exaltation, me faire
» oublier la prudence. Vous m'avez pris pour un lâche
» courtisan, avide de monter sur un trône et de couvrir
» d'un titre de duc son titre de bâtard. Oh ! vous vous
» êtes trompée, Quintilia, j'en prends le ciel à témoin.
» Vous avez été cruelle, et pourtant je ne vous maudis
» pas ; je vais mourir loin de vous. Puissent ma conduite
» et ma fin vous prouver que je n'aimais en vous que
» vous-même. Puissiez-vous me plaindre, me pardon-
» ner, pleurer un peu sur moi, et trouver dans un au-
» tre cœur l'amour qui était dans le mien, et que vous
» avez méconnu !
  » MAX. »

— Ne connaissez-vous pas l'écriture de ce billet,

monsieur le comte? dit le professeur lorsque Saint-Julien eut fini.

— Je la connais en effet, répondit Julien. Si ce n'est point un rêve, c'est celle d'un homme qui habite la ville depuis peu, et qui s'appelle Spark.

— Je crois qu'il vous sera facile de vous en assurer en lisant les lettres suivantes. Mais auparavant il faut que je vous prie de remarquer la date de celle-ci. Elle correspond, vous le voyez, au lendemain du prétendu meurtre du chevalier Max, il y aura quinze ans dans deux mois. Vous savez, m'a-t-on dit, les motifs de l'altercation qui eut lieu dans la nuit entre la princesse et son jeune fiancé, après un souper où celui-ci s'était comporté assez légèrement. Max et Quintilia étaient alors deux enfants. La princesse avait seize ans, son amant en avait quinze. Leur querelle eut toute l'importance qu'à cet âge on donne aux petites choses. Son Altesse déclara au triste Max qu'elle ne serait jamais à lui, et dans un mouvement de colère lui ordonna de ne jamais reparaître devant elle. Il ne suivit que trop cet ordre précipité. Amoureux et fier, le noble jeune homme fut révolté d'avoir été soupçonné d'une basse ambition ; il partit mystérieusement dans la nuit, et alla vivre à Paris sous le nom de Rosenhaïm. Là, renonçant à toute pensée de fortune, à tout espoir d'avenir, à toute vanité humaine, il s'ensevelit pour ainsi dire, et ne donna, pendant cinq ans, aucun signe de son existence à qui que ce soit.

La princesse, après avoir pleuré son absence, reprit courage et gaieté ; car elle se flatta qu'il reviendrait. Résolue à lui pardonner, elle attendit qu'il fît les premières tentatives pour obtenir sa grâce. Au bout de quelque temps, n'entendant point parler de lui, elle crut qu'il s'était déjà consolé, et, quoique dévorée de chagrin, elle affecta de ne plus penser à lui, et souffrit les assiduités de ses nouveaux adorateurs ; mais, fidèle en dépit d'elle-même à l'unique amour de sa vie, elle ne put se résoudre à faire un nouveau choix. On a beaucoup douté de la conduite de Quintilia, monsieur; vous aurez des preuves irrécusables de tout ce que je vous dis...

— Eh quoi ! monsieur, dit Julien, est-ce donc une justification dont la princesse vous charge ? C'est me faire trop d'honneur et prendre trop de peine. Je suis résigné à tous les châtiments.

— Je ne suis pas chargé de discuter avec vous, répondit le maître. Il faut que vous ayez la bonté de m'écouter, puisque mon devoir est de parler. J'en appelle à votre politesse.

Ce ton froid et sec blessa profondément Julien. Il se tut, et écouta d'un air morne, qu'il affectait de rendre indifférent.

Le professeur reprit :

— Une année s'était écoulée ainsi ; la princesse, cédant à son inquiétude et à sa douleur, fit faire des recherches dans tous les pays et prendre secrètement des informations dans toutes les cours de l'Europe, sans qu'il fût possible de retrouver les traces de l'infortuné Max. Alors, convaincue qu'il s'était donné la mort et qu'elle avait blessé le cœur le plus noble et le plus sincère, une passion plus vive s'alluma dans le sien ; elle nourrit sa douleur avec toute l'exaltation de son âge, mais en secret et loin de tous les regards. Pour mieux s'y livrer, elle fit creuser ce caveau et sculpter ce tombeau, où elle venait pleurer chaque jour.

Trois autres années s'écoulèrent, et je vins me

fixer à Monteregale. La princesse cherchait dans les sciences une distraction à ses ennuis et un refuge contre les illusions de la vie auxquelles elle avait fait vœu de résister désormais. Elle se plut à mes entretiens et m'appela auprès d'elle jusqu'à ce que je fusse fixé dans son palais. Une affaire d'intérêt l'ayant conduite à Paris, elle me permit de l'y accompagner. Je n'avais jamais vu cette ville célèbre, et je désirais examiner les précieuses collections scientifiques qu'elle possède.

C'est en explorant les cabinets d'histoire naturelle et les bibliothèques que je fis par hasard la connaissance du prétendu Rosenhaïm. Je n'avais jamais vu ce jeune homme, et je fus frappé de sa beauté, de sa grâce, de son caractère noble et de ses manières affectueuses. L'amour de la science nous rapprocha bien vite. Je fus ébloui de ses connaissances et charmé de son aptitude. Mais en même temps je m'affligeai de voir toujours ses traits empreints d'une mélancolie profonde; et lorsque j'interrogeais ses pensées sur d'autres sujets que la science et la philosophie, j'étais effrayé du découragement dont cette âme si jeune et si pure était déjà flétrie. Je cherchai à obtenir confiance. Il me répondit qu'un amour malheureux l'avait pour jamais dégoûté de la société, que le seul lien qui l'attachait au monde était rompu, et que, renonçant à toute carrière d'ambition, il s'était fixé à Paris dans la condition la plus obscure, et ne trouvait plus de bonheur que dans la science et les arts qu'il cultivait avec enthousiasme.

Ce récit me toucha vivement, et je lui demandai la permission de le voir plus intimement. Il me conduisit dans sa mansarde ; elle était bien pauvre, mais charmante de propreté et toute brillante de fleurs et d'oiseaux. Comme j'examinais avec délices une aéride d'Afrique, il m'arriva de m'écrier :—Que vous êtes heureux de posséder une plante aussi rare ! j'en ai fait souvent la description à Son Altesse Quintilia, et jamais je n'ai pu me procurer... Mais je m'arrêtai, effrayé de l'impression que ce nom lui avait faite. Il devint pâle comme un camélia, et se laissa tomber sur une chaise. Ensuite il devint rouge comme une pivoine, et me fit les questions les plus empressées et les plus singulières. A toutes mes réponses il tombait dans une sorte de délire, et, quand il apprit que Son Altesse était à Paris, il s'élança vers la porte comme un fou ; puis il s'arrêta, et tomba évanoui sur le seuil.

Je m'empressai de le secourir, mais en revenant à lui il s'entoura de réserve et de défaites. Je ne pus jamais en tirer que des explications vagues et sans vraisemblance ; il me conjura surtout de ne pas parler de lui à la princesse, mais de lui fournir le moyen de la voir sans en être vu. Je lui dis qu'elle devait assister le lendemain à une séance de botanique chez un de mes amis, professeur distingué. Il s'y glissa, mais se tint tellement caché, je ne sais dans quel coin, que je ne pus le joindre et lui parler.

Je savais très-vaguement l'histoire de Max, et j'ignorais à cette époque la secrète douleur de la princesse. Je ne pensais donc point à l'avertir de la rencontre que j'avais faite, et j'étais loin d'établir dans ma pensée aucun rapprochement entre Max et Rosenhaïm. Cependant je fus tellement frappé du changement qui s'opérait dans les traits et les manières de mon jeune ami au seul nom de Quintilia, que je crus pouvoir me permettre d'en parler à la signora Ginetta. Cette jeune personne, un peu légère, dit-on, pour son compte, mais pleine de franchise et de dévouement pour sa maîtresse, fit

de grandes exclamations de joie en m'écoutant, et s'écria : — Oh! c'est lui, ce doit être lui. Je n'ai jamais cru à sa mort... Elle voulait courir vers sa maîtresse; et puis elle s'arrêta en pensant que, si elle se trompait dans ses conjectures, ce serait faire saigner le cœur de la princesse d'une fausse joie et d'une affreuse déception. Elle m'engagea à mettre Quintilia et Rosenhaïm en présence comme par hasard, m'assurant que si c'était Max en effet, la princesse se jetterait dans ses bras.
— Cette rencontre a eu lieu déjà plusieurs fois, lui dis-je. Depuis que Rosenhaïm sait que la princesse est ici, il n'y a pas de jour qu'il ne se repaisse du douloureux plaisir de la suivre et de la contempler. Il est vrai qu'il se cache tellement qu'il a dû être impossible à Son Altesse de le remarquer. En outre, il m'a recommandé le secret en termes si positifs que je crains de l'offenser en le trahissant.

— C'est pour cela, reprit la Ginetta, que mon moyen est bon et nécessaire.

Nous nous concertâmes ensemble, et le lendemain j'engageai Rosenhaïm à venir voir une collection de médailles antiques dont je venais de faire emplette pour le cabinet de la princesse. Je lui jurai (et j'avoue que pour la seule fois de ma vie je fis un faux serment; mais ce fut à bonne intention) que la princesse ne venait jamais chez moi, quoique j'occupasse une maison voisine de la sienne. Rosenhaïm se laissa entraîner, et de son côté la Ginetta eut l'esprit d'amener la princesse dans mon appartement pour voir mes médailles. J'ai trop peu d'éloquence pour vous faire la description de la scène dont je fus témoin. D'ailleurs elle se termina d'une manière qui faillit me rendre fou; les deux amants furent près de mourir, et la princesse surtout, que la surprise avait suffoquée, retrouva avec peine l'usage de ses sens.

Cette touchante réconciliation fut suivie promptement d'un mariage dont vous venez de lire l'acte authentique.

La princesse voulait se déclarer et ramener son époux avec éclat à Monteregale ; mais rien au monde ne put déterminer Max à partager son rang. Et vous pouvez lire à ce sujet la seconde lettre que vous avez là sous la main.

Saint-Julien, entraîné par l'intérêt romanesque de ce récit, lut ce qui suit.

XXI.

« Non, ma bien-aimée, non, jamais! La nature humaine est fragile et pleine de misérables passions. Une seule est grande et belle, c'est l'amour. Mais c'est une flamme divine qu'il faut garder comme on gardait jadis le feu sacré dans des cassolettes fermées sur un autel d'or ; c'est un parfum qu'il faut envelopper et sceller, de peur qu'il ne s'évapore ; une empreinte précieuse qu'il ne faut pas exposer au frottement de la circulation, de peur qu'on ne l'efface. Que notre cœur soit un tabernacle mystérieux et sacré où reposera le dieu. Vivons l'un pour l'autre, et que le monde n'en sache rien. Ne me contraignez pas à porter au travers des envieux ou des indifférents un visage radieux de bonheur, qui serait une insulte pour eux tous, et qu'ils s'efforceraient de ternir à vos yeux. Non, non ; j'ai trop souffert du contact empoisonné de votre cour, et je sais trop peu comment il faudrait s'y conduire pour ne pas s'y perdre. Mon caractère fut de tout temps opposé à la contrainte et à la méfiance ; et, malgré une enfance passée tout entière dans cette atmosphère mortelle, je n'avais pu corriger mon imprudente vivacité. Je ne puis jamais oublier ce qu'il m'en a coûté et par quelles années de désespoir j'ai expié un instant d'étourderie. Si nous eussions été alors de pauvres bourgeois allemands au milieu d'une honnête famille, et ne craignant rien les uns des autres, j'aurais pu être bien plus expansif, Quintilia, et vous voir sourire à ma joie candide. Mais, hélas ! j'étais un aventurier, un bâtard ; vous étiez une princesse, et notre hymen devait être un mystère. Je n'avais pas le droit de parler de mon bonheur et ne pouvais pas me réjouir sans avoir l'air insolent et vain. Aujourd'hui votre générosité m'accorde un dédommagement dont je sens toute la grandeur ; mais je n'en ai pas besoin. Être aimé de vous ; vous presser dans mes bras et vous appeler ma femme ; vous voir moins souvent, mais sans témoins importuns, sans ennemis de mon bonheur toujours placés entre vous et moi ; pouvoir me livrer à mes transports, à ma reconnaissance, sans jamais être soupçonné d'aucun vil motif d'intérêt ; être aux pieds de ma maîtresse et de ma femme sans avoir l'air de ramper devant ma souveraine ou de solliciter ma bienfaitrice : n'est-ce pas là un bonheur plus sûr et plus vrai ? D'ailleurs j'ai contracté dans la solitude et dans le travail des goûts et des habitudes si différents de ce qui se fait autour de vous que j'y serais perpétuellement déplacé et malheureux. Laissez-moi dans ma chère obscurité. J'ai trouvé dans mon malheur une amie généreuse qui m'a sauvé de moi-même, qui m'a préservé du suicide, et qui pendant cinq ans m'a aidé à vivre sans chercher à vous arracher de mon cœur ni à ternir la pureté de votre image dans ma mémoire. Cette amie, c'est l'étude. Je serais un ingrat si je l'abandonnais à présent que j'ai retrouvé l'objet de tous mes vœux. Laissez-moi dans ma mansarde ; c'est le temple où je l'ai servie, le sanctuaire où elle s'est révélée à moi, où elle a fait descendre du ciel la science vêtue de sa robe étoilée. Ma vocation est là, j'en suis bien convaincu. Permettez-moi d'aller tous les ans passer quelque temps auprès de vous ; mais que personne ne le sache, et que mon nom s'efface de la mémoire des hommes. Que votre cœur soit l'unique page où je le retrouve inscrit quand j'irai vous offrir le mien, toujours embrasé d'une flamme nouvelle, » etc.

Le professeur, continuant son récit, apprit à Saint-Julien qu'après de vains efforts pour arracher Rosenhaïm à sa retraite, Quintilia avait fini par consentir à l'épouser secrètement et à retourner sans lui dans ses états. Mais depuis lors elle avait été passer tous les hivers un certain temps à Paris, et tous les étés Max était venu habiter pendant plusieurs semaines le pavillon du parc. Son séjour à Monteregale avait toujours été enveloppé du plus profond mystère, et toujours il était venu à l'improviste, procurant ainsi à sa femme la plus douce surprise et lui prouvant qu'il comptait sur elle au point de ne jamais craindre d'arriver mal à propos. — Cette union a toujours été si belle et si pure, continua le professeur, qu'elle prouve l'excellence des lois de Lycurgue, qui enjoignaient aux maris de n'aller trouver leurs femmes qu'avec toutes les précautions que prennent les amants pour n'être pas observés.

Saint-Julien, à l'invitation du professeur, ouvrit au hasard plusieurs lettres de Max et de la princesse, et y trouva partout les expressions d'une tendresse exaltée jointe à la confiance la plus absolue et à l'amitié la plus douce et la plus sainte. En voici quelques-unes que Saint-Julien lut au hasard et par fragments :

« ... Autrefois, Max, je fis un beau rêve : je m'imaginai qu'il suffisait d'être sans détour pour être sainement jugé, et que la bouche qui ne mentait pas devait être écoutée avec confiance. Je me persuadais que la vertu était un vêtement d'or éclatant qui devait faire remarquer les justes au milieu de la foule ; je croyais que nul ne pouvait feindre la sérénité d'une âme pure, et que le calme n'habitait point les fronts souillés. Je me trompais, puisque je fus cent fois la dupe des traîtres ; et alors je cessai de me révolter contre les injustices d'autrui à mon égard. Tous ces hommes qui me jugent et me condamnent ont sans doute été trompés aussi souvent que moi. Toutes ces convictions, qui composent la voix de l'opinion, ont sans doute été troublées et abusées par les méchants comme le fut la mienne. Si l'on me confond avec ceux qui mentent, c'est la faute de ceux-ci, et non celle du monde, qui craint et qui se méfie avec raison de ce qu'il ne comprend pas. Je ne méprise donc pas le monde, je ne le hais pas ; mais je ne veux jamais l'aduler ni le craindre. C'est un géant aveugle qui va fauchant indistinctement le froment et l'ivraie. Haïssons les fourbes qui ont crevé l'œil du cyclope, et laissons-le passer sans lui nuire et sans souffrir qu'il nous nuise. Laissons-le passer comme une montagne qui croule, comme un torrent qui suit son cours. Il est au sein des plaines des oasis où l'on peut aller vivre ignoré, loin des vains bruits de l'orage. C'est dans ton cœur, Max, que je me suis retirée et que je vis au milieu des vivants sans avoir rien de commun avec eux. »

....

« Je suis décidée à laisser dire. Je ne me baisserai pas pour regarder si l'on a mis de la boue sur le chemin où je dois passer. Je passerai, et j'essuierai mes pieds au seuil de ta maison ; et tu me recevras dans tes bras ; car toi, tu sais bien que je suis pure. »

Voici la réponse de Max :

« Tu as raison, mon amie. Tu es ma femme et ma sœur ; tu es ma maîtresse, mon bonheur et ma gloire. Que m'importe le reste? Je sais qui tu es et ce que tu as été pour moi depuis vingt ans ; car il y a vingt ans que nous nous aimons, Quintilia ! Je n'étais qu'un enfant lorsqu'on m'envoya représenter un vieillard à la cérémonie de tes noces. Tu avais douze ans, et nous étions trop petits pour monter sur le grand trône ducal qu'on avait élevé pour nous. Il fallut que le digne abbé Scipione te prît dans ses bras pour t'asseoir sur le siége de brocart ; et, sans l'aimable duc de Gurck, qui était plus grand que moi, et qui dans ce temps-là ne songeait guère à être mon rival, je n'aurais pu m'asseoir à tes côtés. C'est moi qui te mis au doigt l'anneau nuptial. O le premier beau jour de ma vie ! je ne t'oublierai jamais, et jamais je ne me lasserai de te repasser joyeusement dans ma mémoire. Que vous étiez déjà belle, ô ma petite princesse, avec vos grands yeux noirs, vos joues vermeilles et veloutées, vos cheveux bouclés sur vos épaules, et cette grande robe de drap d'argent dont vous ne pouviez traîner la longue queue, et cette immense fraise de dentelle où votre petite tête prenait des attitudes royales, tandis que votre sourire espiègle démentait toute cette gravité affectée! Savez-vous que j'étais déjà amoureux comme un fou? Ne vous souvenez-vous pas de la déclaration que je vous fis après la cérémonie en jouant aux onchets avec vous dans la chambre de votre gouvernante? La chère mistress White voulut m'imposer silence ; mais vous prîtes un air majestueux pour lui dire : — A présent, White, je suis mariée, et personne n'a le droit de se mêler de ma conduite. Monsieur le chevalier, vous êtes mon époux, le seul que je connaisse, le seul que j'accepte et que j'aime. Si M. le duc de Monteregale s'imagine que je suis sa femme, il se trompe. On dit qu'il est vieux et laid : je le déteste. S'il vient me menacer, je lui ferai la guerre ; et vous le tuerez, n'est-ce pas, chevalier? Alors, comme mistress White, malgré l'inconvenance de ces propos, ne pouvait s'empêcher de sourire, vous lui dîtes d'un ton imposant : — De quoi riez-vous, White ? N'avons-nous pas lu ensemble l'histoire de David combattant Goliath ?

» Oh! que vous étiez gentille, ma chère femme! quelle singulière petite fille vous faisiez ! Sensible et mutine, caressante et irritable, bonne et colère, jouant toujours un grand rôle de reine qui semblait aller tout naturellement à votre petite personne, récitant des vers latins, improvisant des discours de réception, condamnant à mort votre perruche et lui faisant grâce avec gravité, demandant pardon à votre bonne quand vous l'aviez affligée, et l'embrassant avec les grâces insinuantes d'une petite femme. . . . . Je n'oublierai jamais rien de tout cela, chère amie, quoique ce soit déjà si loin, si loin !

» Évidemment on pensait dès ce temps-là à nous marier tout de bon aussitôt que le duc de Monteregale, qu'on savait bien dès lors atteint d'une maladie mortelle, vous aurait laissée libre. Le souverain qui vous persécute, et qui, je crois, m'a fait l'honneur de me mettre au monde, voulait absolument que vos biens fussent l'apanage d'un de ses protégés. Mais qu'il est heureux pour nous que la destinée ait déjoué ses projets! Si j'étais maintenant ton mari publiquement, je serais peut-être ton maître, peut-être ton esclave. Qui sait? Que seraient devenus nos caractères dans ce conflit de volontés étrangères occupées à nous façonner selon leurs intérêts, sans se soucier de notre affection et de notre bonheur? Vois comme nous avons raison de croire à la Providence! C'est elle qui nous a séparés pour nous réunir ensuite avec toutes les conditions d'indépendance et de confiance mutuelle qui devaient assurer la durée de notre union. C'est à toi seule que je t'ai due; ou plutôt c'est à Dieu, qui, touché de mon désespoir, te gardait à moi, fidèle et sainte femme, en qui je me repose comme en lui!

» Laisse donc dire, et crois en moi! Quand l'univers se lèverait en masse pour te lapider, je saurais bien encore te défendre et te faire un rempart de mon corps. Laisse dire. N'aie jamais l'air de savoir si on dit du mal de toi. Lis les pamphlets des beaux-esprits de ta cour si cela t'amuse; mais ne t'en fâche jamais, car tu aurais l'air de les avoir lus, et c'est un honneur qu'il ne faut leur faire qu'à leur insu. Agis toujours comme si tu comptais sur la justice de l'opinion; c'est la seule prudence que je t'enseignerai. Pour le reste, fais ce que tu voudras, et ne crois jamais que tu aies des explications à me donner sur quoi que ce soit. Que peut le monde sur notre bonheur? Penses-tu qu'entre ses paroles et la tienne j'hésite un instant? Qu'ai-je besoin de savoir comment tu agis avec les autres? Ne sais-je pas comment tu as agi envers moi? Depuis vingt ans que nous nous connaissons, m'as-tu dit un mot qui s'écartât de la vérité? m'as-tu fait une promesse que tu n'aies pas religieusement accomplie?

» Oh! qu'il est beau le monde que nous habitons à nous deux! nous y sommes seuls, aucune voix fâcheuse du dehors n'en trouble la délicieuse harmonie. Les flèches que d'impuissants ennemis nous lancent viennent mourir à nos pieds, et tu les regardes tomber en souriant. L'orage gronde là-bas, mais nous, retirés sur les cimes élevées, près des cieux, nous voyons les anges nous appeler au travers d'un voile d'azur, et nous entendons leurs divins concerts auxquels nos âmes ardentes mêlent leurs pieuses aspirations, » etc.

A cette lettre, Quintilia répondait ainsi:

« Que je t'aime, mon Allemand, avec ta bonté naïve et ta poésie enthousiaste! toujours le même depuis tant d'années! Nous avons donc trouvé le secret d'être toujours amants, quoique mariés? car nous sommes mariés, sais-tu cela? moi je n'y pense jamais, excepté quand on m'engage de la part de mes chers cousins, les princes voisins, à prendre un époux de leur choix. Alors, en songeant à l'opportunité de leurs instances et au succès probable de leurs intrigues, il me prend des accès d'une gaieté persifleuse dont plus d'un bel-esprit d'ambassade s'est mordu la lèvre en temps et lieu. Oui, oui, mon enfant, nous avons bien fait de cacher notre bonheur et d'interdire l'accès de notre Eden aux profanes dont le souffle en aurait terni l'éclat. Le mariage, tel que le monde l'a fait, est le plus amer et le plus dérisoire des parjures de l'homme envers Dieu. A présent, je vois comme dans les cours et autour des princes les plus religieux serments servent aux plus viles intrigues, et je m'applaudis de ne t'avoir pas jeté au milieu de ces hommes et de ces choses-là. Tu sais à peine que tout cela existe ; tu es plus heureux que moi, Max ! tu ne vois pas ces turpitudes ; quand tu quittes ta chère retraite, c'est pour être plus heureux encore auprès de ta femme. Moi, je les traverse, et au sein de ce monde bruyant je suis seule et triste. Mais souvent au milieu de la foule ton image m'apparaît, et, comme une céleste révélation, me remplit de force et d'espérance. Alors je songe aux jours de bonheur qui nous réunissent, et je les vois si purs, si enivrants, que je me soumets à les acheter au prix des peines et des fatigues de ma vie présente. Oh ! je les achèterais au prix de mon sang, et je ne croirais pas les avoir trop payés !

» Parfois, au milieu d'un bal splendide, abrutie en quelque sorte par l'ennui de la représentation, une circonstance légère, un son, le parfum d'une fleur me réveille et me ranime tout à coup ; frappée d'une émotion inexplicable, il me semble que je viens d'entendre ta voix ou de respirer tes cheveux ; je tressaille, mon cœur bat avec violence, c'est comme si j'allais mourir. Alors je m'enfuis, je m'enfonce dans l'ombre des jardins, et je vais pleurer de souffrance et de bonheur dans notre cher pavillon. Quelquefois par de violentes aspirations je voudrais franchir l'espace et suivre ma pensée qui s'élance vers toi ; mon désir devient un feu qui consume ma poitrine, la force me manque. J'accuse le destin qui nous sépare ; prête à renier mon bonheur, je pleure et je perds courage. Mais alors je descends dans le caveau, et, sur la tombe qu'autrefois je te fis élever, je pleure de joie et je remercie Dieu qui t'a rendu à moi. J'aime à ouvrir cette tombe vide où nous serons à jamais réunis un jour ; j'aime à contempler cette boîte où j'enferme aujourd'hui nos lettres, et où je fis vœu autrefois d'enfermer mon cœur afin qu'il te restât fidèle et que mon amour fût enseveli vivant avec toi, » etc.

XXII.

La lecture de ces lettres affecta Julien d'un sentiment douloureux.

— J'en ai assez vu, monsieur, dit-il au professeur, si la princesse veut m'humilier par la comparaison qu'elle fait de mon caractère avec celui de M. Max...

— Je présume que la princesse, interrompit le professeur, ne fait aucune comparaison entre vous deux ; mais écoutez le reste de cette histoire :

Le jour du bal entomologique, le chevalier Max arriva déguisé par mes soins, et la princesse, surprise au milieu des ennuis de la diplomatie qu'elle s'efforçait en vain de couvrir par le bruit des fêtes, ne reçut jamais son époux avec tant de joie. Il fut d'abord installé comme de coutume dans ce pavillon. Mais lorsqu'elle eut compris les menaces et les prières du duc de Gurck, elle pensa qu'au lieu de cacher Max il serait peut-être bientôt nécessaire de le faire paraître. Ce n'est pas que a princesse tienne à se justifier des horribles soupçons que les cabinets de ses voisins affectent d'avoir conçus à cet égard ; elle sait bien que ce sont là de misérables ruses ; et, quant à l'opinion publique, elle a trop appris à ses dépens le cas qu'elle en doit faire pour plier maintenant devant elle. Mais la crainte d'une invasion l'empêchera de braver trop ouvertement le ressentiment d'un prince plus puissant qu'elle. Elle ne veut pas exposer la liberté de ses sujets pour une question d'orgueil personnel.

Il a donc été décidé que Max cesserait de se cacher, et vivrait tranquillement à la résidence sous un nom supposé, afin de se laisser reconnaître au besoin. Peu désireux de se montrer en public, il habite un lieu retiré et ne se montre guère autour du palais. Personne jusqu'ici n'a fait attention à lui. Quinze ans d'absence l'ont tellement changé qu'il serait difficile qu'on le reconnût s'il ne produisait des preuves de son identité. C'est ce qu'il fera auprès du duc de Gurck. Il a existé entre eux des rapports particuliers dans lesquels le duc ne s'est pas conduit d'une manière assez honorable pour désirer que Max soit encore vivant. Il baissera le ton dès que l'époux de la princesse lui aura dit deux mots en particulier. C'est ce qui doit arriver ce soir même; car, après s'être amusée de l'arrogance de Gurck, Son Altesse commence à ne pouvoir plus la tolérer.

Maintenant, monsieur, que vous êtes au courant, lisez les dernières lettres que Max écrivait, il y a peu de jours, à Son Altesse :

« Sais-tu, ma chère enfant, que l'on cause beaucoup sur ton compte, et que de grands seigneurs, si humbles et si flexibles devant toi aux lumières du bal, tiennent des propos impertinents dans les allées sombres de ton jardin ? Comme ils ont peu de méfiance du pavillon, ils viennent souvent s'asseoir dans l'obscurité sur les bancs qui l'entourent, et, séparé d'eux par les persiennes du petit salon, j'entends leurs fades quolibets. Dieu me préserve de te les répéter, et de te nommer les sots qui les inventent ! Si, les croyant tes amis, tu te confiais à eux, mon devoir serait de t'éclairer sur leur compte; mais je sais le cas que tu fais d'eux tous, et je n'en fais pas plus de leurs discours que toi de leur personne.

» Il faut pourtant que je te fasse part d'une observation qui m'est venue en écoutant gloser sur ton entourage et tes habitudes. On dit que tes secrétaires intimes, tes écuyers et tes pages sont tes amants. Eh bien! moi, j'ai bien autre chose à te reprocher, à propos de tes écuyers et de tes pages! je trouve que tu ne les traites pas assez comme des hommes. Tu les choisis beaux et bien faits, et tu ne mettrais pas plus de soin à acheter un cheval qu'à enrôler un serviteur. Tu leur donnes des fonctions et des habits d'homme, mais tu leur fais ouer un rôle de lévrier. Ils courent devant toi ou dorment à tes pieds comme de vrais petits chiens, et tu n'y fais pas plus attention que s'ils n'étaient pas de la même espèce que toi et moi.

» Cela n'est pas bien, ma chère femme. Tu n'es pas orgueilleuse, je le sais; tu n'agis ainsi que par simplicité et par étourderie. Mais tu es imprudente et cruelle peut-être sans le savoir. Songes-tu bien que ces hommes-là sont jeunes, qu'ils sont capables d'ambition et d'amour? Si, dans l'espérance d'atteindre à une condition plus élevée, ils supportent le ridicule de leur condition présente, voilà des gens que tu avilis ou que tu aides au moins à s'avilir eux-mêmes. Si c'est par affection pour toi qu'ils se soumettent à tous tes petits caprices, songes-tu bien qu'il faut reconnaître cette affection par la tienne ou passer pour ingrate? Tu es douce envers eux, je le sais; tu ne les humilies ni par tes paroles ni par tes manières. Tu les combles de présents, et tu flattes tous leurs goûts avec prodigalité. Ils doivent t'adorer, Quintilia; car je sais combien tu mets de délicatesse et de grâce dans toutes tes relations. Mais ne pense pas que ce soit assez pour les rendre heureux, s'ils te chérissent comme ils le doivent. Tes douces paroles et tes aimables sourires, s'ils ont un peu de sérieux dans l'esprit et de fierté dans l'âme, ne peuvent les consoler de la continuelle mascarade à laquelle tu les condamnes. Tu exposes leur cœur à bien des dangers ; ils sont jeunes, imprévoyants, avantageux peut-être ; tu les attires vers toi, tu les admets à ton intimité, tu leur montres naïvement tout ce caractère extérieur de bonhomie, de gaieté et de folle camaraderie qui ferait tourner la tête à maître Cantharide lui-même si l'amour des insectes ne le retenait au fond du pavillon à l'abri de tes séductions innocentes ; et quand les pauvres fous se sont flattés d'avoir au moins ta confiance, ils s'aperçoivent que tu ne leur as montré que ton vêtement. Ils s'effraient de ne pas connaître le mystère de ta destinée. Ils se demandent si tu es un ange ou un démon, un de ces rochers de glace que le soleil ne fond jamais, ou un de ces torrents fougueux qui tombent à grand bruit, dévastant tout ce qui s'oppose à leur course fantasque et terrible. Alors, Quintilia, ces hommes, s'ils sont méchants, deviennent tes ennemis. C'est là le moindre inconvénient à mes yeux ; tes ennemis n'existent pas pour moi. Mais si ces hommes sont bons, ils deviennent malheureux. C'est ce qui est arrivé à Saint-Julien. Crois-moi, il t'aime ; que ce soit d'amour ou d'amitié, il t'aime assurément, et il souffre d'être si bien traité et si peu aimé ; car, d'après ce que tu m'as dit de lui, c'est un homme délicat et intelligent. Ne joue pas avec son repos, ma chère amie ; explique-toi avec lui ; si tu as pour lui plus de confiance et d'estime que pour les autres, ne le lui laisse pas ignorer. Si tu n'en fais pas plus de cas que de Galeotto ou de ta chevrette, ne lui laisse pas concevoir des espérances funestes; car ton cœur est à moi, je le sais, et ma pitié pour les autres ne va pas jusqu'à vouloir partager avec eux; au moins! »

Réponse.

« Nous nous sommes si peu vus hier soir que je n'ai pas eu le temps de m'expliquer avec toi complétement sur le compte de Saint-Julien. Voici une heure dont je puis disposer pour t'écrire, tandis que Saint-Julien lui-même griffonne autre chose sous ma dictée. Je veux te tirer d'inquiétude à ce sujet, afin de n'avoir plus à te parler ce soir que de toi.

» D'abord il faut que je convienne que j'ai peut-être des torts envers les autres. Je suis bien étourdie et souvent bien égoïste dans mon ennui et dans mes amusements. Cela vient de ce que je vis toujours seule au milieu de tous, n'aimant qu'un souvenir, ne contemplant qu'une forme absente, et ne pouvant partager les impressions de ceux qui vivent à mes côtés. Quand je sors de mes rêveries pour tomber au milieu d'eux dans la réalité, je suis comme une somnambule qui fait des choses bizarres et inattendues dans un état qui n'est ni la veille ni le sommeil. On m'accuse d'être très-fantasque, et vraiment je vois bien que cela est. J'ai mille caprices qui s'évanouissent avant d'être satisfaits. Dans les efforts que je fais pour chasser ma tristesse ou ma joie intérieure, je semble brusque et froide à ceux qui tout à l'heure me trouvaient expansive et douce. J'essaierai de me corriger, je te le promets. Mais j'aurai bien de la peine à être comme tout le monde, à m'apercevoir à toute heure de ce qui se passe autour de moi, à prévoir les inconvénients de chaque chose, à éviter le danger pour moi ou pour autrui. Il en est un que je ne puis jamais craindre, c'est celui d'être distraite de toi ; et cette grande sécurité où je vis pour moi-même, cette confiance que j'ai dans ma force contre tout ce qui n'est pas toi, me rend insensible en apparence aux souffrances des autres. C'est que je ne vois pas, c'est que je ne comprends pas ce qu'ils disent, ce qu'ils font et ce qu'ils pensent ; c'est que je ne sais moi-même ni ce que je dis, ni ce que je fais en pensant à toi. Oui, cela est de l'égoïsme. Tu as raison de me gronder, j'aviserai à mieux réfléchir.

» Mais, pour le moment, je crois qu'il y a peu de mal de fait, s'il y en a. Ceux qui pouvaient devenir mes ennemis ou mes victimes sont éloignés. Je n'ai autour de moi que la Gina, que j'aime et qui le mérite, Galeotto et Saint-Julien. Le Galeotto, pour commencer, est, je t'assure, de la véritable espèce des chiens savants. Je ne suis point injuste, et il ne faut pas me dire que je me trompe ou que je lui fais injure en le traitant comme tel. C'est un petit être sans cœur et sans tête, joli, bien peigné, plein de caquet, de bons petits mots, équivalant à la danse des roquets sur leurs pattes de derrière. Il n'aime personne, ni moi, ni la Ginetta, qui cependant, je crois, l'aime un peu plus que son confesseur ne le lui a permis. Il aime les bonbons, les rubans, les plumes, la danse, les feux d'artifice, les chevaux barbes, les bagues de pierreries et les compliments. Je l'ai pris pour sa jolie personne ; j'en conviens. Serait-il convenable que le manteau ducal de Mon Altesse fût porté par un nain difforme ou par un négrillon ? C'était la mode autrefois, mais c'était une vilaine mode. J'ai horreur des monstres, j'aime à m'entourer de belles choses et de beaux visages. J'aime le luxe en tout, j'aime les beaux appartements, les beaux costumes, les beaux chiens, les beaux pages, les belles fleurs, les belles pipes, les parfums, la musique, le beau temps, les grandes fêtes, tout ce qui flatte les sens d'une manière noble. En cela je tiens du Galeotto; mais j'ai de plus que lui une tête et un cœur, et je mêle le goût des arts à mes fantaisies. Tu aimes cela en moi, et tu t'amuses quelquefois un jour entier à me dessiner un costume de bal. Aussi tu en as toujours l'étrenne. Quel plaisir de le tirer pour la première fois de son coffre, et de te recevoir au pavillon dans mon plus bel attirail de reine! Tu me regardes avec tant de plaisir, il te passe par la tête tant d'amour, de fantômes, de poésie et de délire, quand tu me possèdes à toi seul, dans tout l'éclat de ma richesse et de ma coquetterie! car je suis coquette, tu le sais, et je ne le nie pas. Mais je ne montre à la foule que la parure dont tu as joui avant elle, et la foule qui m'admire n'a même en cela que ton reste.

» Mais me voici loin de Galeotto. Je te disais donc et je te répète que celui-là n'a rien à craindre auprès de moi, et vivra, tant que je voudrai, de pralines et de bouts rimés.

» Quant à Julien, c'est autre chose. Celui-là aussi, je l'ai choisi sur sa bonne mine; mais comme j'ai trouvé en lui plutôt l'expression d'une âme noble que l'éclat d'une beauté d'apparat, j'en ai fait non un page, mais un secrétaire intime, c'est-à-dire un agréable compagnon d'études, un ami sincère et une espèce de confident de mes projets philosophiques, littéraires, scientifiques, politiques, etc.; car que n'ai-je pas dans la tête! Et tu travailles sans cesse à agrandir le cercle où mon âme avide s'élance, n'aimant que toi dans toute cette création que j'aime à cause de toi!

» J'aime et j'estime Saint-Julien, sois-en sûr. Je ne joue pas avec son repos, j'en serais désespérée. Je sais qu'il m'aime plus que je ne voudrais. Cela s'est fait je ne sais comment ; car je croyais ne lui avoir montré de mon caractère que ce qui devait établir entre lui et moi une amitié virile. Le mal est arrivé. Je tâcherai de le réparer et de lui faire comprendre ce qu'il peut et doit espérer et connaître de moi. Malheureusement il se mêle dans son amour des idées de blâme et de soupçon que je répugne à combattre moi-même. Nous verrons. Il faudra peut-être que tu m'aides. Nous en reparlerons. Adieu jusqu'à ce soir. Aime-moi, Max, aime-moi telle que je suis, aime mes défauts et mes travers. Si tu en avais, je les aimerais. »

Le billet suivant, plus récemment daté que les précédents, était le dernier de la collection.

« Ma chère femme, puisque je ne puis te voir avant cette nuit, je veux t'écrire un mot tout de suite. Julien m'a ouvert son cœur : il t'aime passionnément ; mais on a troublé son esprit de mille contes absurdes et odieux. Je lui ai conseillé de rester près de toi et de tâcher de changer son amour en une douce et bienfaisante amitié. Seconde ses efforts, sois indulgente et bonne avec lui. Ne te fâche pas si dans les commencements son langage ressemble plus à la passion qu'au sentiment. C'est un enfant, mais un enfant excellent, dont il faudrait fortifier l'esprit et tranquilliser l'âme. Je désire que tu le gardes et qu'il te soit un ami fidèle. Tu as tant d'esprit et de bonté que tu peux certainement le guérir et le convaincre. Mais écoute, chasse de ta maison à l'heure même ton petit page Galeotto, comme le plus venimeux aspic qui se soit jamais caché sous les fleurs. Chasse-le tout de suite, je t'en dirai la raison ce soir. Je crains que la Ginetta ne soit coupable aussi de quelque légèreté envers toi. Il y a une sotte histoire de montre et d'horloger à laquelle je ne comprends rien, et que je ne veux pas même te raconter avant d'avoir pris des informations à ce sujet. Les discours de Julien m'ont prouvé que la Gina t'est dévouée sincèrement, et que sa discrétion sur ce qui nous concerne est à toute épreuve. Mais la coquetterie de cette petite n'est peut-être pas sans inconvénients, et tu feras bien, si ce que je présume se confirme, de la gronder fort... et de lui pardonner. A ce soir.

» SPARK. »

— Maintenant nous avons fini, monsieur, dit le professeur, veuillez me suivre.

— Où dois-je vous suivre, monsieur? dit Julien. Après tout ce que je viens de lire, je vois qu'à beaucoup d'égards j'ai été la dupe des plus sots mensonges et des plus absurdes préventions. Je ne puis plus croire à une vengeance indigne de Quintilia. Menez-moi vers elle, monsieur, ou plutôt laissez-moi sortir d'ici. Je courrai me jeter à ses pieds; j'obtiendrai mon pardon...

— Monsieur, répondit maître Cantharide, dans une heure vous serez libre; la princesse doit se rendre ici avec le duc de Gurck avant le feu d'artifice; vous pourrez la voir lorsqu'elle sortira. En attendant, venez avec moi; je compte que vous n'aurez pas la désobligeance de me refuser.

Saint-Julien suivit le professeur; il espérait se débarrasser de lui dans le jardin; mais, en traversant les allées que l'on commençait à illuminer, il vit qu'il était suivi de près par les quatre hommes qui l'avaient emmené. Il fallait se résigner et obéir de bonne grâce aux volontés obséquieuses du professeur.

On le fit entrer au palais par de petits escaliers. Il se flatta alors qu'on allait le reconduire à son appartement et l'y tenir prisonnier jusqu'à son explication avec Quintilia. Il en tirait un bon augure ; mais, à sa grande surprise, on le fit entrer dans les appartements de la princesse, et le professeur, l'ayant accompagné jusqu'au cabinet de travail, lui remit une petite clef en lui disant : — Veuillez ouvrir le coffre de sandal et prendre connaissance des papiers qu'il contient. Puis il le salua profondément, et sortit après l'avoir enfermé à double tour dans le cabinet. Saint-Julien jeta la clef par terre avec dépit.

— Et que m'importe à présent ? s'écria-t-il. Qu'ai-je besoin de vous respecter, si vous ne songez plus avec moi qu'à vous faire craindre ? O Quintilia ! votre orgueil m'a perdu ! Pourquoi m'avez-vous traité comme un ancien ami, moi qui ne vous connaissais pas ? Max mérite tout votre amour par sa confiance ; mais à quel autre avez-vous donné le droit de croire ainsi en vous sans être ridicule ? Hélas ! il eût fallu vous deviner !... Vous avez été trop exigeante, en vérité ; mais vous deviez vous douter de l'affection qui, en dépit de mes soupçons, vivait toujours au fond de mon cœur ! Cette haine, cette soif de vengeance, cette folie qui m'a porté au crime, n'étaient-ce pas les conséquences d'une passion violente ?... Suis-je seul ici ? n'êtes-vous pas cachée derrière une cloison pour voir et entendre ce que je fais ? Quintilia, m'écoutez-vous ? Eh bien ! écoutez-moi, écoutez-moi, je suis un misérable !... Je suis au désespoir !...

Julien n'en put dire davantage ; il se laissa tomber

sur une chaise et fondit en larmes. Aucun bruit, aucun mouvement ne répondit à ses sanglots. Seul dans la demi-clarté que jetait la lampe d'albâtre, il promenait ses regards mornes sur ce cabinet qui lui rappelait de si heureux jours. C'est là qu'il avait passé le seul beau temps de sa vie. C'est là que pendant six mois il s'était abandonné aux douceurs d'une amitié si sainte et d'une admiration si fervente. Mais combien de souffrances et d'agitations! quel siècle de peines et d'événements le séparait déjà de cet heureux souvenir! Combien d'injures, de colères et d'injustices s'étaient accumulées sur sa conscience depuis un mois, un mois fatal, plus rempli à lui seul de soucis et de tergiversations que toutes les années de sa vie! — Mais que lui dirai-je pour m'excuser? pensait-il. Comment pourrai-je lui faire oublier la plus grossière insulte qu'un homme puisse faire à une femme de cœur?...

Dans ses perplexités il lui vint à l'esprit de se conformer aux ordres de Quintilia en lisant les papiers renfermés dans le coffre. Peut-être y trouverait-il une lettre de la princesse pour lui, et cette idée le fit tressaillir d'impatience. Il courut au coffre et prit connaissance de toutes les lettres qu'il contenait. Il ne s'y trouvait pas une ligne pour lui.

XXIII.

Le biographe de la princesse Quintilia, qui nous a transmis les documents relatifs au chevalier Max, n'a jamais pu nous fournir de renseignements précis sur les papiers qu'elle conservait dans son secrétaire. Saint-

Julien ne s'est point expliqué à cet égard. Il a dit seulement quelle impression avait produite sur lui cette lecture. Tout nous porte à croire que c'était une collection de lettres autographes adressées à la princesse. Saint-Julien reconnut dans plusieurs de ces lettres l'écriture de Lucioli, avec laquelle il avait eu souvent l'occasion de se familiariser.

Quand il eut refermé le secrétaire, il cacha son visage dans ses mains et resta absorbé dans ses pensées. Puis il le rouvrit et écrivit à la princesse ce qui suit :

« Un témoignage manquait à ceux-ci, et je vais vous le fournir de bonne grâce. A genoux dans votre appartement, seul, et le cœur brisé de remords, je déclare que j'ai été infâme envers vous, que j'ai payé vos bienfaits de la plus noire ingratitude. Il me serait facile de faire comme tous ceux dont l'écriture compose ce recueil, c'est-à-dire de me soumettre à une disgrâce méritée, et de me consoler en disant tout bas à l'oreille de tout le monde que j'ai été votre amant. Tous ceux-là l'ont dit, sans s'inquiéter des preuves du contraire qu'ils vous laissaient entre les mains. Ils savaient bien que vous répugneriez à vous en servir, que vous étiez au-dessus du soupçon dans l'esprit de quelques-uns, et que vous ne feriez pas assez de cas des autres pour vous disculper auprès d'eux. Ainsi ils vous ont impunément calomniée, et ils ont eu le monde pour les croire, pour les féliciter ou les plaindre aux dépens de votre honneur. J'ai été plus criminel qu'eux tous ; mais je ne serai pas vil. Je ne répondrai pas par un lâche sourire à ceux qui me demanderont ce qui s'est passé entre vous et moi pendant six mois de tête-à-tête. Je leur dirai : — Allez demander à Quintilia quel témoignage de ma gloire elle a entre les mains. Recevez-le, ce témoignage, madame, comme une expiation de mon forfait, comme le cri d'une conscience déchirée. Vous m'aviez accordé la chaste protection d'une sœur, et je vous en ai récompensée par l'insulte et l'outrage. Je mérite tous les châtiments que vous voudrez m'infliger ; mais je ne crois pas qu'il en existe un plus humiliant et plus atroce que celui que je m'inflige moi-même en signant cet écrit : Louis de Saint-Julien. »

Louis ayant posé ce papier sur les autres ferma le coffre de sandal et se promena dans la chambre avec agitation. Le hamac suspendu au milieu, la lampe blême et triste, l'éventail de plumes de paon oublié à terre à côté d'une pantoufle brodée d'argent, un reste de parfum répandu dans l'air, minuit qui sonnait à l'horloge du palais, tout rappelait à Saint-Julien le moment fatal où son erreur l'avait porté à une tentative odieuse. Avec ses remords et son désespoir, son amour se rallumait plus profond et plus grave. Il se jeta à genoux auprès du hamac, et baisa la pantoufle comme une relique ; puis il recommença à parler avec véhémence.

— N'y a-t-il personne ici pour me plaindre ? s'écria-t-il ; car je suis encore plus malheureux que coupable. Oh ! voyez, voyez mes larmes ; croyez-vous qu'elles ne soient pas sincères ? Quintilia, si vous m'entendez, prenez pitié de moi ! Gina, Gina, n'êtes-vous pas là quelque part ? ne voulez-vous pas intercéder pour moi ? Vous êtes bonne, vous ! Et vous, Max ! vous qui êtes heureux, ne serez-vous pas généreux avec moi, ne me pardonnerez-vous pas, pour qu'elle me pardonne, votre Quintilia, votre femme ? Ah ! je l'aime ! oui, je l'aime avec passion ; mais je vous aime aussi et je ne suis pas jaloux ; je souffre, je pleure, voilà tout.... Vous ne pouvez pas m'en vouloir, vous savez que j'étais fou ;

vous avez vu ce que je souffrais, vous étiez mon ami alors! ne l'êtes-vous plus? Spark, où êtes-vous? J'espère en vous! Qu'on me dise où est Spark, cet homme si bon et si vrai! qu'on me laisse aller vers lui ; Spark! Spark!

Las de secouer la porte inflexible et d'invoquer les murailles silencieuses, Julien se laissa tomber épuisé auprès de la fenêtre entr'ouverte. Il y avait encore bal cette nuit-là. Une apparente réconciliation ayant eu lieu entre la princesse et M. de Gurck, cette fête devait clore le mois consacré aux plaisirs. Saint-Julien vit le grand corps de bâtiment qui donnait sur la Célina resplendissant de lumières ; les sons de l'orchestre arrivaient jusqu'à lui, et, de l'aile obscure où il se trouvait alors, il pouvait voir passer et repasser devant les vastes fenêtres de la salle de danse les robes brillantes et les têtes empanachées. Deux ou trois fois il lui sembla reconnaître le costume grec que la princesse portait souvent. La vue de cette fête insouciante aigrit tellement sa douleur qu'il résolut de sortir de son inaction, dût-il briser les portes.

Mais la consigne venait apparemment d'être levée ; car la première porte qu'il toucha n'offrit plus aucune résistance, et il se trouva seul dans les corridors faiblement éclairés. Il courut au hasard, rencontra des figures qu'il vit à peine, essaya de pénétrer dans le bal, et fut repoussé parce qu'il n'était pas en toilette. Alors il descendit précipitamment le grand escalier et s'arrêta en voyant la Ginetta sur la dernière marche. Elle avait un costume éblouissant, et, gracieusement appuyée sur un grand vase de jaspe rempli de lis jaunes, elle écoutait, en jouant avec son éventail, les fadeurs de cinq ou six hommes,

Julien, pâle, les cheveux et les vêtements en désordre, s'élança au milieu de ce groupe, et, s'adressant à Gina, lui dit avec agitation : — Mademoiselle, ayez la bonté de m'accorder un instant... Mais la Gina, l'ayant regardé d'un air froid et dédaigneux, passa son bras sous celui d'un des cavaliers qui l'entouraient, et s'éloigna sans lui répondre, en murmurant à demi-voix quelques paroles ; il crut entendre le mot de *matto* accolé à son nom. Les jeunes gens qui s'en allaient avec elle se retournèrent plusieurs fois pour regarder Julien. Indigné de ces manières insultantes, il n'osait pourtant en demander raison ; car l'idée que sa folie était le sujet de toutes les conversations, et qu'il ne pouvait plus faire un pas sans être traité avec ironie ou avec mépris, l'écrasait de honte et de crainte. Il se sentait défaillir ; mais rassemblant toutes ses forces, il se mit à courir dans le jardin, espérant trouver quelqu'un qui le prendrait en pitié. Le jardin lui sembla d'abord presque désert. Bientôt il s'aperçut que des groupes inquiets et curieux se répandaient dans les endroits sombres et particulièrement vers la partie où était situé le pavillon. Alors il se rappela que la princesse devait y conduire le duc de Gürck pour le mettre en présence de Max, et il se décida à demander à la première personne qu'il rencontra si la princesse était toujours dans la salle de bal. Le personnage auquel il s'adressa n'était rien autre que le gracieux Lucioli ; en le reconnaissant, Julien, qui l'avait toujours détesté, fut prêt à lui tourner le dos sans attendre sa réponse. Mais au lieu de l'air insolent que Lucioli prenait ordinairement de préférence avec Julien, il lui présenta la main et s'informa de sa santé avec beaucoup de courtoisie. — La signora Gina nous a dit que depuis trois jours vous étiez au lit avec la fièvre, et, à voir votre pâleur; je croirais assez que vous n'êtes pas guéri.

— Voulez-vous me faire jouer la scène de Basile chez Bartholo? dit Julien avec aigreur. N'allez-vous pas dire que je sens la fièvre? Dites-moi, de grâce, si la princesse est au bal?

— Elle vient de sortir, mon cher monsieur, et vous devinez avec qui.

— Non, en vérité !

— Avec quel autre que le favori du jour, le duc de Gurck?

— Vraiment? dit Julien d'un ton moqueur et méprisant, dont Lucioli ne se fit pas l'application.

— Que voulez-vous, mon cher comte ! reprit-il en baissant la voix; la faveur des princes et surtout celle des princesses est un brillant météore qui ne fait que luire et s'effacer. Nos yeux ont vu cette lumière et ils l'ont perdue, n'est-il pas vrai? Vous et moi, heureux hier, disgraciés aujourd'hui, nous pourrions prédire à Gurck ce qui lui arrivera demain; mais qu'importe? Ne faut-il pas que chacun ait part aux rayons du soleil? Mais vous prenez les choses trop au sérieux, mon cher comte, vous êtes défait comme un spectre. Eh ! que diable ! regardez-moi, mon cher, on ne meurt pas de ces choses-là.

Saint-Julien venait de voir apparemment dans les papiers de la princesse des documents très-contraires à cette prétention de Lucioli; car il fut indigné de son impudence, au point de se demander s'il ne ferait pas bien de le souffleter. Mais, en se rappelant sa propre conduite, il fut accablé de l'idée qu'il était encore plus coupable, et il se contenta de lui tourner le dos.

A quelques pas de là il vit un groupe d'Autrichiens et s'y mêla dans l'obscurité. — Je vous dis que nous voici au dénouement, disait l'un d'eux en mauvais français ; la petite princesse s'humanise avec nous. Il était temps, l'opinion se révoltait contre elle dans sa propre cour ; M. de Shrabb avait pris des mesures pour qu'on ne parlât pas d'autre chose depuis huit jours ; le scandale grondait sourdement, et il l'aurait fait éclater si la princesse n'eût entendu raison et promis une satisfaction complète au duc. — Mais, dit un autre interlocuteur, fera-t-elle apparaître Max dans un miroir magique ? Le professeur Cantharide aura-t-il le pouvoir de dire à Lazare : Levez-vous ?

— Et si le mort ne ressuscite pas, dit un troisième, en quoi consistera la satisfaction promise à M. de Gurck ?

Un gros rire mal étouffé accueillit cette question et résuma toutes les réponses.

Saint-Julien, saisi de dégoût, mais toujours sous le coup du découragement et du remords, se dirigea vers la grande salle de verdure où le feu d'artifice se préparait, et où presque toute la cour était déjà rassemblée. Une agitation qui n'était pas ordinaire semblait régner dans les esprits. Julien comprit, à quelques paroles saisies de côté et d'autre, qu'on attendait avec anxiété le résultat de la conférence du pavillon, et que personne ne croyait à l'existence de Max. Les plus insolents dans leurs commentaires étaient ceux dont Julien venait d'apprécier au juste le véritable crédit auprès de la princesse en feuilletant les papiers du coffre de sandal.

Tout à coup une figure nouvelle à la cour, mais que Saint-Julien se souvint confusément d'avoir vue ailleurs, vint à lui et lui demanda avec empressement un mot d'entretien particulier.

— Qui êtes-vous ? lui dit Julien vivement en le suivant à l'écart. Je vous ai vu... Oui, c'est vous ! Vous êtes Charles de Dortan !

— Silence ! lui dit le voyageur pâle d'un air mystérieux. Si mon nom allait jusqu'aux oreilles de la princesse, elle me ferait peut-être chasser.

— Que venez-vous donc faire ici ?

— Parlons bas, je vous en prie. Lorsque je vous rencontrai à Avignon, j'allais aussi en Italie. Me trouvant à Venise et entendant vanter en plusieurs endroits les talents et la beauté de la princesse Cavalcanti, l'amour, le dépit, l'espoir, que sais-je !... enfin, je suis venu ici, et, à la faveur d'un costume brillant et d'un faux nom, j'en ai imposé au maître des cérémonies lui-même. Je me suis glissé jusqu'ici ; mais j'y suis fort mal à l'aise, n'y étant connu de personne. Je crains que mon isolement dans cette foule ne me fasse suspecter. Ayez la bonté de marcher avec moi jusqu'à ce que la princesse paraisse. Alors je risquerai mon sort.

— Quel que soit votre projet, répondit froidement Julien, je le crois absurde, d'autant plus que vous ne connaissez pas la princesse, et que votre aventure avec elle est un rêve ou un roman.

— Que signifie le ton que vous prenez ? dit Dortan avec colère ; au lieu de me rendre service, voulez-vous m'insulter ?

— Vous n'êtes qu'un horloger, dit Saint-Julien en levant les épaules.

— Un horloger, moi ! s'écria Dortan stupéfait. J'ai bien entendu dire tout à l'heure à une dame que vous aviez une fièvre cérébrale ; je vois que vous avez le délire.

— Le délire ! non, mordieu ! reprit Saint-Julien. Voyons, qui êtes-vous ? D'où connaissez-vous la princesse ? donnez-moi votre parole d'honneur... Oui, vous avez raison, je crois que je perds la tête.

Ils s'assirent sur un banc. Là Julien, ayant gardé un instant le silence et réfléchi à cette singulière rencontre, fut saisi d'une étrange idée. Fatigué du rôle pénible qu'il jouait vis-à-vis de lui-même, il chercha à se persuader qu'il n'était pas si coupable; que Quintilia venait de le jouer de nouveau, et que l'arrivée de Dortan était une circonstance fatale, une prévision de la destinée pour le retirer de l'abîme où il allait rouler encore une fois. Sa méfiance innée se réveilla avec toutes ses objections. Au fait, l'histoire de la montre n'avait jamais été expliquée. Il se pouvait que la princesse aimât son mari et le préférât à ses amants; mais il se pouvait aussi qu'elle se permît parfois certaines distractions, surtout dans le mystère et l'impunité. Avec le caractère de Spark cela était si facile !

Cette idée, confusément développée dans son cerveau, le porta à faire mille questions à Dortan. Les réponses de celui-ci avaient un tel caractère de vérité que Saint-Julien ne savait plus à quoi s'arrêter. — Mais enfin, lui dit-il, pourquoi ne lui parlâtes-vous pas vous-même à Avignon lorsque vous la vîtes monter en voiture ?

— Je la vis, je la reconnus fort bien; c'est elle, je n'en puis douter; mais elle me regardait d'un air si étonné, elle affectait si admirablement de ne m'avoir jamais vu, que je me troublai, et la crainte de parler sottement m'empêcha de parler...

Tout à coup Dortan fit un cri, se leva et se rassit précipitamment, et, saisissant le bras de Julien, dit d'une voix étouffée : — La voilà, c'est elle; oui, c'est elle !...

— Où donc ? s'écria Saint-Julien, ému lui-même et cherchant des yeux avec anxiété.

— Quoi ! vous ne la voyez pas ? dit Dortan baissant la voix de plus en plus. Ici, tout près de nous, cette belle reine en robe de satin de Perse !

— Qui ? celle dont un freluquet ramasse l'éventail ?

— Eh ! sans doute.

— C'est là votre dame du bal masqué, votre conquête d'une nuit, votre princesse Quintilia ?

— Oui, sur mon honneur !

— Eh ! mon cher, dit Saint-Julien en se levant pour s'en aller, vous vous êtes un peu trompé : c'est la Gina, la Ginetta, la suivante, la confidente, la camériste, comme vous voudrez...

— Est-il possible ? dit Dortan avec consternation ; ne me trompez-vous pas ?

— Allez, mon cher, abordez-la sans crainte, et comptez que la chose vaut mieux ainsi pour vous. C'est une aimable personne et nullement prude. Vous avez cru charmer une princesse, vous n'avez eu affaire qu'à la soubrette. C'est une conquête un peu moins glorieuse, mais plus certaine ; profitez-en si le cœur vous en dit.

Il s'éloigna précipitamment et plus honteux que jamais de ses méfiances toujours renaissantes ; il remercia Dieu d'avoir vaincu la dernière, et se dirigea vers le pavillon, décidé à mériter sa grâce par le plus fervent repentir.

XXIV.

Il en approcha sans obstacle ; mais lorsqu'il voulut franchir l'enceinte du parterre qui l'entourait, des sentinelles posées de distance en distance lui ordonnèrent de passer au large. Comme il semblait résister à cet ordre, il fut couché en joue par un garde de service, et forcé d'attendre dans l'allée. Au bout de quelques instants les sentinelles, se repliant sur cette partie du parc, le forcèrent à reculer sous la futaie. Ce ne fut donc que de loin que Saint-Julien aperçut la princesse ; elle marchait seule, et les paillettes de son costume brillaient dans la nuit comme des étincelles mystérieuses. Il fit de vains efforts pour arriver jusqu'à elle ; il ne put la rejoindre qu'à l'entrée de la salle de verdure, et aussitôt elle fut entourée de tant de monde qu'il fut impossible à Julien d'en espérer un regard. Il attendit vainement la fin du feu d'artifice ; aucun moment favorable ne se présenta. Il vit Dortan, qui semblait avoir été assez bien accueilli par la Ginetta. Un magicien fut introduit et s'offrit pour dire la bonne aventure. La princesse lui tendit sa main la première, et tous s'empressant à son exemple ; le magicien, qui, au milieu de son patois étrange, semblait être un homme spirituel et sensé, distribua à chacun sa part d'éloges et de railleries avec autant de justice que les convenances le permirent. Saint-Julien s'approcha, et, malgré la grande barbe et les sourcils postiches du nécroman, il reconnut Max, qui s'amusait aux dépens de toute la cour, et particulièrement du duc de Gurck. Celui-ci, quoique charmant comme à l'ordinaire, semblait quelquefois singulièrement embarrassé auprès de la princesse. Son trouble augmenta à certaines paroles que lui adressa le magicien, et qui semblèrent n'offrir aucun sens aux autres personnes. Enfin la princesse donna le signal, et on rentra au palais pour le souper. Là Julien fut arrêté par l'abbé Scipione qui lui dit : — Monsieur, vous

vous êtes promené dans les jardins, c'est fort bien, je n'avais aucun ordre pour vous en empêcher; mais je suis forcé de vous faire observer que votre toilette plus que négligée vous interdit l'accès du bal. Son Altesse nous a fait part du mauvais état de votre santé, et nous en sommes vivement touchés ; mais cela ne vous autorise point à enfreindre l'étiquette.

Saint-Julien se rendit à ces objections, et, tirant un bon augure de l'explication que Quintilia avait donnée à tout le monde de son absence, il se retira dans sa chambre et attendit la fin du bal pour lui demander un instant d'entretien. Lorsque le moment fut venu, il adressa sa demande par un valet de service ; mais il lui fut répondu que la princesse ne donnait pas d'audience à pareille heure.

L'idée vint alors à Saint-Julien d'aller trouver Spark, qui devait être rentré à sa petite maison du faubourg. Il descendit ; et comme il traversait les jardins avec la foule qui se retirait, il entendit annoncer le départ de Gurck et de Shrabb pour le lendemain matin. Il se glissa dans les groupes et surprit divers commentaires.

— Oh! disaient les uns, allons-nous avoir la guerre?

— Non, répondaient les autres. On a entendu M. de Gurck dire à M. de Shrabb qu'il était pleinement satisfait et qu'il n'avait plus rien à faire ici.

— C'est bien là le trait d'un Lovelace comme Gurck!

— Et pourquoi? Il paraît que Max est retrouvé, que Gurck l'a vu, lui a parlé....

— Allons donc! allons donc! allez conter de pareilles folies aux vieilles femmes du faubourg! Est-ce qu'on retrouve ainsi du jour au lendemain un homme perdu depuis quinze ans?

— Il est vrai qu'on peut trouver un imposteur qui,

pour quelque argent, au moyen d'une ressemblance et de faux papiers....

— Bah! on ne se donne pas tant de peine, dit à voix basse le marquis de Lucioli en regardant Julien d'un air d'intelligence. On ouvre la porte du pavillon au duc de Gurck et on s'explique. Quel est donc l'homme qui, en pareille circonstance, ne se déclarerait pas satisfait? Vous connaissez le pavillon, monsieur le comte?

— Pas plus que vous, monsieur le marquis, répondit Julien d'un ton sec.

Il courut à la maison de Spark. Il y entra sans effort; elle était déserte; il y attendit le jour. Spark ne revint pas. Accablé de fatigue, il prit le parti d'aller louer une chambre dans une auberge. Quand il se fut un peu reposé, il courut au palais et se rendit à son appartement. Il y trouva l'abbé Scipione, qui le reçut avec politesse et lui dit: — Vous me voyez empressé à mettre en ordre vos effets afin de les emballer et de les faire transporter au lieu que vous m'indiquerez. Son Altesse nous a fait savoir que des événements survenus dans votre famille vous forçaient à nous quitter. Vous m'en voyez pénétré de regret et occupé à m'installer dans cet appartement; car la volonté de notre très-gracieuse souveraine est de me faire reprendre les fonctions de secrétaire intime que j'occupais avant Votre Excellence.

Saint-Julien, trop orgueilleux pour montrer sa douleur, indiqua à l'abbé l'auberge où il s'était installé provisoirement, et fit demander la Ginetta; celle-ci lui fit répondre qu'elle était malade. Il demanda directement audience à la princesse; elle fit répondre qu'elle n'avait pas le temps. Son refus était accompagné cependant d'une phrase polie, mais glaciale.

Saint-Julien retourna au faubourg et vit le menuisier propriétaire de la maison de Spark. Il apprit de lui que le jeune Allemand était parti et ne reviendrait que dans quelques mois.

Julien résolut d'attendre quelques jours avant de faire de nouvelles tentatives pour obtenir sa grâce. Il resta tristement à l'auberge, attendant d'heure en heure un message de la cour. Enfin il se décida à retourner au palais. Les personnes qui le rencontrèrent l'abordèrent poliment, mais lui témoignèrent une extrême surprise de ce qu'il n'était point encore parti. Il essaya de pénétrer jusqu'à la princesse ; mais ce fut impossible, et pendant trois jours ses demandes furent repoussées avec une politesse et une indifférence aussi cruelles l'une que l'autre.

Le soir du troisième jour il s'avisa d'aller trouver maître Cantharide et de s'humilier jusqu'à le prier d'intercéder pour lui.

— J'ignore absolument, lui répondit le professeur, les raisons de la conduite de Son Altesse à votre égard. J'ai exécuté ponctuellement ses ordres sans en savoir et sans en chercher le motif. Si vous me demandez des explications, vous tombez donc bien mal ; mais si vous me demandez un conseil d'ami, voici celui que je vous donne : Partez et n'espérez pas fléchir Son Altesse ; elle n'est jamais revenue sur un arrêt semblable. Autant elle a de peine à employer la rigueur, autant il lui est impossible de pardonner quand elle s'est décidée à punir. Les émoluments de votre place vous ayant été remis exactement chaque mois, la princesse ne vous fera pas l'affront de vous remettre, comme à M. de Stratigopoli, des présents que vous refuseriez. Elle vous congédie simplement, et désire sans doute qu'il n'y ait aucune humiliation extérieure pour vous dans votre renvoi, puisqu'elle n'a fait entendre aucune expression de mécontentement contre vous, et qu'elle n'a donné aucun ordre public qui vous force à sortir de ses États. Mais, croyez-moi, sortez-en avant que vos vaines supplications vous attirent la raillerie de vos ennemis et le ridicule qui s'attache si facilement aux imprudents.

Julien sentit que le professeur avait raison; la conduite de Quintilia impliquait un mépris plus profond et plus irrévocable que tous les témoignages de colère qu'il avait espérés. Le lendemain soir, une voiture de poste aux armoiries de la cour s'arrêta devant la porte de son auberge. L'abbé Scipione en descendit, et, se faisant introduire dans la chambre, lui dit : — Voici, monsieur le comte, la voiture que vous avez fait demander à Son Altesse pour vous conduire jusqu'à Milan.

Avant que Julien eût trouvé la force de répondre, les valets entrèrent, fermèrent ses malles, les chargèrent sur la voiture, et, tout en ayant l'air d'exécuter ses ordres, l'emballèrent pour ainsi dire avec ses paquets. L'abbé lui fit mille humbles salutations, et les chevaux prirent le galop. Cependant, à la sortie de la ville, on amena un homme enveloppé d'un manteau, et on le fit monter auprès de Julien ; c'était Galeotto.

— Béni soit le ciel! s'écria le page; tu n'es donc pas mort, mon pauvre camarade?

— J'aimerais mieux la mort que le chagrin dont je suis dévoré, répondit Julien. Mais d'où viens-tu, et qu'es-tu devenu depuis notre séparation?

— Je sors de la prison où tu m'as laissé. Seulement on m'avait mis dans une pièce plus commode et plus saine que notre vilain cachot. On vient de m'en tirer après m'avoir lu une sentence d'exil éternel, accompagnée de promesse de peine de mort si je remets les pieds sur le territoire, ce qui ne m'arrivera jamais. J'en prends à témoin tous les saints et tous les diables.

Galeotto écouta, non sans surprise, mais sans grand repentir, le récit de Julien. Un peu touché d'abord, il finit par railler son compagnon de se laisser ainsi abattre. En arrivant à Milan, il ouvrit son portefeuille qu'on lui avait rendu avec ses autres effets, et il y trouva en billets de banque la somme qu'il avait refusée. Cette fois il ne la refusa pas, et prit congé de Julien, non sans lui avoir fait des offres de service que celui-ci refusa.

Saint-Julien, resté seul, hésita et fut malade pendant quelques jours. Puis il perdit tout reste d'espoir et partit pour la France.

Il trouva son père mourant et eut la consolation en même temps que la douleur de lui fermer les yeux. Sa mère fut admirable de soins et de dévouement au chevet du moribond. Lorsqu'elle l'eut perdu, son regret fut si profond et si sincère que Louis se repentit d'avoir méconnu un cœur vraiment bon. Il eut souvent occasion, en voyant les derniers moments de son père adoucis par une telle affection, de reconnaître une grande vérité : c'est que la tolérance et la bonté avaient providentiellement leurs avantages. Louis avait méprisé sa mère pour des fautes que son père avait pardonnées ; il avait méprisé son père pour une indulgence que sa mère sut récompenser. — Je ne serai jamais trompé, se dit Julien tristement ; mais ne mourrai-je pas abandonné ? Il se mit à penser à l'avenir de Spark : — Celui-là, se dit-il, ne sera ni délaissé ni trompé. Et moi ! et moi ! qui sait si pour mon châtiment, malgré toutes mes précautions, je ne serai pas l'un et l'autre !

Il s'appliqua de tout son cœur à réparer ses torts envers sa mère; avec de la douceur, il arriva à vivre parfaitement avec elle. Toute discussion cessa, toute aigreur disparut entre eux ; la brave dame tomba dans la dévotion, et bientôt, loin de railler l'austérité de son fils et de le blesser, comme autrefois, par des plaisanteries, elle devint plus humble et plus contrite vis-à-vis de lui qu'il ne l'eût souhaité dans ses plus grands accès d'orgueil.

Le séjour de la maison paternelle lui devint peu à peu supportable. Il souffrit long-temps, et long-temps son âme fut fermée à l'espoir d'une nouvelle vie et de nouvelles affections. Cependant l'étude le sauva du découragement, et peu à peu sa santé, fortement compromise par le chagrin, se rétablit.

Un an s'était écoulé ; il était venu passer quelques semaines à Paris, lorsqu'un soir, en sortant de l'Opéra, il vit passer une femme couverte de pierreries, sur les traces de laquelle on se précipitait. Bien qu'il n'eût entrevu que sa robe de velours et son bras nu, il tressaillit et faillit s'évanouir. Puis il courut à son tour et reconnut madame Cavalcanti. Au moment où elle montait en voiture, il s'élança vers elle en criant ; mais elle le regarda fixement d'un air étonné, puis elle dit à ses laquais de fermer la portière, leva la glace et disparut. Ce fut la dernière fois que Saint-Julien la vit.

Cependant, le lendemain matin il vit Max entrer dans sa chambre. L'époux de Quintilia n'avait pas changé sa condition ; rien n'avait altéré sa sérénité ; son visage était toujours jeune et son âme généreuse. — J'ai demandé pardon pour vous, dit-il ; on me charge de vous dire qu'on s'intéresse à votre sort et qu'on fait des vœux pour vous. Mais je n'ai pu obtenir qu'on vous accordât une entrevue, et j'ai vu qu'on y avait une telle répugnance que je n'ai pas osé insister. Je n'en sais pas au juste les motifs, je ne veux pas les savoir ; mais je n'oublierai jamais que vous avez eu de la confiance en moi, et je ne puis cesser de vous aimer. Je vous ai cherché souvent sans vous rencontrer ; et si je ne vous eusse fait suivre hier au soir, je ne saurais pas encore ce que vous êtes devenu. Je viens vous apporter mon adresse et vous engager à venir me trouver toutes les fois que vous aurez besoin de l'aide ou des consolations de l'amitié.

Je ne puis rester davantage aujourd'hui, ajouta-t-il sans laisser à Saint-Julien le temps de le remercier. Quintilia part ce soir pour l'Italie, et j'ai hâte de retourner près d'elle ; c'est un jour qui n'a pas trop d'heures pour moi, et où je suis forcé aujourd'hui, tout comme il y a quinze ans, à lutter contre mon propre cœur pour ne pas consentir à la suivre. A revoir. Vous savez où me trouver dorénavant. Attendez, ajouta-t-il encore en revenant sur ses pas ; Quintilia m'a chargé de vous rendre un papier dont j'ignore le contenu ; elle dit qu'elle n'en a pas besoin pour être sûre de votre honneur, et qu'elle ne gardera jamais d'armes contre vous. Je rapporte ses paroles textuellement, c'est à vous de les comprendre ; moi, tout cela ne me regarde pas.

Saint-Julien, resté seul, ouvrit le papier, et reconnut le billet expiatoire qu'il avait mis dans le coffre de sandal comme un témoignage de sa propre honte. Il resta pénétré de reconnaissance pour Spark ; mais il ne put se décider à l'aller voir. Il retourna chez sa mère, où l'étude des sciences et celle de la sagesse achevèrent sa guérison.

Quelque temps après, il devint amoureux d'une belle personne très-sage et l'épousa ; car le mariage seul pouvait convenir à un caractère ferme et austère comme le sien. Soit que l'ardeur de ses passions fût émoussée par le mauvais succès de son premier amour, soit qu'il eût profité d'une grande leçon, il fut moins jaloux qu'on n'aurait dû s'y attendre. Sa femme fut assez heureuse et n'en abusa pas. Saint-Julien resta mélancolique, peu expansif, en proie souvent à des luttes intérieures qu'il ne confia jamais à personne; mais toute sa vie fut irréprochable, et quoiqu'il ne fût pas naturellement porté à la bienveillance, il pratiqua la tolérance et la charité, sans grâce, il est vrai, mais sans restriction.

FIN DU SECRÉTAIRE INTIME.

www.ingramcontent.com/pod-product-compliance
Lightning Source LLC
Chambersburg PA
CBHW052046230426
43671CB00011B/1803